东方文艺复兴之旅丛书
Journey to Oriental Renaissance Series

文艺复兴之光

The Light of Renaissance

丁方 著

中国文联出版社
http://www.clapnet.cn

图书在版编目（CIP）数据

文艺复兴之光 / 丁方著 .-- 北京：中国文联出版社，2021.9
（东方文艺复兴之旅丛书）
ISBN 978-7-5190-4648-4

Ⅰ.①文… Ⅱ.①丁… Ⅲ.①文艺复兴－欧洲 Ⅳ.①K503

中国版本图书馆 CIP 数据核字(2021)第 183650 号

著　　者	丁　方
责任编辑	邓友女　　冯　巍
责任校对	严梦阳
封面设计	吴文越　　武珊珊

出版发行	中国文联出版社有限公司
社　　址	北京市朝阳区农展馆南里 10 号　　邮编　100125
电　　话	010-85923025（发行部）　　010-85923091（总编室）
经　　销	全国新华书店等
印　　刷	中煤（北京）印务有限公司

开　　本	710 毫米 x 1000 毫米　　1/16
印　　张	20.25
字　　数	259 千字
版　　次	2021 年 9 月第 1 版第 1 次印刷
定　　价	82.00 元

版权所有·侵权必究
如有印装质量问题，请与本社发行部联系调换

"东方文艺复兴之旅"丛书编辑委员会

顾 问
（按姓氏笔画为序）

刘 伟　叶 朗　刘延申　仲呈祥

主 编

丁 方

编委会
（按姓氏笔画为序）

丁 方　王一川　孙 郁　尹吉男

周 宪　牛宏宝　王廷信　李新风

徐庆平　陈传席　陈奇佳　黄兴涛

夏燕靖　臧峰宇

本书为2016年度国家社会科学基金艺术学重点项目
"当前中国美术创作重大问题研究"（项目编号：16AF005）项目成果

目　录

一　东方之魂　1
东方大地　3
风——可见与不可见　8
弄昆仑　11
塔克拉玛干　13
东方与精神艺术母土　15

二　圣像画的故事　21
圣像画的起源　23
东方圣像的故事　27
从佛像到圣像　29
拜占庭圣像　31
佛像之美　33
中土飞天与菩萨　36
北魏佛像　38
圣多马的使命　41

三　文艺复兴札记　43

文艺复兴的思想遗产　45

欧洲艺术与精神　67

艺术的沉思　79

大师的步履　100

漂泊与归家　108

——从《浪子回头》谈对艺术品的解读

中国文艺复兴断想　120

四　"神圣山水"的文化学释读　123

"北派山水"解读　125

中国山水中的神圣能量　127

神圣山水与东方美学　130

大地与画面语言　139

五　东方文艺复兴学理　153

东方文艺复兴理念的提出　155

东方文艺复兴相关思考　157

东方文艺复兴学派　160

六　俄罗斯精神艺术洗礼　163

圣像画的平面空间性　165

圣三体十字架的灵性　167

圣像画与技术艺术　168

背景的意义　　170

七　有关精神艺术的思考　　175
　　画面的精神解读　　177
　　东方：材质的历史　　187
　　从壁画到架上油画　　196

八　缪斯的竖琴　　199
　　音乐之声　　201
　　法兰西音乐溯源　　208
　　赞美——信仰和艺术的本质　　210
　　圣母悼歌　　212
　　音乐笔记　　213

九　倾谈录　　225
　　文明的穿越　　227
　　现时代艺术的功能和使命　　250
　　生存论意义上的艺术　　253
　　信仰史中的艺术发生史　　258

十　文化地理与精神艺术　　261
　　"痛感文化"及其基础　　263
　　中国文化的历史之歌　　266

返回原初的"思" 268
中国地理与精神艺术 270

十一　中华民族的迁徙与玉文化　273

人类的迁徙历程 275
日月山与玉石之路 277
中华玉文化的形成与发展 279
"神圣山水"：回归玉文化的精神实质 283

十二　中国山水文化解读　285

什么是"山" 287
纤夫与号子 291
天人合一与骨法用笔 296
金石味道与摩擦系数 305
神圣山水艺术 312

CONTENTS

I	Oriental Spirit	1
II	The Story of Holy Icons	21
III	Reading Notes on Renaissance	43
IV	Cultural Interpretation of " Sacred Landscapes"	123
V	Academic Principle of Oriental and Western Renai	153
VI	Spiritual and Artistic Baptism of Russia	163
VII	Thoughts on Art of Spirit	175
VIII	Muse's Harp	199
IX	A Heart Exchanging Discourse	225
X	Cultural Geography and Art of Spirit	261
XI	Jade Culture and Chinese People's Migration	273
XII	Cultural Interpretation of Chinese Landscapes	285

一

东方之魂

东方大地

恢宏的大自然之所以无处不在地折映出人生之局促，皆因人类占有的时间和空间非常狭小有限。要完整认识东方精神如何形成，就必须返回上古时代，追溯人类迁徙史与民族史诗是在何种自然地理条件下开始书写的。以黄土高原为例，黄土高原是远古时代风沙巨量转移的结果，风蚀作用把原本应该形成山脉的基岩变成泥岩直至尘土，风力则是通常估计的一百多倍。对柴达木盆地拍摄的卫星照片显示，风在基岩上的猛烈冲刷留下长长的凿口，这种巨大的"风蚀土脊"从高空上看就像是一片如同"灯芯绒"般的地貌。自冰河期以来长约三百万年的时间里，每年逾五个月的强劲西北风把柴达木盆地的基岩分解为堆积层，阻遏了此地构建山脉的可能性，然后风力驱使土脊凹处的尘土沿着风的轨迹刮向远方，形成了黄土高原的绝大部分物质构成。

原来是柴达木盆地造就了黄土高原！它是中国尘土性文化的根源！但为何中国西部大地的风蚀作用超过了一般的估计和想象？这一切皆源于地球上的特殊地理现象——青藏高原的崛起。由于亚洲大陆过于广袤，内陆水面稀少而缺乏水蒸气云雾循环，因此冰河期显得特别干燥寒冷。在这种状况下，风的实际作用呈几何级数增长，风蚀雕琢地貌形成的后果被今天的人严重低估。另一方面，这种大自然变迁现象一定还有更深的秘密，但我们无法知晓，这也许就是维特根斯坦所说的人类在上帝的奥秘面前应保持缄默的道理。随着现代地球地质构造学研究的进展，"中华生存苦地"的历史成因和物质基础逐渐彰显，它为"中华地理苦难美学"提供了来自实证科学的依据。

大约十万年前，黄种人之所以能用前所未有的速度完成超过早先棕色人速度数倍的迁徙，除了他们的体型较小之外，还因为他们更加吃苦耐劳、更加善于组织分工、更加擅长贮藏食物。他们跨越亚洲腹部高原与山脉的壮举，为人类添加了崭新的部族迁徙记忆。它不再只是丛林、平地、滩涂、海岸线的记忆，而是增加了山脉、高原、沙漠戈壁与险峻河流。这些记忆远远超越了一般的生存限度，与上帝为人类的原初设定大相径庭。

正是在与山脉陡峭、高原晕眩、雪线缺氧、沙漠缺水等恶劣环境的搏斗中，中华先民的优秀部落被自然反复淘汰。唯有最坚韧的那一支方才获得最终胜利，走出崇山峻岭而来到四川盆地、成都平原，以及晋陕黄土高原、河套地区。在大山大水中积累的艰难生存记忆，使先民们期待定居生活，渴求一种超越渔猎、采集方式的更为稳定的存活方式。因此，农耕文明在东亚的早熟，可看作生存法则使然与民族气质的抉择。另一方面，这种迁徙经历给这一族群最宝贵的形而上经验之馈赠，就是对垂直向度经验强烈而彻底的体认，它是大地苦难基质完成人文精神转化的重要标志。"昆仑创世神话"揭示出完成史无前例迁徙之后中华民族气质的厚重积淀，那雄强的精神心气化为鲜活的人物形象，通过象征性的语言再次进入民族血脉，并往后流传。在此，记忆与遗忘交替发生，逐渐化为民族国家的形态，最终过渡到信史层面，与我们的语言记忆衔接。中国西部的高原，不仅具有伟大卓绝的自然地理、悠久丰厚的人文地理，而且具有从自然、人文地理向精神地理转换的可能性。历史学家阿诺德·汤因比在展望21世纪时，将青藏高原列为人类精神重新振作的希望之地，就是一个关于精神地理叙事的典型范本。

正是在千里戈壁、天山南北、塔里木盆地、博斯腾湖畔、疏勒河沿岸、昆仑山脉、帕米尔高原、慕士塔格峰、公格尔山与公格尔九别峰……我们真正看到了地平线，看到了照亮地平线的光辉，以及其中包含的启示意义。我们还看到了山脉与天际线之间那无限永恒的关系，领受到阳光、云天与大地之间相互辉映、交融的伟岸境界。当我们近距离注视山脉的局部造型时，它或展现为与人体的深刻同构关系，或展现为千万年地质变迁的痕迹，凝固于生命的一瞬，给予当代失去精神指向的人们以终极启示。

图1-1 中华先民穿越青藏高原、云贵高原的壮举，在人类迁徙史上书写了伟大的一笔，它不再是丛林平地与海岸线的记忆，而增加了山脉、高原与险峻的河流

我们再从人文历史角度来探究一下中国自然地理的精神特征。青藏高原、帕米尔高原的崛起，见证了某种跨越千百万年的塑造伟力。那无形巨手的鬼斧神工，使得亚洲腹部出现了高峰与低谷并峙的生命奇观。低谷如深渊——比照出肉体的绝望；高峰如云天——折映出灵魂的激情。巨大的垂直高差与广袤的缺水内陆，共同制造出寒暑严明的"大陆性气候"，它经过时间维度的锻造而生成了一种

奇特物质——雅丹地貌。用地质学术语来描述，它是一种由湖相土状沉积物所构成的地表，经风化作用、间歇性流水的持续冲刷与风蚀磨砺，形成的与盛行风向平行、相间排列的风蚀土墩与风蚀地表凹槽地貌的组合。该类地貌以罗布泊东北沙地发育得最为典型，在中亚的莫哈韦沙漠也有大量的雅丹地貌存在，只是没有中国西部这般酷烈。中国最大的雅丹地貌位于柴达木盆地东北部，面积为2.2万平方公里。这是何等的概念！即使是世界上最英勇善战的军队，也鲜有机会与这种概括人类生死张力极限的地貌相遇，而两千三百年前亚历山大在率军东征印度途中，一定见识了东方大地的体量与尺度。托勒密·索尔特以历史学家的敏感在亚历山大图书馆中为其预留位置，其结果是：伟大的地理学家埃拉托色尼成为亚历山大图书馆的第四任馆长，绘制出了人类历史上第一幅带经纬线的地图。

在浩瀚广袤的沙漠戈壁中没有生命，因为无水。但这种说法并不准确，它曾经有过水，甚至曾经广布湖泊与河流。让我们聚焦吐鲁番盆地的艾丁湖，那仍保持波涛形状的湖相沉积物质层，便是此地曾经有"水天一色"景观的铁证。没有水的结果是地表裸露、植被枯竭，一旦有水却会因地势险恶、土壤贫瘠而暴发洪水，这正是中国大地令人痛楚之处，也是"中华痛感文化"的根源。青藏高原作为一道天然屏障，虽阻断了印度洋暖流北上的路线，但百密难免一疏，雅鲁藏布大峡谷却成了印度洋暖湿气流进入亚洲内陆的秘密通道，它造就了"三江源"的地理奇迹，然后继续书写出中华文明的奇迹。从黄河源头的卡日曲、长江源头的格拉丹东·姜根迪茹冰川、澜沧江源头的群果扎西滩，到阿尼玛卿山、巴颜喀拉山、鄂棱湖、扎陵湖、日月山、倒淌河……勾勒出一部史诗般的山水体系，将昆仑山脉、横断山脉与三江并流紧紧地编织在一起。

以物理学的尺度来衡量，世界上从海拔约7000米的高度流到海平面的河流很少，中国就占了三条：长江、黄河、澜沧江。如此的高差意味着水流对大地的超强度切割，也对应着沿岸居民生命力的坚韧。当红褐色的浑浊酷烈之流发出沉闷的轰鸣声，从数百米悬崖下湍急涌过时，那一波又一波强有力的漩涡，将唯一的感觉诉诸观者：它正是穿行在民族肌肤里的血管！这种痛苦与喜乐交织的生存经验，以及由此生成的大地景观，对中华民族精神的形成影响深远。中华创世神话多描写"肝脑涂地"的壮烈之举，呈现出对天、地、日、月、生命、星辰的深刻体验，无论是夸父追日、后羿射日、共工怒触不周山，还是大禹治水、伏羲造人、女娲补天、仓颉造字、神农尝百草，都充满了人与山、水之间紧绷的张力关系。这种独特的神话体系甚至决定了艺术表现形式——有史以来没有"风景画"，只有"山水画"！

《淮南子》中关于鲧父子前赴后继治水的故事，意象高远不羁，情节壮烈惨痛。大禹父亲鲧神形白马，为治水从天帝处盗来神土息壤而被杀。鲧死不瞑目，其尸身因为孕育大禹而三年不腐。天帝派天神剖开鲧肚腹时，大禹化身为虬龙，一飞冲天！鲧的儿子人禹治水的过程则展现了洪荒深谷中先民始祖之壮行。"禹治洪水，凿轘辕开，谓与涂山氏曰：'欲饷，闻鼓声乃去'。禹跳石，误中鼓，涂山氏往，见禹化为熊，惭而去。至嵩山脚下化为石，禹曰：'归我子！'石破北方而启生。"[①]

这种豪气冲天、神形自由的神话，隐藏着重要的生命密码，隐喻了中华先民在迁徙途中历经苦难之后的生命强力反弹的心灵戏剧。然而，语言层面的史诗神话历经漫长的衍变，其内在血质逐渐稀释，凝聚灵魂之思的海德格尔所谓的"原在的地形学"边界变得模糊不清，苦难基质逐渐褪色，直至滑落到遗忘的边缘。正是在这个民族精神的转折关头，中华大地借助"神圣山水"的意象再次绽放出对生命真言的呼唤，当山峰巅顶的光耀映照出当年使徒足迹之时，先贤圣哲的理想便跨过二十五个世纪的时空再次降临此世间。

---

① ［汉］刘安：《淮南子》。

风——可见与不可见

西方美术中的"风景"一词，细解之，其意应该是"和风"光顾下的"美景"，或是地中海、大西洋季风吹拂下的悦目景观。而中国的"山、水"，则是上古时代关键词"高山流水"的转释，是对昆仑玉文化的语言学解读，借助它的引领，我们的心魂得以返回中华民族迁徙的洪荒时代。正是从那个时代开始，"山水"与"风景"逐渐分离，各自成形。从今天回望过去，通过中国山水（风景）可见的画面痕迹，能够还原出中华大地初始的生存环境。更重要的是，我们能从可见的自然地理形态中还原出不可见的事物——风，它是塑造中华文明的一只看不见的巨手，尽管中国山水画从来不提"风"字。

图 1-2　范宽《溪山行旅图》　尺寸为 206.3cm×103.3cm，现藏于台北"故宫博物院"在北派山水最伟大的画家那里，斧劈皴、披麻皴及渴骥奔泉的笔法成为中华痛感文化的视觉表达

如前所述,"风"雕刻出中华大地的基本形态,国际地球物理学的前沿研究成果印证了这一过程。由于风蚀的长期事功,中国最伟大的山脉均是骨骼分明、筋脉毕露的形态,犹如英雄的躯体一般。这种造型正是上古贤哲所说的"高山仰止""高山流水"中"山"的本来形态,它体现了风蚀作用留下痕迹的第一属性——悲。风蚀作用留下痕迹的第二属性是"痛",中国大地之痛、生存之痛、山水之痛,隐身于北派山水语言之中,荆、关、李、范的斧劈皴、云头皴、披麻皴,以及倪云林"渴骥奔泉"笔法,均是中华痛感文化的委婉表达。问题的关键在于:"悲""痛"作为中华生存苦地的基本属性,已伴随中国人走过数万年,如何看到希望、得到拯救?答案就是,唯有"光"的出场。只有光,方才在黑暗夜空中照亮大地,净化累积在肉体上的悲与痛,将灵魂提升至永恒境界。

雅丹地貌是"风"遗留在亚洲大陆上的杰作,它是青藏高原、云贵高原、黄土高原的主体构成,曾对中华先民迁徙进程与民族心理产生过重大影响,但它的身份密码仍旧是一个创世纪的谜题,未能昭示。幸运的是,现代地球物理学不断深入研究,为人们逐步揭开了亚洲自然地理面纱而直面根底,其核心价值是"中华地理苦难美学"。它原先曾强烈地存在,但在后面的漫长岁月被中原农耕文明的精致化生活逐渐掩盖,如今则历史性地成为"东方文艺复兴"必须追寻的源头。

雄伟的昆仑山率领横亘于青藏高原、云贵高原、黄土高原上的一众山脉,千万年来向中华民族昭示着生命真理,而且钦点出"神圣之光"的表现方式——在海拔五千米以上雪峰与阳光的交锋、朝霞与云层的辉映,以及晚霞与大地的映照。当我们知晓了古代地中海文明域对于太阳神的崇拜,以及由"光明之神"阿胡拉·马兹达所表征的琐罗亚斯德教信仰之后,文字层面的表述不仅化为物质形态的直观,还同时上升为艺术的灵魂动姿。这正是神明对东方大地的垂青与馈赠。

正是在艺术灵魂向往神圣之光的心路旅程中,方才产生了间接画法、磨砺技术以及厚涂薄罩的油画技巧,它作为对永恒天国召唤大地生灵的隐喻——如约翰·司各特·埃里金纳(John Scotus Eriugena,约810—880)的神学美学理论"模仿神圣原型"所昭示的,最终沉淀为文艺复兴的珍贵遗产之一。厚涂画法、透明画法的东方转移,是中国西北"悲情"大地获得神圣眷顾与身位提升的重要途径。它以神圣光照为引领,以古代遗产为底蕴,奋力一跃,在中华山河母体上书写油画艺术新篇章。

莽昆仑

昆仑神话，曾在中华民族精神发轫之初，留下魂牵梦萦的心灵印记，抑或化为激荡于肉体深处的血脉，它就像积石峡的崇山峻岭和深壑烈流，成为大禹治水生命话剧的背景。四千年后，我站立在阿尼玛卿山的雄浑躯体旁。阿尼玛卿作为昆仑山之余脉，呈现给我们一个结构单纯但张力强大的世界，铁灰色岩石排成有规律的序列，引导视觉向天际远处伸展而去，但即使如此，也仍然无法眺望到昆仑山脉的主峰。这并非遗憾，而是更加证明此地之伟大：尽管地处昆仑山脉的边缘也显示出如此宏大气势！请跟着我的视线远望一幅人类难以想象的图景：在黛色山脉的后面，是赭石红色与灰白色岩壁朝纵向的转换，它形成屈铁盘角之强劲扭旋，最后汇聚于顶峰永恒宁静的一点。我激赏西部大山的纵向脉络显现出的提升感，以及形体纠结的紧迫感。也许当我们真正读懂了它的含义，就会建造一座精神建筑，让它来连接苍穹和大地，沟通现世与永恒。问题在于，上帝为何要在中亚腹地设置这样宏伟险峻的山脉？就如同瓦伦蒂盆地为何要设置于以色列人出埃及、前往迦南之地[①]的途中？

在此思考的节点上，让我们再次回溯一下"昆仑神话"。它大概是东方民族创世说的最古老版本。无论《穆天子传》中的周穆王如何将阿尔泰山与昆仑山混淆，但西王母国的瑶池——纯净高山湖泊蕴藏的升腾飞翔动势，仍给予中华民族精神想象力以决定性的激发，

[①] 迦南之地，也称迦南美地，是一个古代地区名称，大致相当于今日以色列、约旦河西岸和加沙，加上临近的黎巴嫩和叙利亚的临海部分。

它们横跨大陆而遥指东海，为蓬莱缥缈仙境描绘出如雪峰般清晰的轮廓。于是，从瑶池大鸟到羽化仙人，从精卫填海到洛神吟赋，其飞往理想之境的意志，持续在中华灵魂深处发酵，向大漠以北、葱岭以西、天山之顶与昆仑之巅散发。

历史继续书写，从张骞、卫青、霍去病、李广、苏武，到窦宪、傅介子、陈汤、甘延寿、班超、班固、班勇……从民族的筋骨血肉内里塑造出一幅人杰地灵的图景，那时的人往往视地理的超常阻障如无物，将文明的活力和意志传播到丝绸之路大漠旷野的每一个角落。然而到公元 8 世纪中叶，这个曾经伟大的文明中断了历史的真正书写，快马利剑变异为吹弹歌舞，万丈雄心也不断坠落，崖山之战便是这痛惜往古的烙印。

塔克拉玛干

塔克拉玛干沙漠，是"东方生存苦地"的典型代表。"塔克拉玛干"从维吾尔语直译，"塔克"为大山，"拉玛干"为荒漠，合起来就是"大山下面的荒漠"，意为"走得进，出不来"。从这些词语背后，我们可以看到亚洲腹地的高原、山脉、戈壁、沙漠之间错综复杂的深刻关系。

当地有一个传说：很久以前，人们渴望引来天山和昆仑山的雪水来浇灌塔里木盆地，一位拥有金斧子和金钥匙两件宝贝的神仙，被百姓的虔诚与勤劳感动，将金斧子交给了哈萨克族人，用来劈开阿尔泰山引来涓涓雪水，同时想把金钥匙交给维吾尔族人，让他们打开塔里木盆地的宝库。不幸的是，金钥匙被神仙的小女儿玛格萨弄丢了，神仙一怒之下将女儿永远囚禁于塔里木盆地，从此盆地中央就成了塔克拉玛干大沙漠。解释神话学揭示了这个传说的喻义：人类一旦丢失了上天赐予的宝物，便处于荒芜的生存现实。真正能使人获救的是心灵活水，在公元2世纪，大乘菩萨道便是这心灵活水和生命活泉。

塔克拉玛干大沙漠边缘的丝绸之路曾激起两汉王朝人民的万丈豪情，它是先秦时代风尚的有机延续，经魏晋南北朝至唐代而发展到高峰。唐代诗人王昌龄曾云："青海长云暗雪山，孤城遥望玉门关。黄沙百战穿金甲，不破楼兰终不还。"[1]李白诗曰："愿将腰下剑，

---

[1] [唐]王昌龄：《从军行七首》之一。

直为斩楼兰！"①两位天才诗人皆以汉昭帝时杰出将领傅介子孤身斩楼兰王的事迹作为榜样，这本身就意味十足。

  时间磨蚀生命、荒漠吞噬文明，但从更长久的历史尺度来看，它却是唤起我们内在记忆、奠定苦难美学构架的平台。苦难、卑微与荣耀、高贵，是人生价值经验中最深刻的一对范畴。欧洲基督教艺术之泱泱大观，正是来自犹太苦难、摩西经验、死海古卷与约旦河谷的先知训导。这些精神境界在文艺复兴的鸿篇巨制中得到经典表达，在此，我们看到西奈山与圣凯瑟琳修道院如何装点着"光荣的荆棘路"，它终于使圣哲罗姆在充斥苦难的荒漠中获得神启，完成了将《圣经》从希腊文翻译为拉丁文的伟业。

---

① ［唐］李白：《塞下曲六首》之一。

东方与精神艺术母土

中国处于世界东方的亚洲大地，有着全球最辽阔的陆地、最高峻的山脉、最雄伟的高原以及最古老的河流，它拥有产生人类高级文明形态所应具备的一切得天独厚的条件，历史的事实也的确证明了这一点。早在五六千年前，在幼发拉底河与底格里斯河流域、黄河流域、长江流域、恒河流域、印度河流域，都曾先后诞生过人类历史上最伟大的文明形态；世界三大宗教文明（基督教、佛教、伊斯兰教）和中国的儒教文明，均发轫于亚洲这片伟大的土地。可以说，当今人类文明的主体是在亚洲古代文明的基础上衍化而来的。

虽然随着时间长河的流淌与沉积，数不清的王朝和帝国在战争与和平的漫漫岁月中荣辱兴衰，但几个永恒之城的轮廓却永久地凝固在历史的地平线上。位于亚洲西部边缘的宗教圣城耶路撒冷和拜占庭帝国的首都君士坦丁堡（今土耳其伊斯坦布尔），千余年来一直是那些持守神圣信仰的人所崇仰的地方。在它们上空飘荡的永恒的神秘气息，曾给人类文化艺术的辉煌以决定性的光照。20世纪杰出诗人威廉·叶芝在后期诗作中表达出来的对人类高贵文化的推崇，恰恰是以古老的东方基督教之国——拜占庭为范本的。尽管现代社会中的人无缘一睹昔日的盛景，但仍可在卢浮宫、冬宫博物馆、大英博物馆、大都会博物馆珍藏的那些拜占庭文物残片中，感受到从中流溢出的令人无比神往的高贵与神秘。正如叶芝在《驶向拜占庭》中所喻示的：

>世界上没什么音乐院校不诵吟
>自己的辉煌的里程碑作品，
>因此我驶过汪洋和大海万顷，
>来到了这一个圣城拜占庭。①

上述诗句背后所蕴藏的深厚的历史文化积淀，是一般人难以想象的。仅拿其中的"拜占庭圣像"来说，它的起始可溯至犍陀罗佛像，其余脉则可推至俄罗斯圣像画，地理空间上下纵横上万公里，覆盖无数历史文化域，更不用说拜占庭的建筑、壁画、音乐、服饰、圣器、礼仪、金属制品，等等。可以这么说，位于欧亚大陆之交的拜占庭帝国，凭借地利聚集了东西方文明的宝物，将地中海周边与青藏高原两麓的物质精华转换为"圣事艺术"的载体，同时成为光的神学美学的图像叙事。因此，东方精神母土是文化地理学这一词语的延伸，它将自然地理提升到诗学的高度，为一个更为伟大的思想风暴的来临奠定了基础。

阿诺德·汤因比是这方面最具洞察力的历史学家。他于20世纪中叶对西方文明的前景进行展望时，曾以极富想象力的诗意笔调，表达了如下的忧患与希冀：20世纪末将从离天最近的青藏高原上下来一批"牧人"，用新的"精神之鞭"抽打那些脑满肠肥、意识委顿的现代人——他们因现代工业文明的污染而堕落为没有头脑、没有方向的"羊群"。这是一波新的思想风暴，或者是一场前所未有的文艺复兴运动。这种说法在一般人看来也许难以理解，但实际上却是一个重要的隐喻：它表明了流淌在伟大思想家血液中的对人类文明现状与生存环境形态之间关系的卓越想象力；只因有了它，终有一死的人类方才有了想象永恒的福分，也才有了续写其自身精神历史

---

① 毛信德、蒋跃：《诺贝尔文学奖获奖作家——叶芝》，百花洲文艺出版社2016年版，第21页。

图1-3 阿诺德·汤因比是对东西方文明史最具洞察力的学者，他曾有一个著名的论断：21世纪是东方的世纪、中国的世纪

的勇气。

回看历史，东方（亚洲）精神命运与其伟大地理资源完全不匹配。自公元1000年以来的十个世纪，东方（亚洲）精神始终处于持续的颓势之中——尽管从12世纪以来曾有过蒙古帝国、土耳其奥斯曼帝国及明治维新后的日本国的一度霸道强盛，但这仍难以掩盖东方世界整体的贫乏与苍白。其中，作为无论历史文化还是人口均是东方（亚洲）最重要国家的中国，其一度贫弱的状况尤为突出。正由于中国具有的重要性，她能否再度崛起是关乎整个亚洲能否在世界占据其应有位置的关键。如果说，日本凭借19世纪末以来效法西方的社会改革——明治维新取得了大国的地位的话，那么，中国凭借自20世纪80年代以来的改革极有可能取得改变整个世界格局的震撼性结果。历史告诉我们：文化艺术作为一个民族之魂的主要组成部分，它的风格与面貌将是该民族向世界宣告其存在价值的标识。因此可以这么说：中国文化艺术在新的一千年中的命运，将为中国在全球政治经济正经历前所未有的重大改变的情况下寻找到自身的坐标。

如果说艺术有目的的话，那么目的只有一个：永远为人效力。但由于中国没有经历过如同西方文艺复兴那样的人文主义洗礼，因此艺术中的人格表现相对来说是不完善的，有的没有个性，有的展现的是一个变形扭曲的自我，而其中可能具有的批判意义甚至连作者也无法自明。正是在这种旧的精神之墙崩塌、新的精神王座尚未建立的混沌局面下，新的精神艺术之出场更加具有划时代的历史意义。

新的精神从何而来？只能从历史、土地、民族中来。首先是历史。东方精神的宝库，在于它在超验信仰领域里对人类价值体系的贡献，从公元前8世纪起，中国与犹太、希腊、波斯、印度等文明单元共同构成了轴心时代五大思想文化高峰。中国传统美学对于东方的艺术精神做出了杰出的贡献，尤其以书法艺术为代表。以怀素等佛家大师为代表的书法形态曾一度迁移至佛性国度，取得了无与伦比的地位。但绝大多数艺术形态仍是对世俗生活的咀嚼与品味，至多也只是对现实昏暗的嘲讽与哀叹。如此也曾产生出繁花似锦的艺术果实，只可惜如今已灰飞烟灭，只存留在人们的记忆中。

其次是土地。中国拥有着产生一切伟大艺术的雄厚母土，那些曾给予我们的祖先以丰富启示的高山、峻岭、大河、莽原，曾在十个世纪的沉睡中浪费了它的精神潜力。但昔日的沉睡即意味着明日的崛起。所有的征兆均在显示，在历经了最黑暗的苦难后，中华民族之魂的觉醒意识正慢慢地从大地深处苏醒。而它得以再度站立起来的精神资源，正是我们脚下这片浸透了屈辱与苦难的中华大地。

最后是民族。在汉唐时代，中华民族的强盛体现为以万国中央自居的大国意识、广交天下的雄阔襟怀和西进拓疆的果敢行动，但曾几何时，广交天下变成了闭关锁国，西进拓疆变成了卑躬屈膝，最后只剩下一点盲目而可笑的"中央王国意识"了。因此，中华民族对于世界民族之林的重新认同，是一件在新的时代环境中必须完成的历史使命。

上述精神远景的端倪在现实中尚未完全成形。在当下社会中，公众对物质的疯狂追求淹没了个体灵性的闪光，体现精神探求的严肃艺术长期位于边缘。即使在较为"新潮"和"前卫"的美术界，精神的空洞化也变得十分普遍，画家与评论家们都试图站在历史的高度来言说和评论中国当代绘画，但他们恰恰忽略了或者有意掩盖了某种表面丰盛下的实质性精神贫乏，这正是中国当代绘画所面对的整体文化的深刻危机。这一危机主要体现为意义的丧失。因此，"为艺术找回意义"这一主题理所当然地成为时代精神预见者们的深远目标。

在历史与自然面前，我们会深切感到现代社会中人的存在之深刻的荒谬性。全少在感性方面，现代人丧失了古代人的那种极为普通的能力。对庄严、崇高、悲悯、壮美、叹息等高尚情怀的彻底摈弃，对无聊、冷漠、恶讽、怨毒、猥琐等情愫的反复咀嚼，已使现代人的丑陋肉身裸露于历史的阳光之下。那么，中国究竟能否有一种真正全新的精神性出现呢？从历史的角度看，中国理应产生；但从现实角度来看，则有着重重困难，因为绘画艺术在中国相对缺乏一个丰厚的超验历史传统（只是在公元前5世纪的先秦诸子百家时代有一些萌动），而只具有对人世与历史独特体悟的古老民族的优越感，这种优越感体现为一种日趋自我封闭的悠然自得与闲适。毫无疑问，这一现状只能归结为民族自我精神低迷滑落的表征。

时至今日，世界各国都被捆在全球经济的战车上。在向着人类生存命运与共的方向发展之际，原有的意识形态之墙虽已坍塌，但顷刻间又一种深刻的危机之壑横亘在人们面前，民族精神之躯的胜负将在瞬间决出。在这历史命运的重要关头，无形的微曦闪耀在荒野的天际尽端，但不知道它能否变为希望的普照之光。"思想之翼为何折羽天涯？"这一巨大的疑问如同一首介入具象的生活与抽象的思想之间的狂烈的精神史诗，激荡在那些最英勇的灵魂深处。我永远不会忘记，精神史诗是生活史诗之母，同时，史诗亦是悲剧英雄的唯一墓园。我有理由坚信，悲剧精神将为中华民族带来复兴的期盼与希望。

二

圣像画的故事

圣像画的起源

难以想象，圣像画竟然是在与它最接近的希腊/罗马艺术的对抗中产生的！难道当时的人们没有看见那些美丽的希腊/罗马雕像吗？不，恰恰相反，大家都看见了，但却有意回避。因为新的信仰教导人们，圣像来自天国而非人间。因此，希腊/罗马神像所体现的对肉体的重视，属于与新信仰背道而驰的异教观念，于是成为被摒弃的对象。此时，人们举目朝向遥远的东方。犍陀罗的佛家族圣像，以低眉顺目来表示佛陀悲天悯人的情怀，"舍身饲虎""割肉贸鸽"的利他主义，大乘菩萨道"舍我其谁，救渡众生"的精神和以"菩提萨埵"为标识的对人的灵性觉醒的强烈关注。这些伟大的思想在传到地中海文化域后，悄然转化为"沉思哲学"而盛行于罗马帝国全境，在艺术中则表现为内省的神情表达，后期罗马雕像与埃及法尤姆亡灵肖像为我们提供了印证。从这些不可思议的转变中我们可以看到一条隐秘的历史线索，拜占庭圣像与埃及法尤姆亡灵肖像之间的一脉相承的关系，其交汇点是"人睁眼瞳"的神情。它可追溯至更为古老的传统：苏美尔雕像、埃及法老时期人物雕像、阿卡德王国与亚述帝国的人物浮雕，以及早期希腊的库罗斯雕像。人物雕像大睁的眼瞳、专注的神情、正面的造型，代表了人们注重精神生活、渴求信仰降临的时代感。从犍陀罗佛像的低眉顺目到拜占庭圣像的眼瞳奋睁，其间翻越了数重文化山脉，过程曲折艰辛、令人惊叹。

圣像画起源于东方，它的秘密可追溯到中亚的巴克特里亚、索格底亚那，它们作为波斯帝国的远东行省经历了亚历山大远征的变

文艺复兴之光

故以及阿育王传道的洗礼。希腊造像与佛教信仰的激情相遇，催生了佛教圣像，这也是后来圣像的原型。关于它们如何从东方传到西方，有个惊人的传说：它们越过烽火而行，是一个充满盲目、怨恨与信仰之光的故事，但却是西方文明起源的故事，同时也是属于拜占庭的故事。故事起源于罗马帝国刚刚接受基督教的公元4世纪，有位异教朝圣者来到希腊德尔斐神殿，问阿波罗神：远古东方诸神肖像能否再度受到人们的敬仰与尊崇？阿波罗神殿深院内有位年迈女祭司静坐其中，地底的火山裂缝使整座殿宇充斥烟雾，毒气弥漫。她含混不清地回答着，一位随从祭司翻译了她的话语，宣告了多神的异教世界从此结束。

图2-1　法尤姆亡灵肖像　　人物的目光传达出一种深刻的内省神情，一改过去人物雕像/画像目光炯炯的姿态而浸入东方神秘主义思想的脉流之中

　　在异教世界中，众神控制一切，从天上的星星到海中游鱼的一举一动。每个神都有其固定符号，它们构成一个完整的系统，万物身在其中备感安全。自从基督教接掌罗马帝国之后，便开始扫荡异教的诸神世界，消除那些与人类同样古老的符号，西方世界的宗教语言趋于一统。直到希腊教父时期，基督教也没有现成的形象体系，毕竟它是一个建立在经典与文字上的信仰。然而，除非它要走向毁灭，否则就必须发展出一组全新的形象体系，以在地中海这个多种信仰激烈竞争的地区立足。关键在于，不仅要让唯一的基督肖像替代数以万计的古代异教符号与象征，而且要让基督肖像图画快速传

遍古老的地中海世界。完成这一任务的答案是"书本"。书本的发明起始于基督教诞生时期，在此之前只有纸卷。我们看到那些公元5世纪的书籍真本，拥有全世界最古老的书中画——插图。第一批叙述基督《圣经》故事象征其信仰的图像，源自君士坦丁堡的一幅象牙浮雕。

象牙作为丝绸之路的重要商品，自古以来就源源不断地从印度、东南亚输送至地中海世界。在公元前几个世纪的希腊化时期，象牙雕刻成为中亚希腊化区域的艺术载体。艺术家们借用桑奇大塔门楣浮雕造型的意蕴制作精美的象牙浮雕。它们成为巴克特里亚希腊王国和贵霜帝国的标志性艺术贸易品，博取了罗马帝国王公贵族们的追捧。皈依基督教之后的拜占庭帝国，从象牙中开发出新的神学意义：象牙如雪白凝脂的质地象征了耶稣的高贵神性、圣徒的纯洁无瑕。材质的神学引申使拜占庭人酷爱象牙，在一阙名为《迎接圣骨入城》的象牙浮雕里，隐藏着从内容上到形式上都根本改变了象牙性质的戏剧性演变过程。我们看到这样的画面：人们从三层楼高的门廊上纷纷俯首探视拱门外，手挥焚香，欢迎圣徒进城。这幅图景让新耶路撒冷将天堂与人间完美地结合起来，雕面右侧是手捧胜利十字架的女皇，骄傲地站在尚未完工的圣斯蒂芬教堂门口迎接圣骨，她就是历史上第一位童贞女皇普尔喀丽娅。在最古老的语言符号与象征中，小小的象牙浮雕讲述了一场惊心动魄的革命，这是一场至今仍影响整个世界的革命。

它发生在圣约翰修道院——君士坦丁堡最伟大的修道院之中，其雕刻师曾制作出基督教最有名的画像。它也曾是普尔喀丽娅的圣战场，女皇在此化身为圣者形象并传达她在人间的论证。公元428年4月15日复活节，在这座喜悦人心的教堂内挤满了君士坦丁堡的达官贵人，男宾在楼下，女宾在楼上包厢。突然，大家静默下来，由皇家侍卫开道，皇帝及皇室家族步入教堂。教堂中央庄严的石砌布道坛巍然屹立，百余年来，布道者循循善诱，引导信众们的心灵，为崭新的基督教帝国画出蓝图，皇帝与皇室家族无一不谦卑地聆听。高大的祭台由名贵大理石雕刻而成，只有祭司和皇帝才能接近这人神交流的奥秘之地。但在公元428年情况迥异，狄奥多西皇帝是由姐姐普尔喀丽娅陪同进入祭台的。他们从小共同统治全国：两个胆怯的孩子生活在布满篡位阴谋的宫廷中，但普尔喀丽娅在14岁时无意间发现了答案，她把一座祭台奉献给自己的童贞及王权，从此以奇特的神圣伴侣身份携手统治国家，就像耶稣的父母——约瑟和马利亚；篡位阴谋自此之后销声匿迹，同时也让普尔喀丽娅在教堂中占有一席之地。然而，在那个特别的复活节当天，情况有些改变，她在前往祭台时被君士坦丁堡新任主教聂斯脱利阻挡，他说：只有男人才能进入祭台圣所！普尔喀丽娅万分吃惊，她身为童贞女的新角色是在以一种不同的方式投射着妇女的身份。她毫无畏惧地说，她如黄金般纯洁无瑕，她让自己保持如羊毛般柔顺以迎接圣灵。"神的诞生难道不是经由我的身体？"她提高了声音。然而，聂斯脱利属于守旧派，他视妇女为夏娃的女儿——那个与蛇、性爱、罪恶厮守的不幸女子，他立刻对她说："你生下的是撒旦！"

这使我们了解到妇女在早期基督教里的三个角色——罪人、童贞女及母亲。普尔喀丽娅的辩驳不仅提升了圣母及拜占庭妇女的地位，同时永久确立了妇女在基督教世界中的地位。由于她的努力，下一任主教最高会议宣告：耶稣之母马利亚为上帝之母，这是个决定性的一刻。聂斯脱利违抗普尔喀丽娅被视为对圣母之大不敬，他在431年以弗所公会议上被判为异端，并流放外邦。由于普尔喀丽娅的功劳，拜占庭皇室家族成为天国神圣家族的典范，这也是为何中古时代的拜占庭皇帝都要向上帝奉献首都城市和拜占庭主座教堂——圣索非亚教堂的模型，因为基督之母就是这座城市的母亲。普尔喀丽娅之后，所有的拜占庭皇帝皆为神权、出生权所统治，往后的西方国王也效法他们。普尔喀丽娅施展的权力及神圣魔法至今仍影响着社会生活，她永久地改变了男人看待妇女及妇女看待自己的方式。

东方圣像的故事

如前所述,圣像来自东方佛像,也就是犍陀罗佛像。它诞生自中亚的巴克特里亚、索格底亚那,既是佛教信仰与希腊化文明在印度河流域相遇的产物,也是轴心时代以来人类文明最伟大的事件。佛像最初的创作意图,是将悉达多太子舍弃王位、救渡他人的理念创化为人形。换句话说,佛像为人类"至美至善"的理想形象提供了一种跨文化、跨地域的整合模式。以出土于东方圣城塔克西拉的《莫赫拉·莫拉杜王子菩萨像》为例,王子身着帕提亚/希腊化服饰装束,脚穿希腊式凉鞋,其服饰与人体之间呈现出一种深刻的"合理性",即所谓地中海/西亚/中亚文化的韵致。最为关键的是,王子形象遵循希腊"心身至善"的造型原则雕刻出来,他匀称的形体被善的涌流推动着,向肉身的每条筋脉、每个细胞渗透,直到一个充溢黄金比的躯体从混沌中走出。王子的面部表情,反映出经历内心纠结与

图 2-2 **犍陀罗的王子菩萨像** 现藏于法国巴黎吉美博物馆,该像是遵循"心身至善"原则塑造出来的,他匀称的形体被善的涌流推动着,直到一尊充溢着黄金比例的身躯从混沌中走出

二 圣像画的故事

27

挣扎之后所达到的超脱尘世的纯净和恬淡。

那么,这种造型究竟从何而来?答案是明显的,它的母体是希腊雕像。我们将目光再次转向人类文明的摇篮——地中海。

俊美的阿波罗雕像是希腊造型理念的标志。但未曾想到的是,他竟然为遥远东方信仰体系中的神明形象送去了造型依据!正是在巴克特里亚、索格底亚那地区,希腊文明的活力不仅征服了当地人心,而且为接纳更高级文明的理念敞开了胸襟。当佛教高僧对战争杀戮行为的劝诫被亚历山大欣然接受时,这位希腊统帅所设想的"东西方文化联合体"虽尚无具体呈现,却为日后东西方文明在地中海的融合奠定了基础,其最终结果是一个伟大信仰体系——基督教的诞生。基督信仰体系中的形象,一开始拒绝希腊/罗马的异教形象,它宁愿返回到两河流域的古代文明,苏美尔、亚述、巴比伦那些"双眼奋睁"的人物形象那里。到了拜占庭帝国时期,它的目光继续向东延伸,佛像进入拜占庭圣事艺术家们的视野,其焦点集中在"菩萨"向"圣母"的转化。希腊雕像中的"雌雄同体"、佛像中王子菩萨与后来菩萨女像的相互转换关系,其内在指向皆是理想造型,它超越尘世凡俗的一切特征,显示出那个时代的艺术家所理解的永恒造型规则。

从佛像到圣像

原初的佛教，是关于人觉悟之理，也是对人的天然本性的解密。在轴心时代——公元前5世纪前后，人类五大文明的哲人圣贤第一次对由"本然人性"所规定的天道进行了反省，提出了人类精神超越自身的可能性。在印度大地上，乔达摩·悉达多对人性的反思，是轴心时代人类思想重大突破的代表；阿育王则将佛教义理作为"王法"之上的最高法则，力辟仁慈施政的新局面，阿育王的名字与人类王道史的转折画上了等号。佛像作为这一伟大时代的形象标志，它身上所具有的美是佛陀美德善行与希腊高雅造型两者的交融。

经由阿育王的传道壮举，巴比伦和亚历山大城成为地中海世界的学术之都，自此，佛教对其影响日渐巨大。当沉思哲学的人生观最终被罗马皇帝安东尼·马可·奥勒留接受时，基督教的诞生已是指日可待。释迦牟尼对于"绝对之善""自我牺牲""冒死救渡""慈悲为怀""怜悯众生"等精神情怀的体悟与实践，为基督教的义理奠定了基础，人类的精神超越之旅进入了一个新的阶段。

如果说佛教最伟大的现世法王是孔雀王朝的阿育王的话，那么最伟大的基督教现世王国就是拜占庭帝国。这个帝国并非以军事武力来统治，而是诉诸信仰文化礼仪和圣事艺术形象发挥影响，尤其以后者为盛。"圣像"将人体的黄金比集中于头部及其五官，力图使得神的启示——最高的善，化为可见的具体形式，并渗透到每一个细节之中。正是在这些精巧的细节中，神的絮语如流水般萦绕耳边，今人亲睹"道化肉身"的奇迹上演。

圣像的眼睛，从释迦牟尼的微闭到耶稣基督的圆睁，蕴含着深邃的意义，标志着人性通向神性的艰途的开启。从宽容、慈悲、舍得、利他到同情、怜悯、牺牲、拯救，人类首次领悟到何为真正的生命价值，从而开启了我们的第二视力。正是在这一视域中，美丽形体具有了生物学的依据，"心身至善"经由"体液平衡"而将美与善的因素灌注到肉身的肌理之中。它塑造了圣像五官面容的庄严和慈祥，铸就了其四肢手足的端庄与伟岸。反观之，那些多神崇拜的偶像，其造型无一不偏离了正形而呈现出吓唬人的形象，无论是梵天、湿婆还是其他各种神祇，莫不如此。

拜占庭圣像

拜占庭圣事艺术以"圣像"为中心，这是神圣原型与内在心像交互作用的结晶。在"圣像"体系中，此时竟出现了如此辉煌的色彩，具有如此沉静的力量，这是人类艺术史上一个前所未有的奇迹。光辉夺目的圣母画像，带给人民以上天的恩宠、精神的能量以及生活的信心。

拜占庭圣事艺术的晚期充满了现世的压力和信仰的美感。据说圣城的最后一日——1453年5月28日（星期一）的深夜，当君士坦丁十一世在圣救主大教堂祷告时，圣母马利亚从天而降，向他索回她的皇冠。也许是为了更深远的目的，上帝抛弃了圣城。在这之前拜占庭人认为：除了天使，没有人知道这座华美之城"君士坦丁堡"的末日。圣救主大教堂是拜占庭圣事艺术最后的杰作，主墙壁上《希奥多尔的圣像画》是有史以来最非凡的绘画，因为画中描述了人类的价值。画面中央是身穿白袍、光彩夺目的基督，他牵着象征全人类的亚当和夏娃冲出地狱，将他们从死亡中救回。他的双手充满迫切，决意要使人类复活——不是从现世中复活，而是冲出尘俗的羁绊，重拾人类的价值。这一伟大的理念支撑着风烛残年的拜占庭，那里的人们坚信：俗世终将幻灭。拜占庭灭亡后，它的建筑、装饰、艺术和子民，像森林大火的火星一样散落于欧洲，引燃了西方世界的文艺复兴，可以说是获得了涅槃重生。

我们再来看圣像最古老的原型——佛像，它是佛教艺术的精髓，也是通向圣像的门径。自从有了圣像，人民方才有了他们所需要的形象，而不再与那些高居于上、吓唬心身的怪异之形相伴。圣像以充满人情味的动人眼神、端庄而悲悯的注视，向所有人传达爱的信息。它具有无比强大的力量，使人们在生命之旅的困厄中重新鼓起生存的勇气，从而使人类存在的意义与价值得以延续。

圣像在现代社会中的隐匿，实在是人类文明史之不幸。各种欲望的膨胀、利益的诱惑、物质的泛滥，造成人类灵魂的扭曲和异化，那种对美、善的终极向往被无情阻断。当下社会中的佛教艺术要素，较之古代呈极大倒退，源于"心身至善"创作原则的佛像已从人们的记忆中消逝。其原因皆在于世俗化，而世俗化的根源则来自教派的矛盾。自部派佛教分裂之始，就埋下了削弱佛祖原初教导的因子。虽然在阿育王时代予以扭转，其正面动力将佛性弘扬，使正典佛像在犍陀罗诞生，但发展至公元5世纪，佛教经典混杂、各部众说纷纭，此乱局为婆罗门教的复辟、印度教的兴起洞开通衢。由此，原初佛教在各种流派的冲击下日渐式微，佛陀形象位格不升反降。这种位格的下降，体现为佛陀形象的"福相化"，以"三十二相""八十种好"取代了"心身至善""美德和谐"的原则，地中海式的端庄形象变为东方比附性的造型准则，并由此形成贯以千年的传统。

历史在等待，仍然是古地中海文明承载了历史的使命、上帝的垂青。当佛教精义经由阿育王传道而弘扬于广袤的中亚大地、一举征服了学术之都巴比伦时，地中海的精神沃土开始调动起来。从摩西攀登的西奈山顶到犹太先知驻足的"迦南之地"，从尼罗河畔的太阳神庙到阿胡拉·马兹达崇拜，从德尔斐铭刻到狄俄尼索斯祭坛，从推罗到西顿的各种精神要素齐汇，滋养和催生出一个伟大的信仰。最后，一位来自拿撒勒的传道者耶稣胜出。他被钉死在十字架上的悲剧，恰好成了他名扬天下甚至征服所有世俗王权的契机。

佛像之美

佛像家族像——佛陀像、王子菩萨像、观音菩萨像等，皆源于古代的犍陀罗地区。其形象高贵之美，来自地中海世界的造型手法与美学理念。当"心身至善"的伦理原则转化为"黄金分割"数字度量时，人类最早的圣像诞生了。它摆脱了原始图腾偶像崇拜，进入人性向神性提升的新层次，宽容、怜悯、牺牲、拯救以及绝对的善第一次成为高于王道政治的行为准则，从此改变了人类历史的进程。

佛像之美，源于对人性之美的憧憬。它作为理想主义的形象典范，不仅翻开了以形象表达人性升华的新篇章，而且开启了人类造型艺术史上最深刻的转折。犍陀罗佛像所开创的"垂睑颔首"姿态，一举改变了钱币帝王像昂首正视前方的造型，这种人物面相的变化在造像史上意义重大。"垂睑颔首"是佛教慈悲情怀的形象外化，双眼下垂不是害羞或思过，而是对苦难众生心生怜悯，这是一种自然生成的面相，或

图2-3 垂睑颔首不是害羞或思过，而是从内心生发的对苦难众生的怜悯，是高级文明有意选择的谦卑形态

者说直对生命本质的面相。从古老的生存原则来看，人与人相遇往往两眼直视对方才是对自身的肯定，才是"自尊示人"的表现，"垂睑"则明显违背了上述原则。这种面相是一种确凿无疑的示弱表现，在"优胜劣汰"的自然律中原本属于失败者，人类的历史都是按此铁律书写的。但这一铁律在公元前2世纪发生了根本性转变，高级文明有意选择谦卑形态，自甘为弱者。中国智者早就对此有深刻认识，因此有老子"上善若水"一说。但佛家情怀似更胜一等，它是以怜悯乃至牺牲自己生命的方式去救渡他人，而非通过对世界的客观认知。

经过希腊化洗礼和地中海思想陶冶，佛教"利他主义"理念潜在地改造着犹太教义，终于由一位来自拿撒勒的青年重新说出天启奥秘，施洗者约翰之所以断言"我为他洗脚都不配"，是因为他看到了耶稣代表着上帝的恩赐美德——信、望、爱，而且断定这是人类心灵获救的唯一希望。然而，印度次大陆的"垂睑颔首"转为地中海文化域所接受，亦经历了艰难曲折的历程。率先造出佛像的犍陀罗地区，不久被入侵的游牧部落占据，这些野蛮民族虽对佛教义理和希腊造型心悦诚服，但希腊人的"黄金比"实在太难掌握，只能意会而无法言传。于是，贵霜的"四倍首"图式风格，开创了西域佛像基本样式，为中土佛像的滥觞做了准备——我们在云冈昙曜五窟主佛像那里找到了痕迹。其中，"魏晋风度"为中土佛像与犍陀罗佛像之间架接了一道桥梁——从"垂睑颔首"之慈悲怜悯到"拈花微笑"之心领神会，完成了东亚大陆上最为重要的精神迁移。

公元4世纪，笈多佛像的柔顺形态与罗马沉思型肖像画汇聚于亚历山大城，第一个驻足点是西奈山山脚下的圣凯瑟琳修道院，而完美的融合则是在圣索非娅大教堂。确如希腊原文所示，"神圣智慧"（圣索非娅的原意）将东方的两种伟大圣体——"菩萨"与"圣母"熔于一炉，而"道化肉身"的理论构架则为这种从天上到地下的不可思议的转换扫清了所有障碍。

东罗马帝国的正教信仰为确立圣母地位，历经了普尔喀丽娅、聂斯脱利论辩的挑战，以及尼西亚、以弗所会议的考验，这些重大变革在圣像体系中留下了鲜明的烙印。换句话说，拜占庭圣像引入佛像"垂睑颔首"形态作为圣母的范型，其意义有两个：一是"神圣的谦卑"，二是"纯洁的母爱"。这一传统在中世纪继续得到巩固，拜占庭圣像画以符号化格式给予圣母子的姿态以定型，颔首侧倾、眼睑下垂成为教派分裂时期迸发出的意念——"如羔羊般柔顺"的形象隐喻，同时也成为三位一体正统神学理念的图式索引。14世纪以降，拜占庭圣像传统逐步被俄罗斯全盘接受，在安德烈·鲁勃廖夫《圣母子》与《天使图》中达到顶峰。这两幅天籁之作将来自君士坦丁堡的厚重符号予以诗意化（或者说本土化）的转释，它们作为俄罗斯圣像画的精髓，为失落的基督教帝国完成了一份珍贵的精神拷贝。

在意大利文艺复兴鼎盛时期，三巨匠所创造的圣母子仍然小心翼翼地维护着圣母的形象宝座，只是削弱了符号的直观性而附加了肉身的亲近性。这种对"道化肉身"理念的实践性阐释，被后世验证具有终极性质。但以上毕竟是一种世俗化的进程，在历史提出可信的反证之前，所有负面因素均未显示。终于，19世纪兴起的资本主义大潮以摧枯拉朽之势，将信仰建立起来的灵魂与肉身之间的历史平衡破坏殆尽。获得肉身彻底解放的人类尚未过了兴奋点，便发现自己已深陷困境，甚至退路也被堵住了。历史反思之书，重又掀开了新的一页。

中土飞天与菩萨

在公元4世纪末的"五胡乱华"时代,由于受天竺西方佛教的"经像合一"传统的刺激,突然产生出一种崭新的憧憬。这种理想境界由佛家族像、菩萨像表征,区别于传统的黄老之道、羽化升仙的形象,即秦汉两代砖石镌刻上那些模糊不清的图案、纹样或人形。

西域、于阗、龟兹、敦煌、麦积山、云冈、龙门、炳灵寺等地的菩萨、飞天、供养人,体现了理想形象的现实化或现实形象的理想化的相互渗透,它们也是在中华大地上演的苦难与抚慰、粗粝与优美、悲哀与关切、沉沦与升华等一系列美学戏剧的张力体现。

"菩萨"是梵文"菩提萨埵"的简称,意为觉悟且有情义的、向佛陀境界艰弥修行之尊者。最初的菩萨像皆产生于公元前后的犍陀罗地区,其形象之美来自古代地中海世界的造型手法与美学理念。菩萨像的造型源于古希腊三个伟大的造型理念:"心身至善""体液平衡"与"黄金比例",它们经过与佛教义理的结合而产生将现世众生接引至澄明之境的善行。这些原则赋予东方世界的高尚人性以形体,同时也为中华生存苦地的人性升华指出方向。中土的佛家族像便是这一理路的标识,尽管它因埋藏较深而不易被世人认清。

犍陀罗佛(家族)像的诞生,意味着亚历山大"建立东西方文化联合体"的理念在经历了史无前例的传奇远征之后,终于在巴克特里亚、索格底亚那地区绽放出瑰丽的花朵。同时,佛像也是轴心时代希腊与印度两个伟大文明相遇之后互为馈赠的结晶。佛像之美,源于对人性之美的憧憬。它作为理想主义的形象典范,不仅翻开了以形象表达人性升华的新篇章，而且在人类造型艺术史上镌下深刻印记。

在公元初的几个世纪，"美菩萨"穿越遥远时空降落于马其顿大地。在韦尔吉纳的希腊化源泉深处，她与希腊裸体女神像、希腊化时期长袍女像和典仪中的女祭司像相互融合，最终变容为圣母形象。就造型而言，菩萨的垂眸神情影响了圣母，使她的形象发生变化——从早期基督教艺术中的大睁眼瞳，变为中世纪以降的颔首垂目，明确昭示"俯身垂怜"成为圣母的主要精神动姿，我们在《圣母悼歌》等圣乐中也可强烈感受到这一点。《马太受难曲》第78分曲"怜悯你"，由女低音吟咏出的质朴音声堪称典范的圣母情怀，其旋律线条有如马萨乔笔下圣母的步伐，不疾不徐、庄严高贵。总之，菩萨之美只有在基督性文化中变容为圣母情怀与天使意象时，方能升华至最高点。

北魏佛像

中土佛像之精华在北魏，北魏佛像之美集中于菩萨系列，而非佛祖本身之像。这一转折发生在佛教中土始兴的公元4世纪。此时，曹魏"建安文学"所代表的人文理念凌空驾驭着北方大地，超越地理民族差异而形成强大的文化向心力，它集中体现为对理想女性形象的求索。理想女性形象源于中华上古神话传说，最典型的是"精卫"与"洛神"。佛教东渐，大乘菩萨道的"普渡精神"从佛教诸流派中脱颖而出，广大信众对菩萨形象翘首以待。于是，精卫、洛神成为中土菩萨像成形的资源。两位女性从文学意象变为艺术形象的过程，开户了中土造型美学的两大脉络：顾恺之的"春蚕吐丝"与曹不兴的"曹衣出水"。它们代表了从山海经、女娲补天、西王母国等创世神话发展而来的浪漫美学理想，并从乱世中脱颖而出，成为魏晋时代理想人格美追求的典范。

这是东方文明的一个重大的历史转折点，对西方文明来说也是如此。公元4—5世纪，罗马帝国中心东移，拜占庭帝国的"筑梦之举"尚在酝酿，而西方各蛮族部落因西罗马帝国的覆灭以及匈奴人入侵，正在舔伤养息，到加洛林王朝文艺复兴还有三百年的苦旅待挨。此时的印度大地上，佛教传播随孔雀王朝的崩溃而日渐式微，笈多王朝只在印度河流域诸城维持佛教的兴旺，而其他地方则陷于分裂乱局之中。在这相对黑暗的年代，有两个人的行踪具有划时代的意义，那就是西方的传道者奥古斯丁和东方的求道者法显。他们各自的旅程充满了不可思议的危险和奇迹，却同样被强大的信仰之光召唤而甘愿赴汤蹈火。当法显历经艰险于公元5世纪初到达佛陀诞生地蓝毗尼园时，眼前的佛寺经院已仅剩残墙颓垣，东方信仰呈空白状态，甚至连婆罗门教（印度教）的复辟也尚未到来。回看中土大地，此时正经历南北分裂割据对峙的痛苦过程，但恰恰是现世的苦难，推动了"大乘菩萨道"的传播，催生了中土菩萨造像的兴盛，它体现为中华民族对女性理想美的追求与表现。菩萨们适中的肢体、轻盈的服饰、深悟的神情和超然的形态，既指向一个尚未到来但已允诺的理想境界，又预示佛陀在尼连禅河边悟出"八正道"时就已了然的觉悟之境。正是在"救苦救难，普度众生"的践行之中，人性的智慧超越了自身的规定性而升华到高山绝顶，平民百姓的现世苦难深渊在拯救的瞬间弥平。这一伟大的理念，在大乘菩萨道的宏愿中信誓旦旦、得以维系。

图2-4 北魏的胁侍菩萨像所呈现出的美，是精卫精神的童贞化，她们在追求爱情、美好过程中曾遭受过的挫折，在佛性国度终于得到了弥合，从此，拈花微笑具有了崭新的意义

问题在于，为何后来北魏佛（家族）像之美戛然而止？在往后的千余年，佛像越造越多，其品位却日益倒退，变异至明清时代已到了陋像泛滥、不堪入目的地步。依中国人心智，断不至于再无能工巧匠执着于此，其中一定另有隐秘。实际上，中国文明结构性的缺陷，到此时方才显露，造型艺术是其标识。自先秦以降，儒家思想已逐步蜕变为世俗经略之道，偏重功利主义，等级规制高于一切，

而道家"羽化升仙"的思想脱离现实、独善其身,过于虚无缥缈。总之,两者均轻视个体生命的价值,忽略肉身的大地性。它们虽未必是后来"儒、释、道三合一"的中土佛教对印度原初佛教进行改造的唯一原因,却是中土佛像改造犍陀罗佛像的主要缘由。它们在魏晋南北朝这一中国文明的上升期尚能发展出一系列高超优雅的审美境界,但其"内在贫血"的病灶早已埋下,终究要发作。就中土佛像艺术而言,"线条"的审美属性相对独立、缺乏身体性的理解,没有与"体量"发生贴切的关系,是一个物理事实。所以,当我们比较龙门石窟的"礼佛图"和巴台农神庙门楣的"典仪浮雕"时,浮雕画面中两者线性完全相异的表达,以及对体量概念完全的不同理解,就不足为奇了。

圣多马的使命

公元48年的春天,圣多马——耶稣十二门徒之一,开始执行《马可福音》16章15节所颁的使命:"你们往普天下去,传福音给万民听。"① 他远赴印度传道,在那里建立了最古老的基督教村社,据说耶稣曾去过圣城塔克西拉研习东方的神秘宗教。耶稣之所以派多马去那里传道,《多马福音》中给予了解答。耶稣问众门徒他像什么,彼得说像公义的天使,马太说像个哲学家,只有多马说他不能用口说出来,耶稣便说多马已进入了自己的境界:"你已从我所看管的涓涓泉水里陶醉起来。"② 然后,耶稣带多马退下,私底下教导他。当其他人问耶稣说了什么话时,多马说:"若我把他对我说的其中一样告诉你们,你们会拿石头掷我,火焰会从石头出来,把你们消灭。"③

圣多马的传道之途是从地中海到印度,沿着亚历山大的密友——海军司令尼库阿斯指挥的舰队当年航行的线路。它同时也是自古巴比伦时代商贾们习惯走的海上贸易路线,即从亚历山大里亚到玛德拉斯之间的往返。正是在玛德拉斯这个位于印度东南部的古老港口城市,人们能看到圣多马当年传道的物证。如果说"圣多马教堂"的遗址的尚不清晰的话,那里数以千计的叫"多马"的印度人——他们都是基督徒,便是鲜活的生命证据。这条线路意味深长,

---

① 《圣经·马可福音》。
② 《圣经·多马福音》。
③ 《圣经·多马福音》。

它是对三百年前阿育王派遣的传道师们当年的传道路线的回应。作为人文史上最伟大的传播路线，它的重要性凌驾于丝绸、黄金、宝石、香料的贸易路线之上。当那些尘世之物灰飞烟灭后，仍然闪光的必将是古老的精神价值。

在圣多马由海路东行传道三百五十年后，一位中国僧人走过一条更为艰险的陆路，这就是法显西行求法的道路。东方文明内部伟大信仰的相互传递，在这三百年间基本达成，人类文明史从此翻开新的一页。正由于法显的西行创举，方才有二百三十年后玄奘毅然再次踏上西行求法之途，其事功业绩与法显大师共同彪炳后世。

三

文艺复兴札记

文艺复兴的思想遗产

1. 加洛林文艺复兴的意义

公元800年12月25日,这一个圣诞节显得特别寒冷,查理曼大帝率领他的亲卫队——五千骑士来到罗马的圣彼得大教堂。这位加洛林王朝的第三代君主在粉碎了德国(巴伐利亚)、匈牙利(阿瓦尔人)、意大利(贝内文托)、希腊(东罗马帝国)组成的同盟之后,再次威临欧洲。在这木制的罗马式长方形教堂内,查理曼大帝接受了教皇利奥三世的加冕,这一幕是查理曼的父亲"矮子丕平"在美因茨由总主教圣·伯尼法斯加冕情景的再现。丕平颁布的《加洛林书》是三百年前墨洛温王朝的创始者克洛维一世颁布的《萨利克法典》的有机延续,它从信仰的义理与仪式方面规定了欧洲人的形体语言,为拜占庭神圣建筑和敬拜礼仪的精髓完成法兰西式的转化奠定了基础。当教会图书馆第一次在帝国境内广泛建立时,亦标志着对古代地中海世界丰厚营养的汲取甩开了大步,由此宣告加洛林文艺复兴的发端,从而掀开了欧洲历史新一页。它由查理曼大帝所钟爱和重用的一批学者启动,标志着西罗马帝国覆灭后沉入黑暗的欧洲首次瞻望到东方地平线的曙光。

在此之前长达十五年的危机激发查理曼颁布了第二部重大律令改革《贺斯塔律令》,并产生了公元789年的《大诰》。这几部法律文件的大部分条文都是以被称为《狄奥尼西安·哈德良》的教会法规集的文字为基础,皆强调神职人员必须服从遵守教会的法规。查

文艺复兴之光

图 3-1 毫无疑问，查理曼大帝是欧洲一位伟大的君主，他掀起的"加洛林文艺复兴"是整个欧洲文艺复兴的先声，从此讲日耳曼语的北方蛮族踏上了文明之路；在向东方古代世界躬身汲取的过程中，逐步换掉原先的血液，向高贵文明靠拢

理曼的律令触及更深更广的内涵，等于是基督徒原则的一项宣示，把和平、平等、和谐等原则当作社会转化、文化复兴的基础。它们体现了查理曼大帝信仰的虔诚与热诚，因为他以君士坦丁大帝为典范，对异教徒匈牙利阿瓦尔人的征战过程被这位强有力的君主视为一场圣战。他带领扎营在恩河（Enns）边境的部队专心朗诵连祷文、做弥撒、吟唱诗篇，他自己甚至厉行断食，严令其他部队空腹行军，以磨炼英勇无畏的战斗精神。欧洲文艺复兴肇始于公元800年。在这年秋天的一个阳光灿烂的礼拜天，亚琛的巴拉丁大教堂聚满了人群，法兰克国王查理曼大帝在这座罗马-拜占庭共融风格的教堂中，由教皇克莱芒五世加冕为首任神圣罗马帝国皇帝，由此揭开加洛林王朝文艺复兴的篇章。但好景不长，庞大的帝国在查理曼的儿子"虔诚者路易"手中终结，这位虔诚的基督徒修筑了自我灵魂通往天堂之路，却使本人治下的现世帝国发展道路堵塞，导致国家分崩离析，即于公元864年一分为三：西法兰克、东法兰克和中法兰克。西法兰克即现今法国，东法兰克即现今德国与中欧诸国，中法兰克则为现今意大利。其中，东法兰克包括勃艮第公国，即后来的尼德兰/佛兰德斯/荷兰，它地

位独特，是法、德之间的缓冲国。

公元 10 世纪中叶以降，由于西班牙"圣地亚哥朝圣路"的兴起，欧洲开始一体化的进程。它在"文明的挑战与应战"中呈现某种波状的发展曲线，伊斯兰文明与基督教文明内部的宗教改革则是这一发展的主要动力。有趣的是，圣地亚哥朝圣路是朝向欧洲的最西端，但它的精神指向却是东方，指向了遥远的巴勒斯坦，以纪念一位一千年前来到加利西亚传播福音的使徒——雅各。查理曼大帝致力推动的文艺复兴，其视线也是瞄准东方的精神城堡——拜占庭帝国的首都君士坦丁堡。

加洛林文艺复兴有两个标志，首先是产生了一批伟大的学者，其次是开始了一批建筑营造。其中，第二个方面的发展历程也值得研究：起初是在罗马的巴西利卡式教堂的基础上加入拜占庭教堂的要素，然后逐步形成加洛林王朝的独特风格；最终它以建造一个充满崇高文化理念的城市为奋斗目标，这座城市就是巴黎。爱尔兰学者托马斯认为巴黎是以耶路撒冷为范本，如建造雅典般建造起来的。也就是说，巴黎以圣城耶路撒冷为理想蓝本，城市中心也耸立着一座如圣墓大教堂般伟大的教堂——巴黎圣母院，其中供奉着重要的圣物——东方三圣王的遗骨。如雅典般建造是指巴黎圣母院用最上乘的石料、最高超的技艺雕凿而成。更重要的是，它因为玫瑰花窗与彩色玻璃窗画能留住上帝之光，而一举超越了雅典。

至于当时伟大的学者，首先要提到的人物是阿尔占因。他原来是一名盎格鲁-撒克逊教士，因学识渊博而被查理曼大帝聘任为亚琛宫廷的首席学者。阿尔古因号召帝国所有官员全面学习古希腊时期的七艺——语法、修辞、音乐、算术、几何、天文、逻辑，通过全面推广古典知识体系而打造出加洛林王朝的主体文化构架。这一主张得到查理曼大帝的支持，因为他本人就是一位诗歌文学爱好者与古典文化的崇尚者。根据学者兼传记作家爱因哈德的记述，查理曼大帝熟悉拉丁文，虽不能用它写作，却酷爱阅读，经常一边吃饭一边命人高声朗诵

《荷马史诗》等古典文学作品的拉丁文译本，以振奋自己的精神意志。查理曼大帝在古典理想的激励下，发誓要将巴黎打造成新雅典。这里所谓的"新"，就是用上帝之光去重新照亮异教神殿，使古老的大理石获得崭新生命。这一萌发于公元9世纪的文化理念，一直影响到12世纪文艺复兴以及13世纪法兰西文艺复兴，并对巴黎的城市建设产生了深远影响。

约翰·司各特·埃里金纳作为加洛林文艺复兴集大成式的代表人物，他对《狄奥尼修斯书》的成功翻译，标志着艺术的重心已经从古代希腊罗马所主张的"艺术是对现实模仿"[1]，转向了美是对神圣原型的模仿的理念，古典艺术思想从此与基督教思想真正融合在一起。同时，它也是一个重要的分水岭：当希腊文化和基督教文化融合在一起的时候，古代希腊思想——主要是柏拉图的哲学中的"理式"和基督教中的"上帝"就合为一体，构成了现实世界的"本体"。

我们还可以排出一列长长的名单，这些精英人物的分散与聚合是信仰的功劳。在那混乱而血腥的年代，除了圣奥古斯丁的《上帝之城》作为信仰者们内心的磐石之外，还有无数教会和修道院默默地辛勤工作，培养了大量传承知识薪火的志愿者。他们隐居在穷乡僻壤、边陲离岛，一旦基督信仰的精神城堡建立，他们便纷纷云集，促成伟业。这就是加洛林文艺复兴的时代背景，同时也是加洛林文艺复兴为法兰西、勃艮第、尼德兰的文艺复兴奠定基础的原因所在。

2. 神学美学——从中世纪到文艺复兴

追根溯源，文艺复兴的神学美学来自柏拉图。柏拉图在《大希庇阿斯篇》中对绝对美本身和美的现象进行了严格区分，他认为绝

---

[1] 彭吉象：《艺术学概论》，北京大学出版社2013年版，第3页。

对美本身就是光；在《斐多篇》中有美是光辉壮丽的意象，结论为"美是难的"，意思是绝对美本身具有一种高高在上的难度，犹如攀登青藏高原上的雪峰那样艰难。但他并未就美与善的关系进行深入论述。

公元2世纪末，地中海的学术中心从巴比伦转移到亚历山大城，阿莫尼阿斯·萨卡斯创立了新柏拉图学派，但是该学派的代表人物却是他的学生普罗提诺。普罗提诺弘扬了柏拉图的美学思想，他在《九章集》中指出美源于绝对的善，然后化为一种肉眼看不到的物体"太一"向下流溢，就像光那样照射万物。最高的美是绝对美，次之是天体中万物的美，再次之是现象世界中的美。现象世界中的万物，离绝对美越近就越美，反之则昏暗且丑恶。与下降之路相对的是上升之途，被美的流溢允满的事物向绝对的善回归，意味着美的完成。这是一种典型的垂直向度神秘体验，与东方伟大山脉的经验惊人叠

图3-2 冈底斯山脉主峰冈仁波齐　　它被多种古老宗教公认为世界的中心，有其深刻道理。它不仅与亚洲早期宗教形成相关，而且与人类迁徙线路密切相关，同时也是破译中华民族迁徙史的密码

合，使人不禁想到释迦牟尼与兴都库什山脉雪峰及神山冈仁波齐峰的关系。据传，耶稣曾经去过巴基斯坦北部的高山。由此联想到古老的象雄文明与神山圣湖的密切关系，我们茅塞顿开：伟大的自然地理升华为精神力量，为信仰的诞生奠定了基础。

公元 5 世纪，一位来自叙利亚的神职人员，自称是"战神山的基督徒狄奥尼修斯"，以无与伦比的精力写作了一系列神学著作。他就是历史上著名的"伪狄奥尼修斯"，还有一种学术的称呼是"假托狄奥尼修斯"。"伪狄奥尼修斯"也罢，"假托狄奥尼修斯"也罢，关键是他具有惊人的想象力与精神洞察力，凭一己之力构建了拜占庭神学美学。

他在《神名论》中这样阐述："超现实的美之所以被称作为绝对美 Kallos，乃因为它向万物传播它自身的、而对于每种事物来说却是特有的美，也因为它是和谐与光辉的原因。像光一样，它向所有事物发出自身深层的光，这些光创造美，它召唤万物，因此它被称作绝对美。它自存自在、与自身同一，由自身从高处放射出使一切事物变得美的光辉。"[1]

假托狄奥尼修斯认为，光产生于善，是善的形象。物质之光（阳光）哺育万物，精神之光是肉眼看不见的，需理智之眼方可看见，甚至那丧失视觉能力的盲人也可知觉。光的照耀能够使没有形式的事物获得形式，使平凡丑陋变得高贵优美。假托狄奥尼修斯将"美善统一"看作上帝的本质特征，这是一种宇宙学观念；相比较而言，亚里士多德则在人类学层面上把"美""善"统一起来（和谐、仁德），是一种美学或伦理学概念，与孔子提出的"里仁为美"颇为类似。

假托狄奥尼修斯提出的光的学说，是一种超越性的理论。它表面上看起来不易理解，但在实践中却有惊人的爆发力，三百年后终

---

[1] 转引自凌继尧：《西方美学史》，学林出版社 2013 年版，第 177 页。

于在法国圣丹尼斯修道院的重建过程中得到见证。这所法国路易王朝皇家修道院的院长絮热（Surer），他自己就是一个传奇。他曾经全程陪伴法王路易六世参加第二次十字军东征，亲眼见到了圣城耶路撒冷、神圣帝国之都君士坦丁堡、安条克公国的圣西门教堂，以及圣地伯利恒、拿撒勒、西奈山与圣凯瑟琳修道院，等等。这些非凡的经历使得这位皇家神职人员具有卓越的鉴赏眼光，他立刻就被假托狄奥尼修斯的著作吸引。絮热在其所著的《论圣丹尼斯大修道院教堂及其艺术珍品》中坦诚地告白，自己深受假托狄奥尼修斯"光的形而上学"（Lichtmetaphysik）理论的影响，苦思冥想如何使这一精神付诸物质实现。絮热最终得到了上帝的祝福，神圣之手引导他通过打开墙壁、扩展窗户光线而营造出新的结构体，使罗马式教堂庄严的单一空间变为哥特式教堂崇高的丰富空间。

假托狄奥尼修斯提出的象征理论充满神学的光辉，他认为象征中隐匿着美，它引导人类去认识精神之光。艺术以感性的力量再现神的精神力量的某些特征，但神圣原型从根本上来说是不可模仿的。因此，他提出象征目的之二律背反说：象征，既显示美又遮蔽美，只有具有精神之眼的人才能透过象征把握绝对的大美。这里的"象征"不仅指图式，而且也指对整体精神品质的把握。假托狄奥尼修斯对普罗提诺神学美学体系的延伸与完善，原先只是在东罗马帝国（拜占庭帝国）境内，而将这一思想传播到整个西方世界的人是爱尔兰修士约翰·司各特·埃里金纳。他作为加洛林文艺复兴时期最伟大博学的学者，将《狄奥尼修斯书》从希腊文译成拉丁文，并进行了创造性的阐释。他认为神意天国原型借世俗形象彰显自身，世界就是一种天国本体的隐喻象征。神圣原型"逻各斯"向下达到艺术家的灵魂，再下降到物质的材料呈现，这一线索方才是解读伟大艺术品的原理。"美"在于神圣秩序的彰显，表现为"对神圣原型的模仿"。

13世纪经院神学美学是拜占庭神学美学（中世纪神学美学）

千年构建大厦的扛鼎基石,上面镌刻的最闪亮的名字是托马斯·阿奎那[①]。他最大的贡献是建立了经院神学体系,将"美善同一""合目的性"的理论合理地置于体系之中。他指出:"美要存在的话,不但必须比例恰当,还必须完整——换句话说,一切事物必须具备属于自身应有的部分,残缺的身体因此是丑的;还要有光辉,颜色清晰之物才是美的。"[②] 因此,美是人与所理解的对象之间的正确关系,在这里,比例成为一项解释宇宙本身何以统一的形而上的伦理价值。总的来看,他认为美的三要素是和谐、鲜明、完整。需要强调的是,这里所说的"鲜明"主要是指象征主义的、精神性的事物,而不是一般意义上的鲜亮,它应该是源于神性照耀在物质上的光辉。

另一位被托马斯·阿奎那的光芒掩映的伟大人物是乌尔里奇,因为他来自斯特拉斯堡,所以被称为"斯特拉斯堡的乌尔里奇"。他作为托马斯·阿奎那的同学、天才的神学美学家,进一步完善了假托狄奥尼修斯的"光的形而上学"理论。乌尔里奇把光看作是宇宙因素和各种物体形式的根源,认为宇宙按照内部规律形成并具有某种独立性,这是他的发挥与创造。假托狄奥尼修斯、乌尔里奇关于光的理论,以及阿拉伯哲学家金帝对于光的研究,被哲学史学家统称为"光的形而上学"理论体系。

有一点值得注意:凡是文艺复兴大师,几乎全部是新柏拉图主义者。达·芬奇、米开朗琪罗、拉斐尔的经典作品,展示出柏拉图理念落实到艺术实践上的不同方向,其核心是柏拉图理念所开启的神学美学。柏拉图的"洞穴比喻"指出了什么是人类的真正观看经验,"美是光辉灿烂"的理念则开启了普罗提诺神学美学的视域。这

[①] 托马斯·阿奎那是中世纪经院哲学的哲学家和神学家,他把理性引进神学,是自然神学最早的提倡者之一,也是托马斯哲学学派的创立者,其撰写的最知名的著作是《神学大全》。他所建立的系统、完整的神学体系对基督教神学的发展具有重要的影响。

[②] [意]翁贝托·艾柯:《美的历史》,彭淮栋译,中央编译出版社2011年版,第88页。

时，地中海世界的学术焦点转而集中于普罗提诺与假托狄奥尼修斯的"神光流射说"。这一重大转变导致多神教的太阳神变为一神论的人格神，"光"为人格神的出场做好了物质准备。

这里展示了一条隐秘的精神之路，其核心概念是"上帝—造物主—三位一体—圣母—道化肉身"，它们皆被神圣之光彻底贯通。古代学者们的天文学研究，以及假托狄奥尼修斯的《神名论》与《天国等级》、但丁的《神曲》与《新生》、乔托的《圣母荣登宝座》等伟大作品，无比深刻地表现了"光"与"肉身"的永恒关系，它作为西方灵魂的独特生命意识，揭示了新旧约之争的焦点。耶和华（恩宠、选民）的上帝与道成肉身（圣母、柱廊尽头的门与天使）的上帝，透过米开朗琪罗与达·芬奇的艺术之争体现了认识上帝、感领神圣的不同方式。米开朗琪罗坚持圣体神学的质朴理路，以道化肉身、灵肉对抗的形式来填补从生存痛苦到神圣抚慰的超越。在《大卫》中，我们目睹一位巨人英雄拔地而起，全部力的焦点均对

图3-3　达·芬奇《最后的晚餐》　1494—1498年绘制于米兰圣玛利亚感恩教堂，达·芬奇在这幅画中导演了一出由三种光构成的场景：从左边射入的强烈光线——圣徒的空间，耶稣自身发出的不易察觉的温润之光——人主空间，窗外的亮光——天国空间。这一出神圣光影戏剧渗透了达·芬奇关于宇宙神学的智慧

准远处要超越的目标（敌人），做那决定性的奋力一跃；《哀悼基督》所呈现的深沉、雄健的艺术风格正如同米开朗琪罗与命运抗争的人生故事；达·芬奇则站在宇宙神学的智慧门槛上，将灵魂如何上升到神圣超越的境界这一永恒命题纳入浩瀚的时空观加以思考。《岩间圣母》《三博士来拜》《最后的晚餐》等作品，不管保存是否完美，以及是否由达·芬奇的手笔最后完成，均可看到他那惊人思考的边界，如石击水波的纹理。与前面两位相比，拉斐尔基本上属于没有太多思想的宫廷宠儿，他的伟大受惠于外在环境的赋予，以及时局运道的眷顾。罗马的底蕴与辉煌，使拉斐尔不得不伟大，这真是一个令人痛心的解读！

3. 绝对大美的研究

　　文艺复兴时期的艺术，重点研究超越尘世的"永恒之美"。这个永恒之美究竟是什么呢？在这方面，我们仍然要回溯假托狄奥尼修斯的思想。这位拜占庭神学美学家用他强大的思辨力量，逐步将柏拉图主义、新柏拉图主义和基督教结合起来，使它们统一在超验人格的单一信仰体系之中。他深刻把握了柏拉图在《大希庇阿斯篇》中的美学理念，对"绝对大美"进行了精确的分析。柏拉图在《大希庇阿斯篇》中区分出美自身和美的现象，同样，假托狄奥尼修斯也区分出绝对美和一般事物的美。假托狄奥尼修斯与柏拉图同样认为，一般事物之所以美是因为它们分享了绝对美。不过，绝对美并不因此有所减少，因为假托狄奥尼修斯认为绝对的美是永恒的，不生不灭、不增不减。这个几乎是对柏拉图《会饮篇》的复述的概念，说明假托狄奥尼修斯对柏拉图的研究之精深。

　　斯特拉斯堡的乌尔里奇凭着自己更为强大的理性推论能力，把假托狄奥尼修斯关于绝对美的论述，总结为经院神学美学十大原则：

（1）在上帝身上，绝对美和美并不分为被分有和分有，它们完全相同。

（2）上帝是一切美的动因，像光一样，在照耀中把美传递给一切事物。

（3）上帝召唤分有了绝对美的万物，词源学也证明了这一点。善 Kalos 和美 Kallos 都来源于 Kalo，Kalo 是"召唤"的意思。

（4）上帝像光一样，把它照耀的万物联成整体。

（5）上帝由于自身而美，不是分有绝对美而美。绝对美不可能成为美的，也不可能成为不美的。

（6）上帝作为绝对美的极限，不可能增加，它没有对立面，也不可能减少。

（7）上帝不是在此点美，在另一点丑。其他的美却是这样，因为事物离绝对美近就美，离绝对美远就丑。

（8）上帝不是在此时美，在另一时不美。其他事物一开始没有形式，由于绝对美才获得形式，所以它们不是永恒的美。

（9）上帝不是对一个人美，对另一个人就丑。其他事物具有相对美，美较少的事物与美较多的事物相比就是丑的。

（10）上帝不是在这里或者那里具有绝对美，它处处具有绝对美，包含一切事物的、而不是某些事物的原初的美。[1]

至此，我们基本上将绝对大美的脉络梳理得较为清晰了，它是文艺复兴美学大厦上一道最亮丽的风景线。

---

[1] 凌继尧：《西方美学史》，学林出版社2013年版，第178页。

4. 柏拉图的理念与学院

　　柏拉图思想的精髓给予人类的精神求索以彻底的照亮，并奠定了亚历山大学派普罗提诺的"神光流射说"通向文艺复兴神学美学大厦的第一块基石。经由这一石级，人类第一次跋涉于通往"洞穴"外的光明世界的崎岖路上。

　　公元1世纪，柏拉图的理念在"雅典学园"中继续发展的动力已接近衰竭，打破这一困局的希望来自东方城市巴比伦，在它从"罪恶之都"转变为"学术之都"的过程中，阿育王派遣的传道师的精神遗产发挥了决定性作用。佛陀的高尚义理使地中海古代文明转入沉思，在理想的相互冲折中辟开了新的伦理价值观的诞生之路。它将我们导向一条贯穿犹太旷野、连结死海至加利利湖的卓越路线，拴系着一连串不朽的城市：拿撒勒、伯利恒、耶路撒冷、撒马利亚、以弗所、罗马、君士坦丁堡、锡耶纳、佛罗伦萨、米兰、阿西西、帕多瓦、乌尔比诺、费拉拉、比萨。

　　最终，在佛罗伦萨的"柏拉图学园"，由学者马尔西利奥·费奇诺（Marsilio Ficino，1433—1499）发展出一种具有神性背景的柏拉图个人主义，奠定了现代人文主义的基础。这里包含了一段东西方宗教与文化对话的传奇。1438年底，君士坦丁堡在奥斯曼帝国的不断进攻下危在旦夕，经佛罗伦萨执政官卡西莫·美狄奇的撮合，东西方普世教宗会议从费拉拉移到佛罗伦萨召开。拜占庭帝国约翰八世率领数百名神学家和学者进入佛罗伦萨，其华贵服饰与庄重礼仪震撼了整座城市，从此，拜占庭人的服装风格在当地流行了一个世纪之久。1439年7月5日，双方在佛罗伦萨的圣母百花大教堂庄严签署了普世教会条款，出席盛大签字典礼的人们屏息肃立，罗马红衣大主教凯撒里尼和君士坦丁堡大主教贝萨里欧分别用拉丁语和希腊语宣读结盟誓言并互相拥抱。

　　然而，这桩看似重要的事件并未达到预计目的，却意外地成为引发西方文艺复兴的火种。贝萨里欧的住所里每晚都挤满了来自东西方的学者，因为他的老师齐米斯塔斯·普莱桑从希腊科林斯古城附近的小镇米斯特拉来到了佛罗伦萨。这位年过八旬的耄耋老人举办了介绍柏拉图思想的系列讲座，以充满激情的演讲带来了"希腊哲学院"的学术气息，讲台下痴迷的听众中就包括卡西莫·美狄奇。他立刻计划在自己的城市创立一所柏拉图学园，但苦于无暇顾及，便将这使命交给了自己当医官的儿子马尔西利奥·费奇诺。费奇诺凭借着佛罗伦萨丰厚的人文底蕴，终于

图3-4 马尔西利奥·费奇诺《神圣书信》书影
这些文件显示了柏拉图学园在佛罗伦萨落地过程的线索，它是历史上的一个伟大选择，其结果蕴含着令人不可思议的炫目光芒

在1462年联合另一位人文学者皮科建立了柏拉图学园。这是一所建立在美狄奇公爵捐赠的房子内的学术基地，先是翻译柏拉图及其他柏拉图主义者的著作，后来费奇诺被任命为柏拉图学园的领导人，主持佛罗伦萨学者对新柏拉图主义的研究。费奇诺一生翻译和注释了柏拉图、普罗提诺、波尔费留、杨布利科、普罗克洛、假托狄奥尼修斯等人的大量著作。1482年他发表了主要著作《柏拉图神学》，1495年又出版了书信集，其中包含着许多重要的哲学论文。费奇诺的积极活动使他成为这个学园的核心人物和文艺复兴时期影响最大的柏拉图主义者，由此为柏拉图主义的复兴和传播做出了重要贡献。

具体说来，费奇诺的学术贡献在于：继承了新柏拉图主义和中世纪神学的宇宙等级观念并赋予其新的内容，提出了世界统一性思

想。世界统一的基础是灵魂。宇宙是一个自上而下的体系，是一个由上帝、天使、灵魂、性质、物质构成的等级结构。在这个结构中，每个事物都有其固定的位置和级别。但它们不是简单地排列起来，而是相互联系的。整个结构是一个连续的整体，在各等级之间都有中间物存在。在这样一个等级世界中，灵魂以其认识和爱的能力具有特殊的作用。因此，费奇诺哲学的第一个概念是"柏拉图之爱"（也被称作柏拉图爱情），他把这种爱与基督徒对上帝的爱和人们之间的友谊联系起来，并进一步把它规定为世界统一的原则。当灵魂思考并且爱一个对象时，就和这个对象统一起来，对它产生作用。由此，灵魂成为连接理智世界和物质世界、连接整个宇宙的纽带，成为整个宇宙的中心。这种理智灵魂在费奇诺那里指的就是人，人的崇高和价值就建立在这种认识和爱的作用之上。

费奇诺哲学的另一个重要概念是"沉思"。他所说的"沉思"是指一种直接的精神体验，类似于普罗提诺的"独我"体验状态。在这种沉思中，灵魂与肉体、与外界的一切事物脱离开来回到自身，深入到自己的内在本质。灵魂在那里发现了自己的神性、理智世界、超验的理念以及构成这些要素的共同源泉——上帝，由此，基督教的上帝代替了普罗提诺的"太一"。在费奇诺的哲学体系中，沉思不仅是形而上学思辨的基础，而且还是真正的道德生活的唯一源泉。当我们回到内在的精神生活中时，就有效地避开了罪恶的念头与命运的干扰，仅仅服从于纯粹的认识和良知。因而，尘世的生活应当是一切人追求的目标，是达到真善美统一的唯一道路。但沉思的目的只有少数智者的灵魂可以在今世达到，为了使它成为一个对所有人都适用的目的，就必须假设有来世的生活，就必须假设灵魂不死。费奇诺的学说用思辨的方式深化了柏拉图理念与人文主义思想的融合，为现代精神人文主义奠定了形而上学的基础。他的思想在皮科那里得到了进一步发挥。

柏拉图的著名美学论断"美是光辉灿烂"，通过拜占庭（中世纪）

美学大厦的构建,点燃了意大利文艺复兴艺术的火炬,一系列巨匠大师的杰作塑造出柏拉图理想国的形廓,光辉的中心不再缺失形象,而是充满了人格神的造型。那不是简单、抽象的偶像,而是血肉丰满的人形,有全部的感觉——喜怒哀乐,与人的情感世界密切相连。

5. 文艺复兴肖像学

文艺复兴时期的人像要作为一个特殊现象来研究,可称其为"肖像学"。它超越了"写实""写意""想象""变形"等风格学范畴,成为造型艺术史中一个独立存在的系统。现时代人们之所以不容易读懂其中的内涵,是因为与它的知识结构相距甚远。但即使如此,我们仍然握有以下若干进入那个伟大时代的学术支点。

其一,人像中的时间观。

文艺复兴时期的画家描绘人像,强烈关注如何使一个独立的人尽可能占有更多的时间与空间。结果就是,人像在似与不似之间,与正常的视网膜经验,即所谓"直观影像",拉开很大距离。是否在没有相机的时代,画家画人画不像呢?回答是否定的。那时的画家具有非凡的抓形能力,不是画不像,而是有意规避太像,因为过于酷似对象有悖于画家的理念。画家的理念是要表现人物的理想形体,趋近于人类最经典的理性审美原则,即古希腊的"心身至善"与"体液平衡"原则。我们在维纳斯、胜利女神、眺望楼的阿波罗等作品中,可看到这种理想形的呈现形态,它们具有超越时间的性质。温克尔曼对古希腊艺术的评价"高贵的单纯、静穆的伟大"[①]中,都蕴含着"永恒"这一要素。

其二,雕刻式画法。

雕刻式画法分为两种:米开朗琪罗的"团块式画法"、波提切

---

① 转引自马晓琳:《西方美术史》,人民美术出版社2009年版,第35页。

利的"图描式画法"。前者与古代建筑雕刻有关,后者则与东方线条传统有关,如两河流域的线性浮雕、中国书法与壁画,以及希腊化、波斯与北印度壁画等。"图描式画法"以具有质量、体积的线为主,在线型周边进行反复皴擦,形成如雕刻刀般的运行轨迹。中国以"金石味""屋漏痕"来概括这种感觉。"图描式画法"源于人类早期岩壁刻画,例如在阿尔塔米拉岩洞壁画中,野牛、麋鹿的形是由反复刻画的线条塑造的,经红外探测仪扫描,前后累计时间达两万年之久!这也是历史上创作时间最长的画,可以想象,仅仅是时间的累积便赋予了它无与伦比的历史美感,深层的物质在刻画过程中被不断敞露于空气中经受氧化,积淀为日益沉凝的"包浆"效果。正是通过雕刻式画法,确定了那个时代画面肌理的通行标准就是消除画面上的明显笔触,通过适当打磨而形成如大理石般致密的肌理,由此,人物获得了如雕像般的永恒感。

其三,画面的光影。

新柏拉图主义与神学美学最大限度的结合,体现在达·芬奇的艺术中,而他的艺术的最大特点便是神秘的光影。达·芬奇以明暗去表达空间的超越性,为此,他以天体观察来研究表现人物光影的依据,这是一种具有宇宙神学背景的人文主义试验,在《最后的晚餐》中得到了终极性体现。

其四,技术艺术史。

这个角度不是简单的工具材料学,而是研究画家特选的工具为材料赋予灵性的过程,以及这一过程产生的价值意义。例如达·芬奇以柔软的貂毛笔和稀薄的氧化锰媒介剂来涂抹少妇面部,于是,受光体反衬出光源的至高无上,以及上帝造物之神圣奥秘。埃尔·格列柯用蜂蜡等固体媒介剂来调和油彩,达成某种古代壁画或胶彩画的深邃效果。伦勃朗导演的光影戏剧有别于达·芬奇,其幽深的光影充溢着低地国家的特有气息,代表了整个北欧对圣事艺术的体认。

其五，色彩涂层。

这是前一点的有机延伸。画家娴熟地运用画面基底涂层、间接画法与透明画法的综合，以及水性、油性混合技术去呈现物象，由此拒绝了视网膜影像的客观再现，而执着于画家内在心像的创造性转化，其间充溢着天国神意的隐喻与暗示。

其六，面容表情。

人物表情是内心精神境界的外化。文艺复兴肖像中的人物表情，基本上遵循柏拉图学园首席学者费奇诺制定的准则，即"沉思的内心生活"。这是对柏拉图式的爱情的文艺复兴解释。我们看到，肖像中的男女主人公的表情均为不苟言笑、端庄沉思，摒除了一切夸张的戏剧性表情。唯有达·芬奇敢于画微笑表情，即所谓"蒙娜丽莎的微笑"。它与东方佛像中的"拈花微笑"类似，这种微笑在前者那里象征对神意天国的领悟，在后者那里则表示对佛国胜境的向往，它牵动肌肉的刹那便决定了内在精神指向是否能超越有限肉身而落脚于未来。人类表情的叙事，跨越了东西方的地域界线而涵盖普遍人性的精神诉求，成为沟通轴心时代与文艺复兴的桥梁。

其七，精神位格。

位格是人性在神性背景中的价值方位词，在绘画中与背景密切相关。一幅肖像画背景中的古代建筑或宁静山水，是人物表象欲突破时间束缚而重构与永恒比肩之"本相"的灵性图像。其所有造型元素皆作用于垂直向度，直指人性价值之提升。

其八，神学美学。

神学美学的第一要素是光，它源于柏拉图的名言"美是光辉灿烂"，并在《圣经》开篇"有了光，便有了一切"的启示下，由普罗提诺、假托狄奥尼修斯补入两个重要理念——"无所不在的流溢"与"内在的发光"，从而使"光"向大地物质又靠拢了一步，道化肉身在美学领域的实现基本完成。文艺复兴肖像的用光充分体现了上述理念，例如波提切利的《圆形圣母与天使》，美丽的金色通过透明

文艺复兴之光

技法渗入皮肤与衣服内部甚至画面肌理之中，形成一种"内在的发光"感觉，这种感觉亦是对"无所不在""神光流溢"的有力印证。另一方面，金光以直线形式贯注画面上下，从天穹伞盖直到天使裙褶及至画面暗部。于是，神性与人性的价值维度张力达至顶点，它呈现为纯粹的垂直方向，以图像体系将但丁《神曲》的诗化语言形象化。

6. 文艺复兴·技术艺术史

文艺复兴技术艺术史是解读文艺复兴的基础性学术视角，直击"道化肉身"这一核心命题；或者换句话说，文艺复兴时期所有的艺术技巧，均围绕"道化肉身"这一理念展开。

首先让我们从"素描痕迹"来探讨。底层影像的痕迹，是现实形象与理念形象曾经反复纠缠画家"眼睛"的物质表征。这种痕迹是希腊理念与模仿说递进的体现，心灵经过艰难攀登而达到神学美学新高度，使"对神圣原型的模仿"成为艺术创作的最高准则。为达到这点，大师们采用特制的工具材料，例如达·芬奇的素描《圣家族》，用彩色粉笔和毛笔在特厚的手工纸上描绘，经反复多次的摩擦后形成错综复杂的痕迹，呈现出天国形象从混沌中逐渐彰显的视觉效果。其

图 3-5 达·芬奇《圣家族》 创作于 1507—1508 年，达·芬奇因对圣母的微笑表情没有灵感而迟迟没有完成。一次他路过某小村庄，无意中发现路旁有一座古代雕像残段，蓦然被激发出灵感，于是很轻松地画出了马利亚与圣安娜的神秘笑靥

中，包含了三个层面：一是明暗，对艺术大师来说，光影明暗的唯一指向是"超验之光必然降临尘世"；二是笔法，笔法是艺术家个性特征的签名式呈现，落实为表情丰富的线性痕迹，也就是线条；三是线条，它是最具表现性的画面轨迹，是人类将客观外界物象存入记忆中的最高效手段，因此，所有大师都是坚持用线（去造型）的。

其次是绘画材料技法。在悠久的洞窟和建筑壁画传统中，无论是东方的干壁画还是西方的湿壁画，古人使用的都是矿物质颜料与动物胶。这种选择并非刻意，而是在漫长岁月中经验累积的结果，内里蕴藏着时间的秘密。木板圣像画基本上延续了壁画传统，只是基底发生了变化。橡木板上的坦培拉技术表现，能够将矿物颜料通过鸡蛋黄（垂悬乳液）更为完美地结合起来，同时更加坚固。

这一产生自拜占庭帝国的绘画技术在尼德兰艺术家手中变得更加精致，木板的坦培拉（油彩）混合技法应运而生。凡·艾克兄弟、威登、梅姆林等画家都是这方面的顶尖高手。意大利艺术家又将其发展为木板油彩，如波提切利、乔瓦尼·贝里尼、达·芬奇等，为威尼斯画派的大型布面油画奠定了基础。在上述大致脉络与环节中，"木板坦培拉技术"这一条最重要，它是神学美学光照与人性化表达的临界点，也是人类绘画技法史的顶峰。

再次，描绘过程中现实形象与超验意象的相互渗透，是文艺复兴时期肖像学的最重要特征。在达·芬奇和米开朗琪罗的素描中常常见到一种"散发性"的线条，它似乎围绕一个神秘的中心旋转，这正是"内在心像"成形的轨迹。

7. 精神理想

在急功近利的现时代，提出具有普遍人性价值的新理想具有石破天惊的作用。从大历史的终极视角来看，中国传统的儒学人生理想

"齐家、治国、平天下"已远远不能满足时代需求，西方近现代的价值观亦受到广泛质疑。再看其他文明的传统观念，则纷纷在严峻的挑战与应战中委顿，历史与时代要求我们的眼光还要放得更远。

如此看来，文艺复兴时期的理想值得借鉴。拜占庭学者普莱桑创立的"希腊智慧学院"，以及贝萨里欧建立的"拜占庭学院"，表征了对古希腊哲思、文学、艺术的神学解读。佛罗伦萨人文学者马尔西利奥·费奇诺主持的"柏拉图学园"，则印证了"上帝唯一的作品是爱"这一伟大观念，进一步弘扬了新柏拉图主义"神光流射"学说的美学原理，并充分体现在时代的不朽杰作之中。拉斐尔绘制的《雅典学院》，代表了对人文哲理与永恒知识的渴求；达·芬奇创作的永恒女性之美，从《蒙娜丽莎的微笑》到《伊萨贝拉的侧面像》，通过不断创新而达成对最难解的生命谜题之破解；米开朗琪罗的"英雄意志"，则体现出灵与肉冲突之后的精神升华；他们直接预示了席勒、贝多芬《欢乐颂》中弘扬的人类大同的价值。

在人类的高级文明中，"理想"的同义语是"希望"，它意味着一种信心，是所有创造理念与建设性行为的根本动力。当这两种观念退化时，创新与建设就会停止，或者只是徒具形式。现时代是人类文明史上罕见的缺乏人文理想的时代，因为资本无所不在的权力意志，造成推动一切事情皆以背后的经济驱动力为主，导致人们的眼光只盯住脚前，为每一分钱的利益而锱铢必较。由此，人类在文艺复兴时代曾经炼就的能看见天国景象的眼睛，又退化到过去的蛮荒年代，只能盯视那些浅近功利的事物，而丧失了遥望天穹的能力。对这种变化给出直接证言的就是建筑，自古代建筑开始的对垂直向度的追求，在现时代社会中发生了本质的变异，摩天大楼不断刷新的高度是为了商业利益和实用功能，而非人类抬首仰望的心灵需求。因此，重塑精神的王座，在现时代具有继往开来的重要性和迫切性。

8. 文艺复兴之梦

歌德认为，没有到过西斯廷礼拜堂的人，就无法了解人类所能完成的辉煌事业。这说明了在文艺复兴的伟大时代人们探讨信仰与人性、理念与创造力、精神与物质等问题的深度与广度，文艺复兴时期的艺术杰作恰恰为这一切提供了物证。确然，圣彼得大教堂和教皇宫内的艺术品，是荣耀美学的高峰展示。从宏伟的创世天顶画到神圣叙事的壁画，从幽暗走道中灯火照耀的圣器皿到精美的仪式挂毯，从陈列于高大殿堂中的大理石精品到袒露于阳光下的美丽雕像，我们会惊叹物质竟能变为如此具有灵性的形体，人性竟能被提升到如此高贵的程度！

文艺复兴的辉煌成就皆受惠于古希腊文明，受惠于将希腊智慧与基督教合为一体的拜占庭文明，受惠于"新柏拉图主义"与"荣耀美学"。在"翁布里亚画派"大师皮耶罗·弗朗切斯卡的画面中，欧洲的高雅青年为拜占庭学者（贝萨里欧）的渊博学识所倾倒，努力将希腊的智慧之光通过勤奋的热血转换为自己的知识财富。为这种精神所笼罩，人们呈现昂首向前的形象，神态坚定热忱、目光高远且信心满满。在他们的心中，拜占庭老迈的睿智将被欧洲年轻的雄心取代。希望在七丘之城上空闪烁，一个又一个的优秀人物出现在壁画上，飘逸金发与美丽华服被永远留在壁面上。当灵巧的手指在镶板梦幻空间中弹奏出悦耳的诗琴乐音时，大教堂的耀眼金顶从库迈海岸的红霞中冉冉升起。

在那个洋溢着信仰激情的伟大复兴时代，即使那些穿着朴素衣服的人，不管是年轻还是老迈，都具有一种挺立的风姿，看似是对现在的肯定，实则包含着对未来的憧憬。每个人都毫不怀疑《神曲》所许诺的"天国阶层"将是所有虔信灵魂最终栖息的地方。因此我们说，文艺复兴时期的肖像是人类肖像史上内涵最丰富、意义最深远的人像，它秉承了中世纪的"圣像"传统，通过抬首仰望圣人的形象而行向人性的高级阶段，预识人性的完美。于是，画家不仅描绘出了人物的现在，而且画出了他（她）们的过去、未来以及期望的愿景。从某种意义上，那时的肖像是"圣像"的人性化，是神圣价值与世俗价值的有机结合。尽管是幅面有限的肖像，却标示出文明赖以存在的两大特质——信心与梦想，就如同《创世纪》天顶画中上帝与亚当手指相触的神圣一瞬，一端落在坚实的大地，另一端伸向遥远的苍穹。

欧洲艺术与精神

1. 荷兰国家美术馆

步入阿姆斯特丹市中心的荷兰国家美术馆，眼前一派恢宏景观：砖砌红墙、砂岩立柱、高大拱门、玻璃天棚，展示出新教建筑风格与古典建筑风格统一的面貌。

当一双富有经验的眼睛快速浏览整个美术馆之后，伦勃朗的作品从众多画家群中脱颖而出。这位伟人的画家凭借着对圣像画肌理穿透性的深刻理解，以卓越的质料语言默默阐述了一条伟大的线索，一头维系着贝亚托·安吉利科的《背龛圣母像》，另一头与他自己独创的浮雕性油画笔触牢牢粘接。最重要的是其中闪烁的一道耀眼的理念之光：复活虔信时代的神圣价值。

通过仔细比对，我们可发现，伦勃朗作品与圣像画之间的关联主要体现在细节方面。圣像画的表面处理，也就是层层叠叠的金箔在适当的压力下向木板背后渗透，给人带来沉着且持重的历史感，荡漾着某种略带甜蜜的苦涩。这正是那个时代的信仰者的心灵引擎，如圣城苦路一般，在鲜血渗滴的磨砺过程中秉承神恩。那么，这种信仰情怀究竟体现的是何种审美价值呢？这应该是一种神学美学价值，须追溯到新柏拉图主义美学诞生之时。柏拉图对美的议论焦点是"光"，而亚历山大城的普罗提诺将光的物质命名为"太一"，它负载着神圣意志，下降至尘世，然后再度上升，完成精神的对流。到了加洛林文艺复兴时期，学者约翰·司各特·埃里金纳将其进一步引申为"对神圣原型的模仿",于是在天国之光的引导下,理念俯身下降为金色的柔顺羊毛,展现出接纳神圣之光的世俗身位。

1430年勃艮第公爵好人菲利普设立"金羊毛勋位",可看作对普尔喀丽娅女皇辩驳的历史回应。那场公元428年发生在君士坦丁堡的圣约翰大教堂中的激烈争论,最终的结果是给予"羊毛般柔顺的圣洁"(普尔喀丽娅女皇语)以"道化肉身"的神圣价值定位。

古代东方基督教世界的遗产,竟然被来自北方的蛮族顶礼膜拜,这一漫长历史过程中的精神沟通是怎样完成的呢?当然仍是从质感文化中找到线索;它作为一种具有世界意义的价值体系,在各民族的深层心理中占据牢固的位置。在维京海盗的初级艺术品中,从来就不缺乏金工匠式的制作工艺,只是囿于文明的发展水平,他们无法掩饰自身的特点——质朴的用力要远远多于精致的构思。维京人的艺术日后扩散到诺曼(北方)人,包括加洛林王朝的艺术风格之中,后者成为架通日耳曼部落文化与罗马文明之间的桥梁。

上述脉络概括出荷兰美术的民族血质根源,尽管经过漫长的衍变过程,这些深埋历史铁灰下的痕迹已难以辨认。奥尔·巴赫的粗粝厚重画风,可看作是对法兰克文化的历史性回应;凡·高身上流淌的日耳曼民族血性施予物质以力量,形成独特的人文肌理之生命体验。今天,当累累果实有序陈列于艺术殿堂之时,就如同一部打开了的人类文明史教科书,其意义在于揭示蛮族如何皈依了高级文明并得以发扬光大。

2. 西班牙精神

正是在人们纷纷拥向圣地亚哥的过程中,"列康吉斯达"(西班牙语译音,即"收复失地运动")的序幕拉开了,同时也勾画出西班牙圣事艺术的轮廓,这两者相辅相成。更为重要的是,在"圣地亚哥朝圣路"上诞生了欧洲共同体概念的雏形，它在苦难与鲜花、泪水与玫瑰的交织中逐渐成形，最终造就了西班牙文艺复兴。作为欧洲文艺复兴的重要组成部分，西班牙文艺复兴以大使徒雅各为精神旗帜，以护送圣雅各的匿名骑士为人格榜样，以熙德的英雄事迹为命运版本，三者合成一个整体，在欧洲大陆的西陲高高举起信仰的旗帜。

《堂·吉诃德》17世纪中叶在欧洲成为畅销书，宣告了西班牙文艺复兴的落幕。塞万提斯妙笔生花，通过对骑士精神衰弱现实的嘲弄与戏谑，表征了一个伟大时代的结束。在托莱多城的阿方索六世大门前，夜光造型灯打出塞万提斯雕像的轮廓，一个如梦的幻影正准备向未知的现代世界进发。从熙德到堂·吉诃德的精神巨变，形成了欧洲最不可思议的信仰黑洞，熙德形象所表征的理念已变成现实中的迂腐骑士——堂·吉诃德先生。当人们欢呼第一部现代小说的诞生之时，也就是将人从上帝那里拉回到现实中来的时候。从更宏观的历史角度来看，人已被抛出精神理想激越的国度而再次漂泊于黑暗大地，实际上是回到了与基督教诞生前的黑暗相同的境况，只不过身裹物质繁华而已。

我似乎又回到了瓜德罗佩尔小城——塞万提斯的故乡，一座被炽热阳光烧灼的孤寂小镇。一阙高大而破败的拱门将人们引向陡峻的斜坡，上面左拐弯是一个幽静的街边花圃，罗马式石雕泉眼已几近干涸。它曾经打造出西班牙红土原野中充满狂想的骑士，如今却彻底回归大自然的怀抱，以至于当代人已意识不到它的存在。

3. 勃艮第公国——壮丽风格的故乡

"壮丽风格"似乎是米兰的维斯康提家族的专长，这个家族的首领招募了一批理论家在其府邸悉心钻研，于14世纪30年代复活了

文艺复兴之光

图3-6 《根特祭坛画》　由尼德兰艺术家凡·艾克兄弟创作于1432年，尺寸为350cm×461cm。该画具有非凡的象征意义，供奉在祭坛中央的金色羊毛，隐喻着从伊阿宋金羊毛传奇到普尔喀丽娅女皇"如羊毛般柔顺与圣洁"的历程

亚里士多德的壮丽风格理论。这得益于意大利人文主义的倡行，它早在彼特拉克、薄伽丘和乔叟的思想中就有所体现。但人们可能忘记了，首先发扬光大"壮丽风格"的是位于阿尔卑斯山北麓的勃艮第公国。这是一个以日耳曼人为主体的民族国家准实体，深受北欧神话与骑士精神的浸濡，在法兰西文艺复兴春风的沐浴下，于15世纪中叶拉开了尼德兰文艺复兴的帷幕。尼德兰文艺复兴具有强烈的北方特征，它以骑士精神为核心，将圣乐、建筑、绘画、工艺与礼仪有效地统筹起来，创造出一种前所未有的"壮丽风格"。

让我们把目光拉回到过去。罗马的吉拉德·鲁西荣大师在一幅微型彩饰画中，描绘了一个重要场景：吉恩·沃奎林正在将珍贵的卷本呈交给勃艮第公国的第三任公爵"好人菲利普"。公爵身着华贵黑色锦缎垂地外套，上面镶着加了金色链条和金羊毛勋章垂饰的毛皮边饰，坐在刺绣着纹章、黄金叶和小鸟图案的红丝绸座位上。他的儿子——未来的"大胆查理"，和一批朝廷显贵也肃穆庄严地参加呈交仪式，大家都穿戴着表明其身份的昂贵服饰。这幅画辉煌壮丽的气象，使我们想起《根特祭坛画》。

凡·艾克兄弟创作的《根特祭坛画》，被公认为尼德兰文艺复兴的代表作，基本上是写实主义的片段场景之集合，但其中最关键的部分却是象征主义的。画面的视觉中心是供奉在金色祭台上的羔羊，它具有非凡的意义，不仅意指《圣经》中的"上帝的羔羊"，而且也是"金羊毛勋位"的来源。"金羊毛勋位"由"好人菲利普"创建，其时间节点正是1430年与葡萄牙伊莎贝拉的结婚庆典。它以羔羊的形式预识勃艮第"壮丽"风格之形成，前述的鲁西荣大师的彩饰画便是这一预识的形象备忘录。

在菲利普公爵的指示下，"金羊毛勋位"大臣纪尧姆·弗拉斯特主笔撰写了《金羊毛的历史》一书。卷首的插画具有象征意义：在座者全部身着垂饰金羊毛衣领的深红色长袍，这是按勋位规章统一定制的服饰。以纪尧姆·弗拉斯特为首的四位组织官员披戴着图尔奈主教法冠、手持权杖，正在桌前履行职责。桌上覆盖绣着金色植物图案的蓝色桌布，金黄色的宽褶边上镶嵌着红宝石。这是一幅色彩明艳而美丽的画作，它是将某种美学理念变为物质形式的范本。

《根特祭坛画》中另一个具有重要意义的场景是左侧上方的圣咏歌队，那些天使般的形象在华贵的服饰下放出光芒。它不仅是但丁《神曲》天堂篇中天使歌咏队的真实再现，同时也是勃艮第公国高水平音乐生活的缩影。从14世纪开始，勃艮第的音乐家们频频受聘于瓦卢瓦国王与公爵的朝廷，以及阿维尼翁教皇国。这对于催化国际哥特式的华丽高贵风格覆盖整个欧洲大地，具有决定性的意义。

勃艮第《修辞学派》的华丽辞藻，与纪尧姆、迪费、班舒瓦的多声部圣咏齐头并进。只要听得懂迪费的经文歌《花中之花》，就会被歌词和曲调的高贵情感感动，我们眼前仿佛浮现出勃艮第宫廷优雅高贵的仪容，它们与圣咏的音调是同构的。1469年8月，"大胆查理"将两件用黑色羔羊皮镶边的紫色长袍分别赠送给音乐大师班舒瓦和路易斯，它们每一件的价值都相当于随军牧师两个月的薪水。这说明贵族的服饰是"壮丽风格"的重要载体。

当时，整个欧洲的君主与王子们都渴望参加第戎宫廷所引领的骑士精神复兴运动，1430年至1470年间，法国、德国、丹麦、意大利和苏格兰的统治者们纷纷仿效"好人菲利普"的金羊毛勋位，建立了完整而系统的勋位组织。它是一粒火种，点燃了欧洲人在十字军东征目睹拜占庭的辉煌壮丽之后，意欲在哥特式大教堂的宝座上赶超东方基督教王国的雄心。

当哥特式的现实主义绘画在法国北部和尼德兰地区兴起时，意大利也同时出现了这种风格，但旨趣别样。在阿维尼翁旅居期间，锡耶纳艺术大师西蒙尼·马尔蒂尼天才地将拜占庭晚期壁画的梦幻风格、哥特式雕像的修长造型、中世纪手抄本插图的浪漫风格以及圣像画的金碧辉煌的技巧有机融汇，创化出一种精美绝伦的华丽风格，这就是美术史上著名的"国际哥特式风格"。以勃艮第公国为代表的北方文艺复兴的特征就是骑士文学、视觉和音乐文化相辅相成的有机活力推动着文化艺术的复兴。这股现实主义潮流在绘画领域与文学领域是一致的，如乔叟的作品，尤其是《玫瑰传奇》的第二部分。

1477年1月5日，勃艮第的末代公爵"大胆查理"在南锡战役中阵亡，第戎宫廷所代表的北方文艺复兴戛然而止，它的辉煌也就立刻暗淡下来，只剩下意大利文艺复兴一枝独秀。

勃艮第文艺复兴的影响在19世纪重新复活，德国学者弗里德里克·冯·施莱格尔（1772—1829）于1802年在拿破仑博物馆里看到了凡·艾克、汉斯·梅姆林的作品，被画面中蕴含在朴实宁静之下的神性与人性深深激动。他推断科隆学派的艺术大师构成并催生了弗拉芒木板油画，这一具有想象性的推论最早点燃了对于北方文艺复兴研究的兴趣。更为重要的是，它为未来的德意志国家打造了一种新的文化身份。

4. 文艺复兴·法兰西

13世纪是一个燃烧着信仰和创作激情的时代，法兰西文化悄然逼近了古典世界伟大复兴的临界点。一位名叫乔托的画家，擅长音乐，同时对建筑有着深刻理解，他的创造性工作整合了三门艺术——音乐、建筑、绘画，从而显示出神的恩典。此外，埃克哈德大师、莱昂宁、纪尧姆·德·马绍——这些伟大的复调声乐作曲家和独唱歌手，用旋律与和声充实了大教堂的每一个细节。六百年过去了，他们在超越时代的精神建筑上留下了永恒印记。尤其是阿尔贝托斯，一位卓越的圣母院领唱者，他的艺术与一般的世俗歌唱无关，而是直接达到了神圣境界，这是一个前人从未见到过的精神世界。教皇格里高利经由圣光和白鸽的启示，写下了一系列不朽的圣咏，它们是中世纪的转折点，是充溢着信仰的人类灵魂状态的生动写照，在神圣音声的指引下重建人类的价值。

图3-7 巴黎圣母院与巴黎大学几乎同时代诞生，它代表欧洲过去几百年来的知识、财富积累已被全部调动起来，向一个前所未见的精神高度发起冲击

13世纪的法兰西，开始动用过去几百年来积累的知识财富，向一个前所未见的精神高度冲击。以巴黎圣母院为代表的哥特式大教

堂的强烈感召和巴黎大学浓厚的学术氛围，聚集了加洛林王朝、拜占庭帝国以及英伦、爱尔兰学者的精华，一个伟大的时代转折关头近在眼前。

　　精英学者们通过长期研究达成这样一个共识：在历史的伟大时期经常会呈现出一种极度的跳跃，这是一种精神的飞跃。例如，在13世纪巴黎的"佩罗坦"（perotin）时期，一系列属于基础性的大事发生了，这是一个关于制度和尺度领域的变革，体现为人们追求某种具有超越性和普遍性的"公正"与"合理"。它不仅表现在社会的制度与法律层面，而且渗透到城市建设与所有视觉、听觉的艺术领域。从声音发生学的角度来看，当你试图将不同的声音凝聚在一起的时候，一定会以不同的方式组合它们，尝试用前所未有的整合形态来创造出崭新的声音，这恰恰是巴黎的"莱昂宁时期"与"佩罗坦时期"音乐家们专注于研究的问题。这些音乐家最大的愿望是寻求突破，就像我们在欧洲最伟大的哥特式教堂建筑中看到的那样，连续的花结、险峻的扶壁、高耸的穹隆、峻拔的尖顶，所有的要素都在趋向天空，彰显出一种伟大的上升力，就如同但丁诗篇中给予人们的那种引导性力量。它的精神源头可追溯至柏拉图的《理想国》。柏拉图的"洞穴比喻"以及"美是光辉灿烂"的著名论断，早在两千年前就穿透了所有迷障，昭示了人类精神求索之路，后人所思考的一切只不过是完善其思路的各个环节而已。

　　正是这种伟大理念构筑出巴黎新的城市形态，它的核心是巴黎圣母院。这座建筑的每一个雕刻局部，都凝聚着历代音乐家们对不同和声效果的艰苦探索，它们曾在不同空间形态的屋子里被反复试唱，然后又回过来指导被音声感动的建筑工匠，再去营建更加丰富、复杂与宏伟的空间，最后方才形成了巴黎圣母院迄今的形态。如果对这一推论尚存置疑的话，只需要去巴黎近郊的桑雷斯看一下它的主座教堂，这个巴黎圣母院袖珍版的建筑会使我们顿觉所有的疑惑可以立刻释然。

在巴黎圣母院之前两百年，圣丹尼斯修道院（大教堂）就开始了最初的尝试，这条道路由神学美学理念力辟而出。修道院院长絮热经过数年苦读爱尔兰学者约翰·司各特·埃里金纳的译著——假托狄奥尼修斯的《神名论》和《天国等级》之后，将"神光流射"抽象理念转换为具体的空间采光形式，一举将罗马式教堂改建为哥特式教堂。这是继圣哲罗姆独居荒野译出拉丁文《圣经》的奇迹之后的又一奇迹。

莱昂宁、佩罗坦、德·马绍开创的音乐时代，在同时代的建筑中复制了加洛林文艺复兴时的荣光，并在七百年后由一位管风琴大师马利亚·维多尔弘扬至令人目眩的高度。维多尔的《管风琴第五交响曲》在对信仰的激情重现中开启了气势磅礴的音流，尘俗的一切皆被远远抛在身后，只见超越现世的灵魂在天使的引领下绝尘而去。

5. 巴黎的形成

巴黎的形成可追溯至公元5世纪。公元481年深秋的一个早晨，萨利昂·法兰克的部落首领、一代枭雄希尔戴里克因病去世，其子克洛维继位。也许是遗传了父亲的伟大基因，克洛维从小便胸怀大志。他经过数年艰苦征战，吞并了邻近的法兰克诸部落，于公元486年在苏瓦松击败罗马帝国在高卢的最后一位总督西格里乌斯，创建了墨洛温王朝。该王朝统治下的疆域，便是后来法兰克帝国的雏形。

公元493年，克洛维迎娶了勃艮第公主克洛蒂尔达——这是一位以圣凯瑟琳、圣沃尔苏拉为楷模的虔诚基督徒，她成功地使夫君放弃日耳曼人所信奉的阿里乌斯教派（基督教的分支），皈依了三位一体的罗马大会教会（天主教）。克洛维改信基督的过程颇具传奇，他原先对克洛蒂尔达的规劝并未在意，但当他公元496年在与阿勒曼尼人的战争中遭受到前所未有的重大损失时，蓦然想起一百七十年前君士坦丁大帝曾遭遇同样的困境，于是他开始向上帝祷告。不久，奇迹发生了，敌方内讧、国王被杀，他赢得了一场原本输定的战役。一个月后，克洛维带领战争中生还的三千士兵接受了基督教洗礼。

公元508年，通过图尔的格里高利主教，东罗马帝国皇帝阿纳斯塔修斯一世授予克洛维"罗马执政官"的称号，这是西方蛮族第一次通过共同的信仰而与拜占庭帝国发生联系，它为加洛林王朝转向东方寻找精神文化资源埋下了契机。大约在查士丁尼大帝雄心勃勃地开始实施新君士坦丁堡计划的同时，克洛维将首都从苏瓦松迁至巴黎，这个举措标志了一个伟大时代的开启。正是在巴黎，这位国王颁布了著名的《萨利克法典》，同时召开了帝国主教大会，使这座城市成为王室生活的一面镜子，并一举奠定了它作为"现实中的耶路撒冷"的统治性地位。公元513年，克洛维去世并被葬于巴黎的圣丹尼斯教堂，宣告了一个时代的结束。

当墨洛温王朝延续至公元723年时，来自北非的伊斯兰铁骑悄悄横渡直布罗陀海峡，一举消灭了西哥特王国并横扫西班牙，旋即挥兵东进攻打图尔，法兰克王国陷入危机。这一次危机来得比公元4世纪匈奴阿提拉大帝的"上帝之鞭"更加凶猛。历史的焦点集中在墨洛温王朝宫相查理·马特身上，他率领法兰西重装步兵制定了奇特的战术，一举击败了柏柏尔人的骑兵，迫使他们返回比利牛斯山脉西麓的伊比利亚半岛。在这个被历史学家一致认定为决定东西方文明命运的历史关头，基督教文明成功阻挡住了伊斯兰的扩张，其结果是加洛林王朝——查理曼大帝的法兰克帝国的诞生。

"加洛林文艺复兴"是对伊斯兰文明挑战的有力回应，欧洲自此从昏暗中爬起，跟在发达的东方世界后面奋起直追。"加洛林文艺复兴"护佑着法兰西一路行向13世纪，公元1200年成立的巴黎大学聚集了拜占庭与欧洲学者的精华，它一举改变了整个欧洲。那时的社会风貌与学术研究焦点可以由一个词组来描述，就是学者所称的"功能性区分"。它是指一种惟法兰西哥特式大教堂才有的空间结构。这之前的教堂尽管也是按照设计系统建造的，但从未垒砌过如此高耸的墙，从未构筑过如此险峻的肋拱与扶壁，而只是将石块以符合基本力学原理的方式进行简单的堆砌，譬如我们如今看到的大量罗马式、诺曼式教堂，或是两者风格相互混合的建筑。

在哥特式大教堂的功能性区分系统中，支柱建于房间内部，像一棵倒长在房间里的树，它作为一间高度系统化的房间，完成建造意味着需要经过一个缜密规划的工作程序。这一程序的复杂性不仅仅体现在数学、力学知识的综合运用方面，而且体现在对音乐、神学、美学、心灵学等较为虚幻的知识体系的运用，这也是往后时代的人们无法理解大教堂的知识系统，以及大教堂建造技艺失传的重要原因。

特别需要指出的是，钟也是这个时期发明的，这是一个由齿轮传动造就的系统。在钟的基础上，时间被"发明"了，或者说是被"规定"了，它具有比它本身的基本功能更为重大的意义。对那个时代的人而言，整个宇宙就是一只巨大的钟。教堂钟楼上的钟声规定了人们生与死的时辰、每日晨昏的事功、每年各个神圣节日的意义，以及人类与上帝在时间维度方面的联系。毫不夸张地说，"钟"铸造了中世纪人独特的"世界时间进行"观念。

专家学者们通过研究古代功能性区分的模型，有了一个惊异的发现，即它与作曲家佩罗坦的音乐之间的深刻关联。它标示出：任何空间都是整体结构的一个有机组成部分，在这个结构中，音乐是主导因素。在大教堂中举行宗教礼仪时，音乐是被预先设置好的，它常常通过一组小号的嘹亮乐音，强烈提示神圣从天而降的动势有如普罗提诺的神学美学所说的"下降之途"之形象化。在低音部将格里高利圣咏的乐感增加了十倍以上，交错在一起的声音是如此庞杂，但效果却是交相辉映，而非各自独立。这些"音"相互交叠而形成一个整体；去掉任何一个部分，整体就会倒塌。以上就是《圣母院弥撒》——西方伟大的弥撒曲传统的起源。

莱昂宁大师可能是在巴黎待的时间最长的音乐家，他有充裕的时间将前辈们的研究成果综合在一起。我们应该将这种成就视作一种整合研究，而不仅仅是某种单方面的努力，它更多的是一种反传统（反罗马风格传统）的表现主义风格，源自对奥古斯丁神学的沉思和对新柏拉图主义的拓展。它创造出的一个前所未有的新境界，奠定了法兰西哥特式造型风格，并一路发展至顶峰。这场在基督教圣乐引领下兴起的建筑浪潮遍及欧洲大地，哥特式大教堂的尖顶就像盛开的天堂之花，遍布信仰国度的东西南北。从尖拱楞透入的璀璨光芒，不仅照亮了唱诗班席，而且辉耀着主堂空间的每个角落。其瑰丽花结不久便演变为国际哥特式的华美风格，为引发文艺复兴的熊熊燃炬给出最初的火种。

艺术的沉思

1. 音乐与绘画

如果问什么是文艺复兴的标志,那么,以整体艺术的方式构建人与神之间的新型联系,便是文艺复兴最重要的标识。这种整体被称为"圣事艺术",以建筑、音乐、雕刻、绘画为四大支柱,就像伟大的小提琴家耶胡迪·梅纽因诠释贝多芬《D大调小提琴协奏曲》时所说的:"贝多芬小提琴协奏曲一开始的四声定音鼓,就是神殿的四根柱子。"[①]

文艺复兴的鼎盛期,人类精神处在建筑空间的笼罩下,雕刻立面、音乐配器、圣咏和声与油画色彩之间达成了高度的内在协调。绘画史中的一个重要事实值得注意:世界各大文明都先后有过壁画阶段,但唯有西方最后发展出油画以及"透明画法",其他文明则没有。这是为何?这并非是一个单纯的绘画命题,而是牵涉到文明生成的内在奥秘。坦培拉绘画技法是油彩透明画法的摇篮,它将以往壁画调色媒介剂采用动物胶的水平向上提升了一个层次。蛋黄的物理性质能够将颜料与基底(底板)牢固地相结合,这是一个人们比较容易理解的原因。但更重要的是蛋黄具有一种与人体的亲和性,通过它将精心筛选的矿物质颜料聚合之后,便产生一种温润如玉的独特美感。这种美感介于华艳亮丽与粗糙暗淡之间,有效地作用于

[①] 刘伟冬(主编):《百年回眸 百年畅叙》,南京大学出版社2012年版,第174页。

人的视觉与触觉。如果用中国人熟悉的经验来描述，就像红山/良渚文化出土的玉琮，那种广采千年精华之后形成的典雅华美，饱藏于纹理细节内，从内向外一层层透散。这是只有高级文明方才识别得出的感觉，它的理性培养与良性成长在人类对物质材料的认知意义史上是一个奇迹。

图 3-8　中国古代玉琮的温润感觉，具有与坦培拉绘画类似的物理特征，这是高级文明审美格调具有的同一性质

产生于文艺复兴时期的"透明画法"，可视为建筑、雕刻、音乐的伴生物，圣咏和声是它的视觉及听觉的转换对应形态。对那个时代的最杰出的画家来说，正是在半透明的复杂交叠色层中，人与神的本质得以融通，共同沐浴着天国的光辉——往往以画面的超验之光来体现，在感性上达成身体性的一致。达·芬奇在肖像画中敷色三十余层，为此不惜冒着失败的危险反复试验新型媒介剂——如釉色、氧化锰等。要读懂这种多层敷色的意义，只要悉心聆听一遍都铎王朝首席音乐家托马斯·塔利斯所谱写的圣咏《赞美天国的辉煌》，便顿时了然了！这首著名圣咏设置了四十个声部，但在形成一

个整体时却无比协调且柔和，完全就是《蒙娜丽莎》中那无限微妙的明暗转移的音声化。

若站在圣事艺术的高度去审视"材料学"，我们便会获得前所未有的重要观察视角。从13世纪开始，贪婪而又好学的威尼斯人用各种方式聚敛了大量的拜占庭艺术珍品。那些由精湛工艺打造、名贵材质铸就的圣器皿和金银宝石，令来自西方的王公贵族们自惭形秽，他们发誓要掌握这些材料技艺来证明自己铺就的通往天国阶梯之完善性。西班牙莱昂的圣伊西多尔博物馆中的圣骨盒系列，叙述了一部圣事艺术（器皿）的演变史，它给我们提供一幅这样的画面：西方灵魂从流血浴火中走来，浑身带着荒野荆棘的记忆，在欧罗巴大地上建造精神王座。公元5世纪左右，刚皈依不久的蛮族基督徒们虽然粗野少文，但他们具有充沛的热血活力，而且虚心好学，首先是向那些善于用歌声来表达信仰的民族学习。圣地亚哥大教堂著名的"荣耀之门"，马尔蒂尼大师的这件作品向我们提供了音乐史的证据。三座浮雕拱门象征着"三位一体"，右边拱门浮雕上的那组乐师满怀深情的投入姿态，生动表现出所罗门时代吟唱犹太圣咏的场面。他们手中的乐器已不再是单纯的物件，而是充溢着灵性的歌喉；当我们在博物馆的明亮灯光下仔细观察这些曲线委婉微妙的乐器时，就会切实感受到音乐旋律与形体线条之间的深刻关系。

由犹太圣咏、高卢圣咏、凯尔特圣咏、安布罗斯圣咏共同构成的上古圣咏传统，划出圣奥古斯丁信仰国度的边界，或者说呈现出但丁《神曲》中的圣洁境界。这一精神脉动到了公元7世纪发生重大转变，教皇格里高利一世凭着白鸽灵光的启示引接天国歌咏，将高卢圣咏、拜占庭圣咏与安布罗斯圣咏所开启的灵魂垂直向度的思路一举厘清，创造出不朽的"格里高利圣咏"。它不仅为普罗提诺六百年前所冀望的"上升之途"描绘出图形，而且梳理出一条崭新的精神垂直向度之路，为六百年后复调和声圣乐的出现奠定了坚实基础。回眸看去，西方音乐史的曲折演变，最早的萌芽竟然深埋在如此久远的历史宝藏中，实在是人类精神史上最不可思议的伟大事件之一。

2. 希里阿德合唱团

尽管奥古斯丁说，"歌唱本身就是祈祷"，但歌手的祈祷要付出更多的精力。当时是虔诚信仰的时代，人们强烈反对侮辱性的姿势，反对写下任何罪恶的歌，那么到底有没有这种类型的合唱呢？在12、13世纪之交的巴黎，有一位名叫佩罗坦的音乐家，他是欧洲复调音乐的开端。他开创了欧洲音乐史，在此之前的音乐则被称为史前音乐。佩罗坦引导了欧洲文化史的革命，但他的音乐却被长期遗忘，直到1930年鲁道夫·菲克才第一次演奏。音乐具有抚慰人心的力量，就像赐予战争生还者的蜜糖，今天人们对佩罗坦的尝试则有点像韦伯的风格。佩罗坦似乎具有迎合同时代所有人的能力，可能是因为他完全没有准则可循。曾经有五个大型合唱团演绎他的作品，而且没有用指挥。

让我们把视线转到希里阿德合唱团，其成员只有三个人，他们在一个树影透过窗户旋转的美妙空间中练习。他们用两种方法演绎麦格纳斯博创作的赞美歌——第一种是圆唱法，像天使的声音、纯真的声浪；第二种是双声唱法，天国与尘世的相互对应。如果用这两种风格来演绎佩罗坦，甚至听不到换气，然后才是三个人的暂停和换气。人们听到这里时，就像有一方想象的砖块在某个不可思议的点上凿开历史厚墙的缺口、接缝依次呈现。这里的节奏表示了另一种形式的时间洞察力，三个声部各自遵循不同的节奏和速度。佩罗坦以一种全新的方式解决了音乐的时间问题，或者说是建立了一套崭新的时间概念，改变了以前奥古斯丁时间意义上的欧洲。

佩罗坦是12世纪时间概念转变的代言人，同时创建了复调学派。在这之前，时间如呼吸、季节般流转，人类重复着自己，那是单调音乐时代的特征。双音唱法使人们得以去思考同步的事件，穿越时间。节奏由语言决定，顺着自然呼吸的节律、单词和音节的声调。在赞美歌深情演唱的声音里，有一种可能来自东方的装饰。在文化水平上，十字军是欧洲附加装饰物的搬运者。

3. 圣咏的年代

令人心神向往的 13 世纪！在这燃烧着信仰火焰和创作激情的一百年中，巴黎城市音乐爆发，圣灵节、复活节、升天节等一系列"圣事艺术"庆典，生成了时间概念的突破。这是一个意义非凡的变化，它标识出一条卓越的精神线索：以古代地中海文明为起点，从古希腊品达颂歌、罗马的史诗音乐、米兰的安布罗斯圣咏，到西班牙的扎莫拉比克圣咏、英伦的凯尔特圣咏、君士坦丁堡的拜占庭圣咏等歌咏传统，经由加洛林王朝的文艺复兴构建了圣咏的王冠——格里高利圣咏。它在巴黎凝聚成一股崭新的力量，引领法兰西悄然逼近古典世界伟大复兴的时刻。

法国南部的美丽幽静小城——利摩日城，其灵魂是圣马夏尔修道院，僧侣们以"音声祈祷"开创了法兰西复调音乐的先声，也形成了欧洲音乐史上最初的乐派。12 世纪后半叶至 13 世纪，教会多声部音乐活动的中心从利摩日城转到巴黎，形成了以莱昂宁大师、佩罗坦大师为代表的巴黎"圣母院乐派"。一位名叫乔托（Giotto，1266—1337）的博学之士，其本人是建筑师、音乐家，擅画宏大的组合人像。佛罗伦萨市议会在委托他主持建造钟楼的决议中写道："在这诸如其他许多事业中一样，世界上再也不能找到比他更胜任的人。"乔托凭借着对建筑的深刻理解，将透视的进深感引入绘画。正是在乔托所达到的高不可攀的艺术层级上，锡耶纳的马尔蒂尼大师又开辟了一扇灵魂之窗,将亚威农教皇宫内深邃的空间感自然地转换到画面中。乔托的绘画里的建筑空间造型,给布鲁涅列斯基(Brunelleschi)和阿尔伯蒂(Alberti)建筑设计的想象力以决定性的影响,因而可称其为意大利文艺复兴建筑领域的引导者。乔托大师的创造性工作整合了三门艺术——建筑、音乐、绘画,这正是打开法兰西文艺复兴大门的钥匙。另一位大师阿尔贝托斯,是一位卓越的圣母院领唱者。他的艺术与一般的世俗歌唱无关,而直接达到了神圣境界,这是一个前人从未见到过的精神世界。与上述大师并行的,还有埃克哈德、莱昂宁、佩罗坦这些伟大的复调声乐作曲家和独唱歌手,用旋律与和声去充实构造法兰西精神建筑的每一个细节。这些艺术家都在重复一个中世纪的传奇:格里高利经过心灵的沉思,在圣光和白鸽的启示下写出了一系列不朽的圣咏,它预示着东方世界执掌解释圣言权力的格局开始动摇,在神的指引下重建人类价值是所有基督徒的权利,而法兰西是伸张这一权利的第一个欧陆国家。

毫不夸张地说,在整个哥特艺术时期,法国一直居于这一艺术传统的正宗地位。从12世纪下半叶起,遍布法国的雕刻家们均以无可比拟的热忱投身于教堂的装饰。他们在凿刻那些数不胜数的雕像的过程中,似乎都不约而同地表现出某种渴望:灵魂超越肉体并祈望得到彻底的拯救。整个13世纪,法兰西差不多都是在响遍城乡原野的木槌与凿子的击打声中度过的。著名浮雕《沙特尔天主堂皇家大门》的诞生,标志着基督教信仰者力图用教堂中的雕塑形象来传递天国的信息,以指导凡人在地上的生活。当建立亚眠大教堂时,基督徒们在教堂西面中央支柱上雕刻了基督本人的形象。为了掩饰这些无名雕刻家不熟悉人体结构的弱点,他们不得不使用宽大的披袍。也许是由于心灵虔诚的缘故,基督的形体最后竟然被雕刻得十分自然和正确,仁慈与圣洁的情感从雕像内部放射出来。这一奇迹使这座雕像被后世尊为"亚眠美神"。

4. 莱昂宁 / 佩罗坦时代

莱昂宁大师可能在巴黎待的时间最长，他有充裕时间将以往艺术家取得的成就结合在一起。我们需将这种成就视作一种整合努力，而不仅是某种单纯的美丽，因为它来自对新柏拉图主义的奠基人普罗提诺"上升之路与下降之途"的沉思与升华，并一举促成了法兰西哥特式造型风格的成熟和定型。

佩罗坦作为圣母院区大学里最有名的大师，公元1165年至1220年间在巴黎的圣母院区工作。据史籍记载，大教堂的建设始于公元1163年，唱诗班的席位则是在公元1182年建好的。唱诗班刚建好时，佩罗坦恰好是个孩子，因此，他是在圣咏的美丽泉流的沐浴下成长的。在一首作于公元1200年的圣咏里，看似单调的和声具有一种明确的力量，它不仅提示出音声与空间的神秘关系，而且也将圣母和耶稣的关系暗示出来。在这种单纯而执着的音声世界中，我们仿佛看到了拜占庭圣事艺术的形象与色彩，只不过它还是法兰西的版本。这是一种来自西方蛮荒之地的皈依热情，纯净而真挚，在淳朴中体现出法兰克人特有气质。这种气质来自加洛林王朝文艺复兴的高贵血统，甚至可追溯到罗马帝国恺撒时代。

杰出的圣咏歌者的传承人，以学者式的缜密研究和精湛技巧，创作出悦耳的复调音乐。它既具有哥特式精神建筑的华丽，又不失格里高利圣咏的古朴风范。这是继雅典伯里克利时代和拜占庭圣事艺术以来最重要的一次音乐突破，也是巴黎进入莱昂宁/佩罗坦时期展现出来的非凡景象。

哥特式教堂具有强大的视觉冲击力，从东到西的队列象征着从邪恶到神圣的递进。这种形式本身与巴黎的原有布局格格不入，但信仰的力量使它站住了脚跟，并影响了环绕市中心的街道，直至整座城市。当崭新的圣母院大教堂建成时，便构建了一个新的轴心，当时最重要的大街也特意围绕着这个表面上看不出来的轴心而建。

圣母院大教堂区的交通路线，同时也是国王来教堂的路线。

面对大教堂一直向后退去，便是国王的皇宫，它那时并不是现在这个样子。在日耳曼基督徒的观念中，东边是神圣的，朝向耶路撒冷；西面是世俗的，国王是卫道士，住在西边的皇宫，守护着这块神圣的地方。所以，朝西的城墙是用来抵御魔鬼的。塞纳河原来是一片海滩，它的北边是当时中产阶级住的地方，南部是大教堂学校，大概建于公元 1200 年左右；西边则是一片海，魔鬼也是从这个方向来。从今天的角度看，除去某些局部，巴黎自身是一个非常协调的建筑系统，这个城市当初的建设就是出于礼拜的考虑和精神的需要。历代专家都认为：巴黎是一个天堂般的耶路撒冷。

莱昂宁、佩罗坦、纪尧姆·德·马绍开创的音乐纪元，在同时代的哥特式大教堂建筑中再现了圣城的荣光。即使在七百年之后，其光芒也丝毫未见减弱。20 世纪初，最后一位法兰西管风琴大师马利亚·维多尔将信仰的激情弘扬至令人目眩的高度。在他自己作曲的《管风琴第五交响曲》里，在命运与冥想交织的磅礴音流中，世间的一切皆被远远抛在身后，但见孤独的灵魂在天使引领下绝尘升腾而去。

5. 达·芬奇与启示之光

天才画家达·芬奇始终为一种前所未见的光照情境而激动，它来自但丁《神曲·天堂篇》的启示，第二引导者贝德丽采为但丁开启了一个又一个光辉而神圣的境界，使他"因幸福的突然降临而不断晕眩"。那时的伟大画家，无不受到这一诗篇的影响。为了达到这种只有在梦幻中才能见到的情景并形成画面，达·芬奇不断地研究新技术，"芬奇式晕涂法"便是这一研究的结晶。

蒙娜丽莎的表情之所以无限地幽远神秘，是因为其崭新独特的技法。经现代透视扫描，她的面部涂色层竟有三十多道，但总厚度加起来却不到40微米，约一根头发的一半！因此，达·芬奇使用氧化锰作为油彩的媒介剂来绘制阴影，在其他作品中还使用过氧化铜，并经常给作品涂上稀薄的釉料。

达·芬奇对无限柔和光影的迷醉，也来自对新柏拉图主义——普罗提诺神学美学"上升之路与下降之途"的领悟。他对天体、星象与人体构造之间的神秘关联，悉心研究，试图破解其奥秘。天体与人体的关系，在达·芬奇眼中就是上帝与世界关系的折射，它不仅是这位大师终生苦思冥想的神

图 3-9 达·芬奇《蒙娜丽莎》　　这是达·芬奇实验"芬奇式晕涂法"的杰作，她的神秘微笑表情体现了崭新技法的力量，其面部涂色层有三十多道，但总厚度加起来只有一根头发丝粗细的一半。这是因为他使用氧化锰作为油彩的媒介剂来绘制明暗交界线与阴影

学命题，而且成为他的绘画创作的永恒主题。上帝之光越过生死界限而投向深渊般的黑暗，拯救的奇迹在启示光辉突入昏暗的一刹那发生，达·芬奇就是这一伟大事件的观察者。

就人文史的角度来看，文艺复兴是人性最为充分发展的时代，信仰促使人性向神看齐，因而肉眼始终凝视着那与神比肩的位格，它是文艺复兴时代艺术创作的根本动力。这种价值在稍后的时代并未被特别觉察到，但随着时间的推移，人们日渐感到神圣价值远离人类后的失落和苦闷，就像跌入深渊后的人眷念曾经有过的光明。

这一切在绘画领域留下了深切的烙印，即使最优秀的画家亦再也回不到大师身侧，对大师的绘画技巧纵使悉心研究也无法得其堂

奥。更为悲哀的是，这种状态长期被湮没于"风格创新"的虚幻迷雾之中，人类经历了一场精神领域的"安乐死"。

6. 被遗忘的绘画

从宏观的历史视角来看，绘画的发展脉络是多维度交叉和上下波动的复线式衍变，而绝非一般教科书中所写的那种被"历史进步论"制约的简单的线性发展史。之所以说绘画发展史应该是一部错综复杂的"衍变史"而不是"发展史"，是因为"发展"这两个字容易给人一种"随时代不断进步"的错觉。绘画就像一棵生命之树上所结出的果实，带给人们的感觉既有春芽初萌的活力、花开挂果的艳丽，也有瓜熟蒂落的欣喜，在不同的阶段有着不同的感动。

从精神史的角度来解读绘画史，是一个非常重要的抉择，因为以画家的个体精神为立足点而燃起创作激情的历史，要远远多于以客观眼见的现实为立足点而去创作的历史；在这个意义上，绘画史可以说是一部人类精神的形象创造史。在公元初年，古希腊罗马的造型艺术已达到高超水准，在转向基督教艺术时为何突然有一个回流？这主要就是由信仰理念造成的。自罗马帝国晚期，东方佛教思想和索罗亚斯德教（以及这一信仰的变体密特拉教）深刻影响了地中海世界，"沉思哲学"成为主导性思潮。罗马皇帝马可·奥勒留以其著述的《沉思录》成为这方面的代表人物。当时整个社会崇尚一种内省的艺术，重视人物目光的表现力，忧郁、凝视、思索成为艺术家们着重刻画的神情，它为日后基督教艺术的灵性取向奠定了基础。在早期基督教信仰者看来，希腊罗马艺术不仅是感官的，而且是异教（多神崇拜）的，是当时实施宗教迫害的官方所倡导的，当然要加以反对。特别是基督教在使徒传道和希腊教父的阶段，殉教的鲜血和强烈的排他性两者互为影响决定了基督教的内在动向：一

图3-10 大睁眼瞳的人物形象是地中海文化域的典型特征，它饱含对命运的探寻、对奥秘的关注，这也是产生最古老的宗教信仰的重要原因。在这尊苏美尔人像雕塑身上，可以生动地感受到上述传统

定要创造出某种独一无二的图像体系来肯定自身。

当然，这种创造不可能是无本之木、无源之水，于是，基督徒艺术家们便自然转向了更为古老的传统。地中海古代文明中曾有过的早期宗教以及图像——苏美尔、埃及、阿卡德、亚述、波斯艺术中那些眼瞳大睁的人物形象，便成为首选。从苏美尔雕塑文化中的形象、阿卡德铭章中的人像到埃及壁画中的人像，以及亚述、巴比伦、波斯艺术中的形象，都成为基督徒画家们的资源。有一个例子很说明问题，我在底比斯的卢克索神庙里的一个殿堂中见到早期基督徒崇拜场所，他们用两根希腊柱子框定出一个神龛，后面墙壁上绘有表现圣徒形象的壁画，其中的大睁眼瞳的人像能明显看到埃及壁画人物造型的痕迹。试想一下，早期基督徒们在没有教堂的颠沛流离阶段，借古代神庙遗址坚持自己的信仰，受到周边环境的影响是非常自然的。等到基督教发展成一种官方宗教，神学与美学也不断发展完善，其心态就完全不同于早期了，变得更加平和、大度。当尼西亚公会议结束了基督的人性、神性之争，三位一体已成为基本信条之时，在更完整细腻地表现"道成肉身""人性与神性垂直向度关系"这些环节上，希腊罗马艺术显示出很大的优势。因此，对希腊罗马艺术的复兴成为必然，这实际上是一种创造性的转化。

在此，我们要特别关注以下两点：其一，希腊罗马艺术并非一般意义上的写实主义，而是一种理念的物质显现，只要将希腊经典作品与后来的写实作品进行比对研究就能明白这一点；其二，文艺复兴时期对希腊罗马艺术的吸收运用不是简单的形式挪用，而是一种经过基督教精神沐浴后的创造性转化。它的美学基础是新柏拉图主义，学术支点是"神光流射说"，以及"上升之路与下降之途"的理念，即如何在一个具体物象中既表达瞬间又体现永恒。若要举证艺术实例，达·芬奇一马当先，《最后的晚餐》便是这位光影大师精心导演的一场神圣光影戏剧，以生动的形象再现出光的流动轨迹，同时以"石击水波"的原理挖掘出神性与人性撞击的线路。

诚然，以上概念的大致描述尚不足以勾勒出完整形廓，还需要通过对大量艺术实例的分析研究来充实。

7. 奴隶与黄金镣铐

2009 年，上海博物馆展出了佛罗伦萨乌菲齐美术馆的精品。其中有一幅创作于 16 世纪初、名为《奴隶》的油画，挂在靠近展厅出口的角落里无人问津。画面中央是一位形体丰腴、身着华服的女子，蜜色长发如波浪般披散而下，在柔和光线中尽显一派雍容华贵。但细看她的双手却戴着一副镣铐，锁链的坚硬冷酷与她柔软安详的神态形成强烈反差。这种"美艳"与"冷酷"的对比，在反映出文艺复兴晚期审美趣味的同时，预兆了 17 世纪风格主义的初萌。

很少有人知晓这幅画与一段动人的史实有关。公元前 3 世纪，塞琉古帝国的安条克三世为讨回波斯帝国时期的远东领土，亲自率军远征孔雀王朝，结果双方打成了平手，不得已而媾和。在那个时代，打平对远征者来说就等于失败，因此双方协议的结果当然是不公平的：巴克特里亚归属孔雀王朝，塞琉古国王则得到后者赠送的五十头战象——好大喜功、企望称霸的安条克三世求之若渴，它们随即被用在与罗马帝国的战争中。但这时的罗马军团已经在终结迦太基命运的"扎马之役"中找到了对付战象冲击的办法，再加上安条克三世优柔寡断，未采取逃亡名将汉尼拔"渡海直击"的大胆计策，一战不胜，接下来便屡战屡败，最终天下归于罗马。

这段王道争斗史驱使希腊化时代步入罗马时代，但塞琉古帝国的希腊化遗产并未简单消散，三百年之后在芝诺比亚女王统治时代又煊赫了一回。如今我们可通过朗吉努斯《论崇高》以及帕尔米拉古城遗址，一窥那个时代的昂扬气息。芝诺比亚女王气质高贵且雄心勃勃，她挟东方帝国的文化余威而公开与罗马帝国分庭抗礼，罗马的奥勒留皇帝怒不可遏，亲自率军征讨。经过公元272年前后的数次战役，女王的军队终于不敌强悍的罗马军团，女王兵败被俘。在奥勒留皇帝凯旋罗马的入城仪式中，被剥成全裸的芝诺比亚女王戴着一副黄金打造的镣铐，在罗马游街示众，罗马人特意以此来显示对东方古代世界的决定性胜利。裸体女王步履沉重地推着一辆装满珠宝的彩车，锁链嵌入黝黑肌肤，似有血印。这时全场寂静，观众都屏住了呼吸。一位罗马元老敲击手中权杖，表示他认领这名女俘，于是按照古老的规则，女王的命运有了归属。据说，她后来为元老生育了一群子女，在一座豪华幽静的庄园里平静地度过了下半生。从此之后，"女王与黄金镣铐"演变为"奴隶的黄金镣铐"，后来又演绎为"奴隶"，作为一个著名典故成了历代画家的创作主题。

更重要的是，很少有人清楚，这幅由威尼斯画家雅科波·内格雷蒂创作于16世纪初的《奴隶》，竟然是意大利文艺复兴的谢幕之作。此时，超越题材和技巧的内在精神已呈下行趋势，它悄悄地完成了自身的历史使命——为巴洛克的肉身激情开辟通衢。

8. 米开朗琪罗天顶画中的预表论神学

"预表论"神学思想成长于早期教父神学,在公元1世纪至5世纪,教父们以精准的文字和强有力的思辨,努力将旧约思想纳入新约的教义之中。"预表论神学"允许旧约预表、新约呈现,最终达成基督信仰(旧约—新约)之完整。正如圣奥古斯丁的总结:"新约隐于旧约,旧约显于新约。"这是基督信仰体系诞生以来最困难的努力,它试图超越人自身的局限,去思考神圣存在于尘世彰显的问题,以调和解决人世间无法解决的问题。

我们下面要探讨的,是预表论神学思想对艺术的影响,这一影响之深刻广泛,远远超出我们的想象。尤其是在伟大的艺术家那里,预表论神学思想焕发出巨大的能量,塑造出那个时代伟大艺术的精神轮廓。文艺复兴天才艺术家米开朗琪罗的皇皇巨作——西斯廷天顶画《创世纪》,其中描绘了犹太人"文化他者"的身份,在教皇向先知们顶礼敬拜的位置上方,是犹太先知"亚米那达"的忧郁形象。他面色阴沉、姿态凝重,身上有着犹太人的明显标记,这对处于祈祷中的所有在场者都是一个永恒的警示。

这里所说的"警示",是指信仰的传播性与教会的排他性之间的张力,它曾书写了人类精神史上最黑暗的一页,即教派间相互抵牾、排斥的种种现象。这是一个难解的命题:人的信仰与神圣存在之间能够有效沟通吗?或许存在一道无法跨越的堑壕?20世纪神学家卡尔·巴特做出否定的回答,他说,"上帝就是上帝,人就是人",人神之间能够沟通但绝不能僭越。也就是说,拒绝了任何人自称代表神圣的可能性。我在此要说的是,纯粹信仰精神史上的难题却在一些伟大艺术家的作品中得到意外破解。他们从自身生命艺术展示出来的对神圣信仰之坚信,比世人想象的要深刻得多。米开朗琪罗坚持要画十二先知的行为,为帕莱斯特里那、J.S.巴赫做出了榜样。而他们的共同榜样,则是纪元最初几百年那些伟大的教父。为弥合教派纷争,教

图3-11 米开朗琪罗在为西斯廷教堂绘制天顶壁画中，选取了旧约圣经的创世纪主题，这不是追求新奇，而是有强大的思想背景，这就是预表论神学，允许旧约预表、新约呈现，最终达成基督信仰体系的完整统一

父神学以预表论的雄辩强行统一世间信仰，而艺术家则以宏伟的作品来整合世人心灵。米开朗琪罗的《创世纪》以犹太教的十二先知开启人们对基督教之前信仰体系的探索，以证明趋向神圣信仰是人性的核心本质。

在历史上伟大的艺术家心中，始终把信仰的真髓作为本质的追求，而摈弃那些教会的条规，因为他们通过艺术而洞悉了美的秘密，相信"绝对的美就是上帝自身"。帕莱斯特里那的《教皇马切洛斯弥撒》是"塔兰托会议"最伟大的成果，它用音声语言叙述了神圣音响不可思议的协调力，不同教派弥合分歧，重新集结在信仰旗帜下。它导致了文艺复兴在16世纪的鼎盛，恰在这一刻，人类精神获得最大限度的提升，得以与神圣荣耀比肩。

巴赫《b小调弥撒》，于18世纪再次叩击这扇永恒之门。巴赫本身是一位路德教的信奉者，却采用了天主教的弥撒曲式，而不是"路德宗"的康塔塔或受难曲形式。这实在是极不寻常的，或者说是自寻烦恼，因为这意味着这部作品不会有面世的机会。然而，巴赫却执意在孤独无助中将它完成。究竟是何种动力在推动作曲家的写作？我们可以断定，曾有一个伟大的理想在巴赫心中萦绕：以一部完美的弥撒曲来弥合天主教与新教之间的裂痕，让天使的赞美之音平静世俗界昔日的龃龉。于是，我们听到了乐曲一开始的童声合唱：

"伟大的上帝,带领我们走向永恒的天国。"这样的例子同样发生在更早的大师米开朗琪罗那里。在他的鸿篇巨制《创世纪》中,亚当那伸出的手指,以形体语言向造物主发出恳求:带领我们获得智慧,并走向永恒的天国。在这里,看似是人的俯身恳求低姿态,实则却是人类的福祉——与神圣并肩的荣耀。

从以上这些艺术典例中,我们可以看出一个规律:在真正的艺术家的心灵中,信仰是一种普遍的生命真理追寻,而非对某一教会的顺从。这是我们把握和理解各种特立独行的伟大艺术创造背后秘密的关键。

9. 解剖的知识

解剖学是如何起源的?它与透视学是什么关系?与其他艺术门类(绘画、雕刻、建筑、音乐)又是怎样的关系?

虽然自古埃及人制作木乃伊以来就积累了大量的解剖学知识,但真正学术意义上的解剖研究,应该是来自人们对研究教堂结构的强烈需要。所谓"教堂是按人体来构造的",这句话应如是解读:上帝创造了人,然后通过启示将智慧赋予人类,于是最具智慧的人再去造教堂,在彰显上帝荣耀的同时肯定人自身的价值。延伸开去,高级信仰引发了对建筑的研究和对人自身的研究,其目的是使人性的尊严、价值获得最大限度的提升,使人性超越自身的生物性而无限趋近神明,以达到"真善美统一和谐"之完美境界。

这说明了一个道理,解剖学作为人类了解自身的一个渠道,若要全面把握其内涵,仅从生理学层面上掌握解剖学知识是不够的,一定还要在灵性层面上了解它的精神渊源。

10. 神秘主义的爱

"中世纪后期，随着神秘主义爱观在圣伯尔纳、圣威克多修士、波纳文图等神学家那里得到全面发挥，自由意志也就必须由爱的精神来加以实现了。正是这爱的精神，模糊了有限者与无限者之间的截然差别，填平了两者之间深渊般的沟壑，也最终撤回了人神对话场中的各种张力，使圣像画在文艺复兴后被一种完满的和谐感充盈。在拉斐尔的圣像画中，我们见到了人与他的神之间的完全和解，见到了人性在绵绵圣爱中的无所畏惧。同时再也无法见到蕴涵在拜占庭圣像画中的那种隐而不显的、富有奇异色彩的精神性动感。"

这段话摘自一位美学家朋友写给我的信，可帮助我们体认神秘主义爱观对文艺复兴时期圣像与肖像的深刻影响，以及由此呈现出的人神和解、两性通达之和谐，这是研究圣像、肖像的一条重要理路。但这还不够，我们还要全面把握各种精神之力聚集于文艺复兴的伟大时刻，绽放出耀眼光华，细细分析组成光轮的每根光线。光轮肯定了基督信仰，光线有希腊的哲学（经拜占庭学者演变为经院神学的逻辑构架）、普罗提诺的新柏拉图美学、假托狄奥尼修斯的拜占庭神学美学、菲奇诺的新柏拉图思想（神性人文主义）、斯特拉斯堡的乌尔里奇的神学美学、修士神学家的神秘主义爱观、个人宇宙神学、人体科学、罗马亡灵肖像、拜占庭圣像、国际哥特式祭坛圣像、希腊造型理念、希腊罗马艺术、中世纪哥特式建筑精神、骑士浪漫精神等，它们都聚合到一个璀璨的亮点之上，被大师们集中而有效地吸收，才产生了文艺复兴伟大的艺术景观，圣像、肖像则是王冠上的明珠。中世纪神秘主义爱观就像一帖神奇的精神弥散剂给予人的表情（主要是眼神）以深刻影响，呈现为一种人神互动（和解）的形式。相比较而言，早期圣像眼神是一种彻底洞穿，直视的眼神摄人心魄，让聚集罗马城下的蛮族不敢进攻而撤军。尼西亚公会议、拉韦纳公会议是重要的转折时刻，确立了"神秘主义的圣爱"，它由圣母崇拜导出，将"道化肉身"的信仰义理贯穿于圣母子与两性之爱中，这正是文艺复兴时期肖像美学的特征。

问题在于，为何在文艺复兴后期，圣像画衰落且肖像画迅速世俗化？我认为，主要原因在于，一方面，绘画与建筑、雕刻、圣乐、礼仪、服饰、圣器等艺术的分离，使得艺术家们的"内在心像"失去了来自神意天国的信息；另一方面，形式语言的相继失传，导致圣像被放逐，肖像堕入市场罗网。我们要重点研究失传的形式语言，并钩沉出形式语言背后失落的精神。因此，这也是一个人性修复的工程，为处于21世纪迷途中的人类重新与神和解铺平道路。

为了在艺术中复兴古代的心灵瑰宝"神秘主义的爱"，我们以最亲近的人物肖像作为切入点，来构建新型的"肖像图式"。这一图式从佛像的"垂睑颔首"开始，它表征了悲悯与博爱的情怀，以背光作为圣人的标识，为通向圣母的面容表情而做了背书。在这个道路上，我们遇到"罗马亡灵肖像"——以埃及法尤姆的木板坦培拉绘画形式呈现。来自东方的沉思哲学引导地中海世界的心灵生活，那种使人难以忘怀的灵魂自省眼神，为通往拜占庭圣像开辟了通衢。圣像是"来自天国的肖像"，是对"神圣原型"（绝对美）的模仿，画家为解释自身命运的价值皈依——灵魂行往天国而作。

文艺复兴早期肖像，是对"绝对美"与美的事物之间的平衡、观照与呈现。与古代的圣像相比较，它们显得更加人间化与柔美化，是圣乐——赞美的音调与优美的和声持续发展的结果。文艺复兴盛期肖像，则在现实中不断发现"绝对美"的尘世影像，在检索无数个案的同时，予以现实人性理想化的表现。这一光彩斑斓的过程造就了空前发达的造型、光影、色调、色层与技法，可看作对但丁《神曲》的视觉解读，或是对"神光流射"的心身体验。这个时期的绘画技法和美学思想最为丰富，充分展现出神性与人性的全面复杂性。这是一个伟大的临界点，再往前走一步，就是近代世俗的深渊。

11. 罗兰之歌与熙德之歌

　　无论是贝奥武夫、尼伯龙根、齐格弗里德、伊戈尔，还是亚瑟王、罗兰、熙德、狮心王，从一般历史角度来看，他们都是具有传奇色彩的英雄。但实质上，前后两者之间有巨大差别：前者属于古代蛮族勇士，书写了民族迁徙史；后者则是皈依信仰的英雄，书写了人类精神史。

　　何谓"皈依信仰的英雄"？它的确切意思是说这类英雄皆以大使徒雅各为榜样，以成为他事业的继承者为骄傲。雅各开创了为信仰而战的个人范例，对于历经过与穆斯林的长期战斗磨炼的基督徒来说，为"地极传道"而战与为"收复失地"而战是同一道理，而骑士则是保证这条朝圣路畅通无阻的持剑使徒。正是由于这一原因，我们看到贝壳上的十字架化为了宝剑形。当两种造型合为一体之际，"圣雅各之路"便作为欧洲精神骨架的构建告成。行走圣地亚哥朝圣路，属于超越自然地理的精神地理丈量行为，以朝圣苦旅打通已知世界的东西两端——从巴勒斯坦到加利西亚，为人类"有意义的行走"又书写了富于欧洲特色的浓重一笔。

　　强烈的信仰理念驱策真正的战士勇往直前，亚瑟王的皈依催生了"圣杯骑士"的渴求心灵，它作为人类阳刚之力最伟大的梦，被放置在力的最佳渠道上。于是，我们听到在《尼伯龙根指环》第四部"神界的黄昏"中深沉的下行音阶，它温暖着高傲的灵魂，在奋战后归于甜蜜的困顿状态。那是神所允诺的休整，为再度升华而进行须臾片刻的憩息。黄昏的降临是为太阳升起所作的精神性背书，聆听 J. S. 巴赫的第 82 康塔塔《我困倦了》，男中音那浑厚朴美的声音将我们带入神秘的安详，然后再将肉体从倦乏阴影的深处拯救出来。当光的离去使暗部变幻出无限色阶时，创作动机便行进到决定性的转折关头，圣灵的羽翼再次昂首向灿烂光华的中心振翅而去。何谓"灿烂的光华"？它是长眠的英魂从历史白垩纪沉积物下迸发出的精气之光,高原山脉上那些沟壑的岩壁与斑驳的曲折就是历史深刻表情的写真,它为人类历史拉开了一出卓绝的精神戏剧的帷幕。

罗兰的号角并非单纯的悲咽,深陷绝望中的英雄以受伤的躯体雕刻出有如晚霭彩霞般完美的悼歌,其音调傲踞管风琴那震撼肺腑的轰鸣之上。当马利亚·维多尔《第五交响曲》第四乐章的激越旋律回荡于巴黎圣母院大教堂的高顶穹隆时,我们仿佛看到罗兰式灵魂冲抵精神之巅的形姿。历史的卷页被时间巨手轻轻翻过,从公元1世纪护送大雅各登上加利西亚海岸的匿名骑士到典范骑士罗兰与熙德经历了八百年。又过了八百年,欧洲骑士的结局经由塞万提斯的小说展现给我们。堂·吉诃德的人物形象意味着什么呢?这个16世纪的奇人与罗兰、熙德又是什么关系呢?他们皆为骑士,其精神世界又有怎样的区别?显然,两者除了在执着理想这一点上相同之外,其他各方面都完全相异。他们的命运,表征着一个人类精神的转折点——理想的变异。在不同时代,凡人类皆有的"理想"竟体现为截然不同的情怀,由催人泪下的正面悲剧转向啼笑皆非的滑稽喜剧只在一念之间!文学史上之所以评价塞万提斯是第一位现代主义小说家,意指人类告别了虔信时代而进入个人主义时代,结果却是将自己重又抛入深渊。只不过这次抛入的深渊,不同于史前蒙昧时代的生存黑暗,而是科技时代的心灵渊薮,正如诗人荷尔德林所告白的"世界黑夜"。塞万提斯准确地预测出作为虔信时代象征的骑士在信仰失落之后的狼狈情景,他从英雄一下子跌落为小丑,而仆人桑乔反倒成了路路皆通的有用之才。一种比钢铁还要坚硬的道理从此扎根人心,即世俗实用计策要比理想万千豪情更有价值。令人绝望的是,上述的价值颠倒本来包含着以黑色幽默方式表达的精神痛楚,后来却被误读为社会发展的必然。

历史终究有另一种评价视角:中世纪最后两位骑士——狮心王理查与伊斯兰的萨拉丁,为最具爆炸性的城市耶路撒冷带来了千年和平。狮心王放弃圣城的表面失利,却换来萨拉丁的由衷敬佩。两颗骑士心灵的碰撞，达成了原先无数回合谈判也无法带来的和解，并以此昭明后世。

　　骑士精神的挽歌化为城堡的韵律与岩石的语言，镌刻于天空大地之间。我此时面对的中英格兰沃里克城堡，便是典型的骑士精神之英伦版本。它源于远古的北欧冒险精神，表征为诺曼人的征服意志。那种以少胜多、置生死于度外的存在感，在千年之后仍以一种强大的力量与世人对峙。湛蓝晴空下，城堡的简洁线条与粗重体量饱含令人敬畏的气势，厚重的橡木大门扼守进出要冲，与视线齐平处的铸铁门闩闪烁着冷冷天光，好像在缄口紧锁历史的沉重秘密。四周林木蔽天、荒草萋萋，从橡树林的缝隙间可窥见一幢古老建筑，沿着鲜花墓碑小道趋前观看，原来是一座诺曼式教堂遗址。只见门厅立柱齐刷刷地倾颓右侧，一派岌岌可危之态，但它们仍穿透丰盛藤蔓植物的遮蔽傲然崛立。布满青苔的石灰石板岩呈高雅的青灰色，硬朗的线角泛出磨砺后的光泽，我从中读出一种唯有诺曼贵族才具备的气质。我瞬间明白了英国贵族绅士那种傲慢古板根底的由来。电影《简·爱》中的罗彻斯特，他凭什么如此倔强？其精神底力来自何处？久思不解的问题如今答案豁然：皆来自建筑对人的塑造力量。这种力量使我忘却了时间。

大师的步履

一

在仍持有虔敬之情的灵魂那里，已故去的大师亦是永远活在心中的。那些伟大的灵魂于历史深谷中透射出的永恒不灭的光辉，是我们于黑夜中仍执着于信仰的源泉之一。在米开朗琪罗那里，哥特式仰望苍穹的超越精神彻底溶于古典的端庄圆厚，一如剑似的直线溶于永恒大圆之中。无论在米开朗琪罗早期的年轻英雄——大卫、亚当的坚实躯体中，还是在《创世纪》《最后的审判》里的诸贤哲、先知、神祇、灵魂的可畏形象中，沿着这些人物凝视的目光，我们无不切感到一条沉重而隐秘的内在直线贯通在米开朗琪罗悲剧灵魂的巨大穿透力中——这个力维系着整个人类心灵对于神圣的永恒向往。当我们将自己想象成米开朗琪罗所描绘的巨人，并以他们的目光来审视《创世纪》《最后的审判》时，我们就会在深刻的震颤中直观到一个激荡而壮烈的本真世界。在这个世界中，无形的精神直线不仅溶于每一个充满张力的形体内，而且充溢在整个画面的空间构造中。《创世纪》宏伟的矩形构图，将每个独立形体的结构组合嵌于一系列形状不等的几何形中。就如同贝多芬气贯长虹的《英雄交响乐》，必须展示在四个相互关联、格局严密的乐章中一样。旋律节奏与乐章格局的并存，相当于形体力量与几何边框的并存，从而展现了灵魂在永恒追寻中企盼被神圣拯救的意向。画面中的先知、神祇、巨人、英雄们激奋不安的剧烈动态构成了一个个独立的精神单元，而这些单元又一级级相错、扩大，最终复合构造成一个宏伟的总体大轮回。这样，当我们抬首仰望这展现于高顶穹隆的恢宏画面时，就仿佛融入了这一精神世界，周身血液回荡着时间与空间、灵魂与永恒交融的深邃音响。上帝手指与亚当手指的神圣相触，既是这精神大圆的一个暂时的终点，同时也是一个更加辉煌境界的起点。

在更为成熟的《最后的审判》中，米开朗琪罗展现了灵魂在经过时间火焰与永恒火焰的煅烧后，接受终极裁判的超验场景。

图3-12　米开朗琪罗在梵蒂冈西斯廷教堂中绘制的《最后的审判》向我们展现了灵魂在经过时间火焰与永恒火焰的煅烧后，接受终极审判的超验场景。它相比《创世纪》加强了精神空间的暗示，一轮若隐若现的巨大光环，沿着画面边缘缓缓移动，将所有形体有机贯通起来，在与那条指向最后审判的精神大直线相叠合的同时，令人信服地显示了内在道德上帝的力量

这里，突出了一个以十字架为终的支点，各种神祇、巨人、孽魂、罪灵的剧烈动作都指向这个神圣的中心——内在的最高上帝，而最终裁定的永恒一瞬便是这一本真世界大轮回的中心。比起《创世纪》来，《最后的审判》加强了精神空间的暗示，这是经由在深度空间中展示透视缩短的形体来达到的。一道若隐若现的巨大光环，沿着画面边缘缓缓移动。它将遍布画面的扭曲形体有机地贯通起来，在与那条指向最后审判的精神大直线相叠合的同时，令人信服地显示了内在道德上帝的力量。

米开朗琪罗灵魂的气质，就是他的形式。他创造了一个纯粹的时间世界，一个灵魂的永恒祈求救赎的过程。这是一条深藏于米开朗琪罗内在灵魂中的精神大直线，它穿透了《创世纪》与《最后的审判》，并最终完成了米开朗琪罗生命之圆的历程。

在米开朗琪罗的不朽作品诞生之前，乔托已经默默开创了一个伟大的绘画形式。他把发生在某一瞬间的动作永恒化（这一点与伦勃朗直接相通，参见伦勃朗的《参孙》《浪子回头》中那近乎凝固的雕塑感动作），最终呈现在画面中的那犹如石雕般的造型与坚实明确的色彩，直接展现了奔流于灵魂深处的那一份信仰激情，坚定而不失庄严。乔托沉思般的庄重画面，奠定了帕莱斯特里那与巴赫音乐的深层基础。读乔托的画不可不听帕莱斯特里那的《圣母悼歌》《我升向天父》和巴赫的《马太受难曲》《b小调弥撒》。在《我升向天父》的《降福经》中，靠得很近的各个声部在形成对位织体时经常交叉，但又极为清晰透明，仿佛是天使祈祷的声音回响在正堂高耸的穹顶下，这与乔托的壮丽壁画形成辉煌的对应。而在《马太受难曲》这部圣洁作品中最令人心碎的一段《怜悯你》里，亦深藏着最伟大的悲悯之情，一如乔托的《磔刑》与《悲悼基督之死》。这两幅不朽之作的庄重的构图和高贵的造型，展现了牺牲与救赎的动人境界。在壁画所在的整个礼拜堂中，乔托以几十个静态的连续画面展现了内在精神大直线的运行路程。米开朗琪罗是在巨作《最后的审判》中创造了那大圆与大直线的双重内涵。他的《创世纪》则是将诸多不等边几何形的单元组合构造成一个古典精神与哥特精神的宏伟复合体。

二

达·芬奇的画不是从确定的轮廓开始，而是从精神的空间出发，其从内向外的线条画法便显示了这一点。在达·芬奇与乔托、米开朗琪罗、埃尔·格列柯的作品中，都有一种秘密的音乐存在，这条伟大的线索直接导向基督教文明的最高峰——音乐精神。其上镌刻着这些伟大的名字：帕莱斯特里那、拉苏斯、维多利亚、蒙特威尔第、舒茨、布克斯泰胡德、巴赫、亨德尔、贝多芬。

达·芬奇在《三博士来拜》中超越了所有视觉上的度量、组合、轮廓和比例。当我们在一瞬间中扫视画面上的线条、色彩和笔触的交织与组合时，便不再感到其只是一个单纯意义的造型世界，而是被抽离出来的、显现于超验空间中的本真世界。这同时也是一个纯粹的时间世界，所有的精神生命都转化成了艺术形式。

图3-13 达·芬奇《三博士来拜》 绘制于1480—1482年的木板坦培拉作品，画面不是从确定的轮廓开始，而是从精神的空间出发，光影是度量这一精神空间的灵魂之尺。这幅画超越了所有视觉上的度量、组合、轮廓与比例，彰显了一个浮现于超验空间中的本真世界，也是一个纯粹的时间世界

其中的一切事物都已步入音乐领域，就像巴赫的管风琴幻想赋格——托塔卡或复调圣咏的旋律一样深沉地回荡。达·芬奇的灵魂落于遥远的未来，它侧重无限空间的深义，直接预示了基督性文化艺术高峰的到来。达·芬奇本质上是一位"未完成"的艺术家。只有在伦勃朗和埃尔·格列柯那里，我们才能了解到何谓色彩的超验性。伦勃朗的金色源于他对光的宗教性领悟。他的画面中那闪耀于幽深背景上的金黄色及血红色，物体明亮耀眼的质感与变幻迷离的深褐色背景之间的对比呼应，均鸣响着犹如贝多芬交响乐般充满金属感的音响。

如若究其本原，伦勃朗色彩的灵魂起点，始于降临在哥特式大教堂狭长窗户与本堂高顶穹隆的曙色晨曦所透出的深沉光芒。这一光芒浸透在伦勃朗晚年所创作的一系列自画像中，它们是一颗虔敬的灵魂彻底袒露在对上帝的忏悔之中的见证。

三

埃尔·格列柯以更为严格的宗教激情，把剧烈动荡的灵魂历程注入如火焰般腾燃的人体之中，把超验的、迷幻的景观处理成深具历史意义的形象。在他的画面上，令人惊异的蓝色和苍绿色传达出从世俗世界到达神圣世界的救赎之路，在此路上，信仰的灵魂历经着动人的变容。最终，十字架上"爱"的召唤，将苦难的肉身提携成圣洁的白色火焰，如《启示录第五封印》《垂悯的圣母》《基督复活》等，使我们有福洞悉这一神圣过程中的奥秘。格列柯那如合唱团圣咏的遥远色彩也时常见于卢奥、夏加尔的某些不朽作品中。在卢奥的《圣风景》《橄榄山》《受难》中，那奔烈的笔触和如熔岩般的色流折映出现代灵魂在惨厉的处境中恳请救赎的愿望。而夏加尔的一系列源于俄罗斯圣像画与民间绘画的杰作则把色彩想象发挥到了极为单纯的地步，那充斥画面的诗意与柔情的自由造型宛如流浪的犹太人于社区街头演奏的小提琴曲。在这个意义上，乔治·卢奥和夏加尔是格列柯20世纪的秉承人。但只有在C.奥罗斯科那里，格列柯这位西班牙先知的真髓才得到了充满宏伟气魄的高扬。在这个执着于早期基督教（使徒教会）精神的画家所创造的画面上，那些于沉思、苦难途中升华的意志火焰，燃烧在两颗相距四百年的伟大灵魂中。奥罗斯科为墨西哥城孤儿院礼拜堂所作的宏伟壁画群，其中的《火化》便是惊心动魄的形体在最后审判中转化成超越火焰的灵魂见证。所有陷于激情之绝望与狂烈之渴求中的魂灵，都在燃烧般的腾旋中趋向一个神圣的向度——基督精神的现代复活！

米开朗琪罗、格列柯、奥罗斯科的形体旋律与动势是人类悲剧性的最典型表述之一，然而，这悲剧性在本真世界中，亦是纯粹的幸福。

四

　　精神性建筑之内涵就是创造一个庄严的内在空间用以容纳和展现音乐精神。当出自灵魂的音乐融于精神性的建筑内部空间时，就完全被精神化了，它对所有灵魂具有无可比拟的净化与提升作用。回荡在夏特尔大教堂或科隆大教堂高顶穹隆的管风琴轰鸣以及圣咏的乐音，最真切不过地展现了在无限时空中追寻神圣的灵魂景观。再也没有比巍峨的哥特式教堂那般经由陡直向上的造型更显示出强烈的精神倾向的建筑了。

　　安东尼·高迪的精神建筑作品在20世纪延续了基督精神。最具代表性的是矗立于巴塞罗那上空的萨格拉达·法米利亚大教堂——神圣家族大教堂，以遍布建筑周身的群雕展现了但丁式的追寻"三位一体"的神圣意念。尤其当我们瞩目十字耳堂上的四个巍峨屹立

图 3-14　安东尼·高迪的神圣家族大教堂　　以遍布建筑周身的雕塑展现了但丁式的追寻神圣之路，尤其当人们瞩目十字耳堂上四个巍峨的尖塔如何在湛蓝天空中熠熠生辉时，便会深切感受到何谓建筑的精神性

的尖塔，并感受到独特的金属质地配合着以马赛克组合成的奔放无羁的抽象色彩在湛蓝的天空中熠熠生辉时，便会深切感到何谓建筑的精神性。这种不属于任何历史风格的强烈精神感染力令我们越过了风格学上的判断，而径直把它看成是被神圣召唤的人类灵魂，并视其为屹立于20世纪阴霾天空中的一个象征。在他的另一件作品圣·特里西亚·戴·杰苏学院首层及二层的连拱廊中，立在砖垛上的抹灰拱券呈现出又高又陡的抛物线状，创造出一个严峻而质朴的庄严气氛以及精确清晰的结构方式。在这种氛围里，我们仿佛能经由这条神秘的走廊而径直抵达所企盼境界的边缘。

五

帕莱斯特里那的不朽圣咏《我升向天父》《哀歌》《教皇马切洛斯弥撒》《圣母悼歌》中充满的神秘主义狂喜，表达了人类心灵在最伟大的时代中所能直观到的崇高境界。除了音乐，也许再没有任何其他艺术有此殊荣了。《我升向天父》在每一乐章中几乎都有一个以不同方式展现的向上的八度跳跃，戏剧性地表现了灵魂的升天信念。尤其在"圣哉经"中各声部依次用上升的八度进入，关键词"神圣"（Sanctus），扩展成整个开始的程式，以有节奏的速度进行。当歌词进入"万军之主"（Dominus Deus Sabaoth）时，乐音越来越饱满，形象地体现了"天地间充满了你的光荣"这一句话的深意。帕莱斯特里那的宗教灵魂跨越了两个世纪而直接与贝多芬相契合。贝多芬的《D大调庄严弥撒》第四乐章"圣哉经"的开始部分，亦同样强烈体现了类似的近乎狂热的神圣喜悦之情。交替出现的充满力度的女高音部、女低音部及两个男声部紧密而热烈地交织在一起，犹如充满感激的灵魂仰首赞颂，刹那间血流奔涌，璀璨的光芒辉耀大地。紧接着出现在"降福经"中的独奏小提琴，竟流出了一组令人类无法想象的旋律，它闪电似的把灵魂直接召向了不得不为之流泪的境界。这一境界就犹如但丁在贝德丽采的引导下步出水晶天而行向更高层天的时刻，灵魂沐浴在幸福的爱河之中，在那普照万物的神圣喜悦之上，环绕着主的无限怜悯的光环。令人惊异的是，巴赫《马太受难曲》中著名的咏叹调"怜悯你"，也伴随着一支圣洁的小提琴独奏，旋律同样哀婉动人。所不同的是，在《D大调庄严弥撒》的"降福经"里，应和独奏小提琴的是一个由女高音、女中音和男高音组成的瑰丽的三声部圣咏，它把灵魂径直导引向最高层天的恩泽之中。"怜悯你"中的独奏小提琴的旋律则是伴合着女中音的哀切咏叹，构成一个哀婉深沉的境界。该境界直接从一种神圣的悲悯中升华而来，如同乔托的绘画，庄严而崇高。要探究清楚巴赫、贝多芬小提琴的奥秘旋律是不可能的，因为这伟大的乐思根本不是被构想出来的，而是神圣对于虔信灵魂的恩赐。它犹如驻留于高山绝顶的晶莹冰峰，一俟天使的召唤，便从巅顶上涓涓流下。

　　贝多芬曾说过这样一句话："它（指《D大调庄严弥撒》）从我心中流出，流入万众的心田。"[①]出现在《D大调庄严弥撒》中那比比皆是的向上音型，使得《D大调庄严弥撒》对容纳它的精神空间有着更高的要求。巴赫、亨德尔、海顿等大师的弥撒乐曲，如《b小调弥撒》《弥赛亚》《尼尔逊弥撒》《创世纪》等，即使在堂皇的音乐厅里演奏也丝毫不会受损，而《D大调庄严弥撒》却不行（帕莱斯特里那、拉苏斯、维多利亚的声乐亦如是）。这不光是因为它不带有任何音乐会的因素，更重要的是，那些贯穿于每个乐音的向上音型只有人类最具有精神性的建筑才能与之相配，才能盛纳并烘托出那深邃的幽辉。

[①] 贝多芬为其作品《D大调庄严弥撒》所作的题词。

漂泊与归家
——从《浪子回头》谈对艺术品的解读

在美术史的阅读中，对大师作品的分析是一个十分重要的方面，因为从某种意义上来说，对一件伟大的艺术文本的深入解释，实际上也是一种创造。伟大作品的原初意蕴，往往被湮埋在历史的尘埃之中，因为创作者无法对后人说明他的感受，后人只能根据自己的知识结构去解读。这种解读可以有很多角度，如社会学、心理学、图像学、艺术史、构图、技法等。从这些角度可以看到大师作品的某一个部分，但却不是全部。对于大师作品的解读，关键是要看到大师创作的最初动机和作品的思想精华，这比了解那些线性的历史事实重要许多。很多美术史的书对作品分析和解释得都比较浅显，仅是一些有限的知识，抵达不了认知的内核，无法使人们从大师的画中得到深层启迪。

那么，好的解读究竟是什么？让我们通过分析伦勃朗作品《浪子回头》来说明这个问题。这幅作品是伦勃朗晚年时期的代表作，据说他画过两幅《浪子回头》，一幅藏于圣彼得堡艾尔米塔什博物馆，另一幅藏于荷兰。冬宫里有一个大厅专门展示伦勃朗的作品，《浪子回头》放在最后。在我看来，这幅作品凝聚了伦勃朗绘画艺术的所有精华，其他所有作品加起来都抵不上这幅画的分量。这种分量不在于题材和技巧，而在于这幅杰作里具有的一种惊人力量——一种人性与神性对流之后升华出来的终极价值。

图3-15 伦勃朗《浪子回头》 尺寸为206cm×262cm，创作时间为1669年，材质为布面油画。漂泊与归家作为《浪子回头》的潜在主题，涵盖了一个真正意义上的人的完整生命历程，即承载了沉甸甸的漂泊经历后再回到家园。在此意义上，伦勃朗与荷尔德林一样，都是触及"生存之底和浪漫之顶"两极的诗人艺术家

文艺复兴之光

这幅作品画的是古代人物，服装的选择也非常特别。伦勃朗的绘画中人物的服装多为17世纪荷兰的衣服——素口的长袍、衣衫。但这幅作品中除了戴灰帽的人身上有一点像荷兰的民族服装之外，其他的服装都不是。它们来自遥远的旧约圣经时代，来自遍布先知的"迦南之地"。这是一种具有普遍的意义的装束，而不再是某一民族所特有的服装，它作为讲述人与神之间关系的形象表征，已为人类视觉艺术的历史记忆所认可。看起来它似乎没有具体的民族特点，但细究起来，人物的发式源于大卫王、所罗门王时代的犹太王国，源于"巴比伦之囚"[①]祈求先知以赛亚的时期，它意喻人类最古老的天启信仰的初萌。所以说，画中的服装不是伦勃朗原先擅长表现的荷兰民族服装，而是富于象征意义和普遍意义的古代装束。顺便提一句，伦勃朗非常擅画古装式人物，经常购买古代服饰让模特化妆以后再画，这源于他有一颗向往古代世界的初心，并力求在那个意义丰富的世界中探索生命的价值。

关于《浪子回头》的故事，各民族有不同的版本。这个典故本身并不重要，重要的是它提出了两个关键词——"漂泊"和"归家"。"漂泊"，就是游荡、出走、居无定所，这种状态使你有机会用一种陌生的眼光来体验这个世界。出走也罢，放逐也罢，流浪也罢，都是无家的概念。在这里，与"漂泊"并列的"归家"概念，不再是简单的回家，而是在承载了沉重的漂泊经验之后再回到家园。"漂泊"与"归家"的真正意义在于：它涵盖了一个真正意义上的"人"的完整生命历程，表征一个人获得了对世界的真实感受。什么是世界？世界不是我们通常以为的那种由信息构成的社会、权力的世界。用海德格尔的话来说，世界包含了天、地、人、神四个维度，缺一不可，否则你的世界感受就是残缺的、破碎的。那么，在天、地、

---

① 这是指公元前597至公元前538年，两度被新巴比伦王国国王尼布甲尼撒二世征服的犹太王国，大批百姓、工匠、祭司和王室成员被掳往巴比伦，这些人被称为"巴比伦之囚"。

人、神四个维度完整的世界感受中，人如何体现其生命意义？答案是，唯有通过行走。行走是一个很好的方法，海德格尔为我们标示了行走的线路：离家——漂泊——归家。人的本性是"诗意地栖居"①。如何能建立栖居之所——家（home）？人类早期历史都是围绕着这一栖居之所展开的，一开始利用山洞，逐步用树木搭个草窝棚，然后是庐舍、居所，再然后是城市，最后进化到现代都市。但"家—home—栖居之所"不能从生物学进化论层面上去解读，而要从存在论和精神的超验意义上去领悟，海德格尔在这方面有深刻的研究。海德格尔为什么对荷尔德林如此推崇？关键在于荷尔德林绝非一般意义上的诗人，他是具有哲思的、触及"生存之底和浪漫之顶"两极的诗人。

艾略特曾经说过，如果但丁没有从佛罗伦萨被放逐，他就写不出《神曲》。这句话意味深长。艾略特的意思是说，一个人没有漂泊的经历，就永远不会产生真正的归家意识。但丁从故乡被放逐，反而促使他在《神曲》中为整个人类的灵魂找到家园。所以，这种行走、漂泊的经历，对一个人的哲思、艺术感悟的提升是必不可少的；甚至可以说如果没有这样的经历，就不能成为艺术家。我们在日常生活中形容某人见识短浅，其实就是指他没有出过门，没有游历过世界，眼光狭窄，对生存的痛苦没有感觉，对世界的存在毫无感受。曾经有一位历史学家在研究人类的各种文明后感叹道：实际上，每一个民族都有各自的经历和苦难，它们之间高下的差别在于对痛苦敏感与意识到的程度，以及表现的强度。的确，你吃了再多的苦却没有感觉，人家那边悲剧诞生了，伟大的艺术品出来了，你这里却一片寂静。那只渗透灵魂根底的再叩永恒之门的手，永远高悬，它经由神圣的启示而创造出不朽的传世名作，跨越了地理、文化、民

---

① 《人，诗意地栖居》是德国19世纪浪漫派诗人荷尔德林的一首诗。后来，经海德格尔的哲学阐发，"诗意地栖居在大地上"就成为几乎所有人的共同向往。栖居是指人的生存状态，所谓诗意是指通过诗歌获得心灵的解放与自由，而诗意地栖居就是寻找人的精神家园。

族的界线，任何人一看，便觉得诠释了一切。最伟大的艺术都是人心相通的，例如人们看了金字塔都会震惊——当你到了距离开罗七十三公里的吉萨金字塔群面前，不管是希腊人、罗马人，还是其他地域的人，都会臣服在其脚下。我们今天面对伦勃朗的作品也有这样的感受，他把人物的服饰处理为非地域化的、具有普遍意义的形象，使人的生命意义通过"漂泊"和"归家"的理念完整地反映出来。

伦勃朗在画面中表现了一个浪子回家的场景，从中我们能看到三种表情：（1）面部表情；（2）动作的表情；（3）手和脚的表情。这三种表情有一个共同特征，它们都是含蓄的、孱弱的、木讷的，并没有戏剧性的夸张。其中，第三种表情值得重点分析，让我们来仔细看一看老父亲的双手和浪子的双脚。这是一双沐浴在光辉之下的手，厚实而沉重，平静地搭在浪子臭烘烘的背上。这双手所抚慰的对象是儿子的百衲衣，很久未洗过——这种破旧的东西在艺术中特别具有表现力。此时此地，画家突破了一般的油画语言，运用强烈的肌理表现生存的苦痛感，表现浸透生活沧桑的质地，以及这种最低层次的物质被神圣光辉照耀的瞬间感觉，这是新柏拉图主义下降至17世纪绘画艺术的典范。从公元2世纪的普罗提诺开始，经由5世纪的圣奥古斯丁、6世纪的假托狄奥尼修斯、9世纪加洛林文艺复兴时期的伊鲁格纳，直到13世纪的托马斯·阿奎那，构建完成了以"神圣光辉"为中心的神学美学大厦。这种"神圣光辉"的精神脉络到17世纪伦勃朗那里得到了绝对意义的表现，就像一个耀眼的标志一样。在这幅画中，人物的面部表情并不丰富，甚至很少，他们沉浸在端庄和肃穆之中，表现出某种在神圣光照下的谦卑与感恩。这是一种人应有的敬畏，它源自永恒光辉穿透灵魂之后的感动。这种对于光照的体验在伦勃朗的画面中表现得十分得体，它拒绝了号啕大哭或忸怩作态，而表现出一种身体为之深深折服的恭顺，默默地热泪盈眶。伟大的艺术向来如此，从古希腊以来，最丰盈的表情就

图 3-16 伦勃朗《浪子回头》局部之一　　这是一双沐浴在光辉之下的父亲的双手，平稳而厚重。它所抚慰的对象是儿子的百衲衣，鲜明对比的两者瞬间给我们一种最低层次的物质被神圣光辉照耀的穿透感。再看这双手的造型并未表现变形的粗大关节，以及时间劳苦给它留下的印记。这是一双经过了许多看不见的挫折与磨难之后的手、一双内在筋骨归于平静的老人之手，但你又看不到那种皮肤松垂、病痛衰老的感觉，因为谦卑的感恩使它拒绝了生命年轮的侵蚀。许多画家也许能描绘出反映多种职业的生动双手，但与伦勃朗相比却是云泥之别，因为伦勃朗塑造的是具有普遍意义的永恒之手，超越了时间与空间

是高贵的静穆。我们再把注意力集中到那双手上面。这双手超越了所有手的类型，并未表现变形的粗大关节——时间或辛劳给它留下的印迹，而是一双经过了很多看不见的挫折与磨难之后的手，一双内在筋骨归于平静的老人的手。但是，你又绝对看不到那种皮肤松垂、病疾衰老的感觉，因为谦卑与感恩使得它拒绝了生命年轮的侵蚀。后来有许多画家擅长描绘人的各种社会类型之手，也许能描绘得栩栩如生，反映出各种职业的特质，但与伦勃朗相比仍然是云泥之别。关键在于，伦勃朗表现的并无社会身份特征的手，是普遍意义上的永恒之手。它通过看不出技巧的大技巧，树立了绘画史上的丰碑，任何人都绕不过去，是非他莫属的标志。

　　研究临摹者们可能会觉得浪子的双脚有点怪、不合解剖学，但形象这时与解剖已经没有关系，因为伦勃朗画的是漂泊的象征。脚

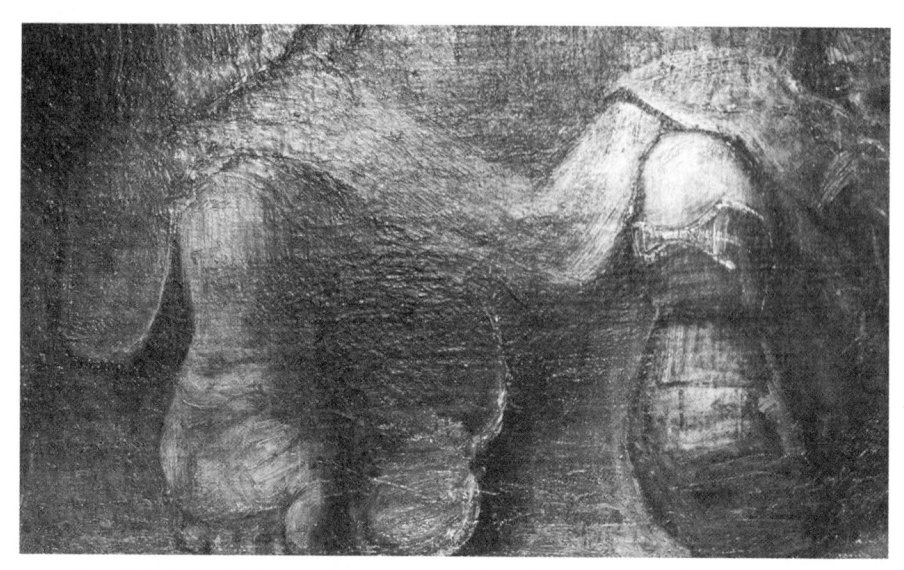

图3-17 伦勃朗《浪子回头》局部之二　　伦勃朗以神来之笔塑造了浪子的两只充满磨茧与锈垢的脚,并展示了卓越的技巧——一种忘却技巧又重新发现的技巧,厚重肌理之后再用薄色罩染,使磨砺的阻滞感从污泥中升腾而出,令行走获得永久的价值肯定

是人行走的载体,它通过与大地的摩擦产生血痕,从而体现"道"与"肉身"的关系。呈现在我们视线中的浪子的两只脚,一只穿了鞋子,一只穿的鞋子已经坏了。画家在此展现了卓越的技巧——这是一种在忘却技巧中又重新发现的技巧,一种超越画家原来能力的技巧。当画家全神贯注于这个代表漂泊的物体——充满磨茧的双脚上时,奇迹发生了:通过厚涂肌理再薄色罩染,磨砺的阻滞感觉从污泥中升腾出来,行走获得了永久的价值肯定。这是一种巨大的价值转换:隐匿于生存深渊底部的苦与痛,经过光辉的照耀——神圣的降临,而使苦难的皱褶得以抚平,生命意义的全部启示都被包含其中。

　　伦勃朗这幅画并非世俗故事,而是从阅读古代的经典得来,这一题材实为西方文学的传统。早在荷马史诗时代,漂泊和归家就成为主题。奥德赛从特洛伊返回,拖着疲惫的步伐,通过十年的漂泊而返回故乡,走时是意气风发的小伙子,回家时背已驼了,但这个驼背的人却获得了世界。这使我们不得不感叹地中海世界对于人类命运的感受之深刻，相比较而言，中国这方面就比较贫弱。在中国，探险与冒险的时代就是汉唐时代，后来只有个别人，比如旅行家徐霞客，再后来就足不出户，所谓"敬父母，勿远游"。现代的中国重新返回世界大家庭的怀抱，最重要的课题是认识世界，要有走和看的强烈欲望。但走和看也不是简单的物理行为，而是将内在的眼睛打开，真正行走在大地上，去获得世界。

在《浪子回头》中，还有一种"位格"的因素存在。构成那双脚的皮肤、肌肉、乱七八糟的布、鞋子都已融为一体，它属于存在基本层次的草根性的东西。这种草根性的东西虽然位置很低，但唯有通过它才能启迪灵魂和头颅，使人具有思想。当人的肉身磨砺得越深入，其思想才能更加睿智，两者相辅相成。刚刚出生的婴儿，到处滑润，没有任何地方受过磨损，这是一种本然的生命存在。当一位大师很老了仍健在，你若仔细观察他的形象，他的头颅、皮肤、骨骼以及整个身体都发生了重要的变化，到处都刻着生命和精神的印迹，历历在目。艺术家就是要观察这些内在变化，即人的各个部分在"位格"的意义上发生了怎样的转换。换言之，即是从精神层面上去体察文化的力量究竟能把人塑造成什么样子。

"位格"的另一个含义，是画面中体现出强烈的人性与神性的互为依托。父亲的怀抱是为儿子回归准备的，儿子经受的苦难则是为了呈现怜悯与宽恕。从图像学的视角来看，跪下的人是为了宽宏地接纳而存在的，任何一方离开对方即失去意义。德国神学家莫尔特曼有一句名言："没有深渊哪来拯救？"虽然都说深渊可怕，但是它却很重要。深渊存在的意义，就是促使他人抬首仰望。我们应该精读但丁的《神曲》，领受其中所有的生命存在的意义和奥秘。古希腊德尔斐神庙的石碑上镌刻着"认识你自己"，代表了人类对自我的永恒提问。

在此，我们再回到海德格尔的思想。海德格尔和雅斯贝斯是好朋友，经常互通信件。雅斯贝斯有一个非常著名的思想，就是关于轴心时代的研究与思考。海德格尔的指向神性的存在的观念受到雅斯贝斯关于轴心时代思想的影响。所谓轴心时代思想是指公元前5世纪左右，在中国、印度、希腊、波斯和犹太地区不约而同出现了一批伟大的思想家，其中包括宗教思想，如波斯的琐罗亚斯德教，犹太的以赛亚先知思想，希腊的哲思、艺术与公民社会，印度的佛教，中国诸子百家的孔孟学说、老庄学说（指原初的儒家和道家）。这些朴素的伟大思想中关于人与世界的永恒关系，以及对普遍人性的善与恶的探讨，树立了人类精神价值的坐标。雅斯贝斯认为，我们现时代的思想没有超过轴心时代的思想水平，现时代人类遇到的所有问题都没有超出先贤给出的范畴；当人类每一次面临危机或向新的高峰挺进时，总要回顾轴心时代所取得的成就，从中寻找解决问题、行往未来的精神资源。

海德格尔关于天、地、人、神的思想，特别是对语言、诗乃至诗转译为艺术语言，非常重要。在他看来，艺术语言不是平常的大众化语言，而是探入灵魂深处的精神话语。诗的本质直指人的存在本质，同样，真正的绘画，与那些一般的图像完全不相干。真正的艺术从来不讨好任何人，我相信《浪子回头》这幅画在当时并不为人看好，当时的人未必能懂得它表达的意思，但是它却恰恰给后世的人以永远闪光的启示。它承载的意义亘古长青，我们得以围绕它抒发出无限多的思想、无限多的诗的语言。

海德格尔在诗的最真纯处用语言守护着诗，守护着筑、居、思。海德格尔非常欣赏一位表现主义诗人——格尔德·特拉克尔，他曾写过一首诗，名为《冬日的傍晚》。我重新给它起一个名字叫《漂泊与归家》，因为这首诗的意境与《浪子回头》这幅画有某种内在的同一性。

海德格尔曾这样解读《冬日的傍晚》：诗给我们规划了"思"的基本词汇，窗户、漫天大雪、钟声回荡，这些基本意象引导我们踏上"生存之思"的台阶。漫天大雪正在伴随着下沉的地平线而下沉，时隐时现的教堂沉浮于晚霞之中，浑厚的钟声在远处鸣响，一切都趋向于一种退场的状态，在沉没的地平线在大地如汩汩流水般的滋养中，又回到了一种力量的凝聚状态。这个时刻，人与大地之间只有墙壁作为界线，室内绽放着黄金般温暖的晚餐，而一墙之隔的漂泊者在外面，这是一个象征性的图景，与柏拉图所说的"洞穴"比喻非常相像。大地在地平线下沉中悄悄退场时，漂泊者通过昏暗的城门出场了。他们是路途中的人，不受制于地平线的沉浮，因为他们通过不断地行走来不断地勘探新的地平线，也就是说，漂泊者用生命和体验不断画出存在的新边界。海德格尔在此点石成金般地，指出真正的漂泊者才是语言的言说者与呵护者，他们不断发现新的语境，并用这种语言不断验证生命的意义。

　　语言的家园在言说的路途中不断跋涉才能呈现，同样，家的意义是在不断的漂泊和旅途中才被发现的。在漂泊中最重要的是感受世界之大而无边，以及人的有限性。历史上最伟大的人物都是在荒野中发现生命的真谛的，摩西在荒漠中听到神的呼唤，方才奇迹般复还。那些没有归宿的漂泊者，与在家中享受天伦之乐的人相反，他们在城门的灰暗的、冰冷的柱子边徘徊。也许在这样的场面，一家家拒绝的大门会在人们的心里引发一种恶意感，但特拉克尔的诗竟然没有与这些发生关系，而是马上转入那棵恩赐之树，体现神的恩典的生命之树，以及大地汩汩的滋养。这是一个至高的提示：你的生命是因为神的恩典而滋养出来。多么精彩绝伦的意念转换！

　　"恩赐之树绽放金黄"，依靠在昏暗城门上的漂泊者在神的光耀下，真正和居家者达成心灵交融，这是一种伟大的情怀。我们处在世俗中，总会为人的某种不幸的境遇而动容、牵挂，但是真正的语言守护者不是这样。他认为所有境遇都是神的恩赐，在流浪状况中才能令自己感动，若把人圈起来、养起来，那才是真正的悲哀。正是由于把神对人的恩赐看得如此普遍、包容和广阔，海德格尔重新规定出人类通过何种途径才能获得语言的家。海德格尔的思想与柏拉图的理念有着密切的关系，两者都强调开启和洞见、穿透和觉悟。我们再一次重复柏拉图的"洞穴比喻"：平常的人都在洞穴的低处，背朝着洞口，他只能看到在他和洞口之间有一些影影绰绰的晃动，以及这种晃动借着光在洞壁上留下的一些投影，也就是我们所说的世界表象。真正的世界本质，这些人是看不见的，因为洞口太亮，眼睛不能适应；如果突然把这些人拉到洞外，他们的眼睛会失明。最伟大的圣贤、哲人都在靠近洞口处，或者在洞外，他们不仅能看到洞穴里的一切、洞穴外面的世界，而且能看到映照洞穴的光，并留住光。普罗提诺的"神光流溢说"予以柏拉图的"美是光辉灿烂"的理念以神性位格，打造出西方以光为主导因素的艺术，并使其具有神学美学的依据。漫游者、漂泊者被呼唤出场，得益于神的恩赐，通过聚拢在大地深处的汩汩滋养，弥合了一切人与人之间的离别和创伤。所以海德格尔说，通过"金黄"这个词，使这首诗骤然精粹起来了。本来是一些悲苦的情绪，但是"金黄"这个词一下子让所有的离别、悲伤、愁苦都融通起来。古希腊有位诗人是专门写颂歌的作曲家，名叫品达，他对阿波罗、雅典娜的象牙黄金雕像的赞美，就再现了这种"黄金燃亮所有在场者"的景象。我们不妨想象这样的图景：金黄的光芒把所有在场者聚拢在敞露的无蔽之中，召唤漂泊者悄然入内，在神的光芒的照耀和护佑之下，人的分离和创伤全部消解，这是一幅永恒的图景。从神学美学的视角来看，主体与他者界线的消解都是真正的诗的涌现，诗意的洪流漫过了痛苦的门槛，在那一瞬间仿佛能够听到它的边界在垮塌时的轰鸣声，仿佛能够听到存在之物的感应以及对神的护佑的回响。人的分离和伤痛界线消解之后，诗成了神的意志的承载物，神的纯净光芒使面包和酒变得分外明亮。在一般人的眼中，面包和酒只是吃的东西；在诗中，它却是涌流不尽的思想和生命汩汩滋养的象征。

　　伟大的思想家对于语言、诗、艺术的研讨，让我们看到蕴藏在这中间的思维和深度，这从来不是视觉艺术本身所能说得清楚的，否则就没有世界名画和好画与一般的画之间的区别了。就具体绘画技巧而言，伦勃朗采用的是一种复杂的混合技术，来源于古代圣像画的多层敷色、磨砺与个性大笔触写意画法之融合。这种巨大的跨度造成了伦勃朗技法没有嫡传，成为一个尘封的秘密，而真正有效的解密在于"艺术技术史"意义上对画面载体纵向的红外频谱扫描图像之中。这里也引申出一个重要的学术视域：对绘画技法和材料的科学研究将有助于我们成为"学者型艺术家"（"学者型艺术家"既要有宽广的文化视野，又要有深厚的艺术修养，以及精湛的绘画技艺，具备穿透历史尘埃的目光）。

　　所有伟大的艺术品，都是为感动灵魂而存在的。因此，在解读艺术品，尤其是在对大师作品的分析、解读过程中，不仅要从作品本身切入，进行技术层面、艺术史层面的剖析和梳理，还应该强调更广阔的引入——诗学、神学、文学、哲学思维。既要超越考据的樊篱，还要结合博物馆在场经验，能够与大师杰作"短兵相接"，捕捉住最为本质的思想精髓，从而获得全面而发人深省的解读。

中国文艺复兴断想

直到1855年,"文艺复兴"这一术语方才由法国历史学家儒勒·米什莱提出来。它虽迟迟才到,但为那个时代给出一个重要视角:人类精神史上复兴运动的意义,在远离我们五百年之后方才彰显。我们之所以不将文艺复兴视为西方的专利而作为人类共同的文化遗产,不仅因为它已超越五百年的限度,更因为其中蕴含的人性普遍价值要远远大于地域与民族的文化特征。从某种意义上来说,文艺复兴是在更高层面上继续探讨"轴心时代"人类思想的所有重大命题。这些命题集中在终极价值关怀、人与神(垂直向度)的关系、生命的意义与灵魂的归宿等方面。我们可用以下五点来概括西方文艺复兴的时代特征:

1. 书写出从"轴心时代"到"文艺复兴"约两千年的人类精神史连贯脉络,从价值论角度确立了"世界主义"的普遍意义;

2. 修复了"天、地、人、神"四重结构(海德格尔语),使四者之间的关系重新达到一个理想的均衡点,并对以后的时代产生深远的影响;

3. 通过对柏拉图理念说的新的转释与创化,标示出人类理想的价值取向,极大激发了整个时代的创新精神,达·芬奇、米开朗琪罗、拉斐尔便是这种精神的代表;

4. 构建了近代以来较为公平的法制社会的基础,既避免了教权过大对人性的压抑，又避免了王权过大对人民的压迫，为现代理性人文主义奠定了基础；

5. 在人性全面发展的基础上，达成各艺术门类的高度整合，建筑、雕刻、壁画、绘画、音乐、礼仪、圣器、服饰等，齐聚在精神的高顶穹隆之下，构成了"圣事艺术"的宏伟景观。

上述特征，都是当代中国文化缺乏的品质。然而，凡事均有轻重缓急，我认为最佳突破点是诗歌与绘画艺术，这是由它们的独立思考与创作的特征和不易受到社会经济环境制约的性质所决定的。

就绘画领域而言，文艺复兴艺术在如下六个方面为当代中国美术创作提供了突破点：

1. 透明画法与材料美学；
2. 图式与肖像学的原创；
3. 神光流射说与"光的美学"表现；
4. 音乐、建筑、雕刻、绘画之间的相互渗透与新的成型；
5. 绘画的类型：雕刻式绘画、线性式绘画与涂抹式绘画的学术分类，以及与东方绘画的全新结合，挖掘提炼出其中具有的神学内涵与影响后世的形式要素；
6. 体现中国民族精神的画派之构建。

我们只要在上述任何一点有所突破，便可视为中国文艺复兴迈开了可贵的第一步。目前，中国当代文化艺术正处于一个发展的拐点，业内人士必须具备穿透历史的深度思考与跨文明域的眼光，方能使自己行往一种前所未有的崇伟境界——人类精神艺术与中国历史文化的高度融会贯通。唯有此，中国文化艺术界才有资格谈论何为"中华民族伟大复兴"。

四

"神圣山水"的文化学释读

"北派山水"解读

"北派山水"在美术史的意义上是指五代北宋时期的山水画。它与其他时代的山水画都不一样，魏晋、隋唐都有山水画，但北宋的山水画特别压抑和凝重，仿佛内心有一座大山压在上面。这座大山就是唐末五代上演的一场民族灾难剧——割让幽云十六州。后唐叛将石敬瑭为了能够当皇帝而向契丹辽君主耶律德宗求援，请辽军进入中原，即所谓"引狼入室"。为此，他不仅把包括北京在内的北方大块土地割给了辽国，而且甘愿匍匐在辽国君主脚下自称"儿子"，尽管耶律德宗足足比他小十八岁！这一丑行使石敬瑭获得了"儿皇帝"的称号，书写了中华民族历史中耻辱的一页。赵匡胤建立北宋之后，唯一的主题就是如何收回幽云十六州。从北宋立国至南宋亡国，凡三百余年，代代中原百姓均为此而辛苦流泪，三军将士皆为此而浴血奋战。最终眼看要完成时，蒙古人设了一个局——历史上著名的"端平入洛"，使元蒙帝国找到了灭南宋王朝的借口。这就是当时的一段历史。两宋的山水画，前期（北宋）承载着家国情愫，后期（南宋）则充斥着出世落魄，这两个角度都表现了对于失落江山的深刻怀念。我们不要忘记，宋太祖赵匡胤当年俘获南唐后主李煜时，李后主曾经写过许多感叹山河大地改变颜色的诗词，宋人对其中的情绪有着刻骨铭心的理解。

因此，在五代北宋画家的山水中，地形、地貌都与黄土高原"三关"——雁门关、宁武关、偏头关相当接近，山峦起伏、苍茫浑厚。雁门关作为古代世界最大的军事综合防御体系，从现有的形态反推，当初在建设它的时候，设计者与建造者们一定将附近所有的山头都踏勘过，所谓"胸中有千山万壑"，才能产生这种接近于完美的东西。这里钩沉出古人画山水的一个特点，首先是把要画的对象——山峦与河流踏勘一遍，而不是站在山脚下对景写生，何况当时也没有照相机。这种踏勘是为"沟壑装于胸中"做准备，站在画案前才胸有成竹，最终完成"搜尽奇峰打草稿"。山水中的千沟万壑不仅是眼看手记或按图索骥，而是烂熟于胸、信手拈来。这种境界就是所有画家都追求的境界——画心中之山，也就是表现一种精神情怀的记忆。这种精神情怀的记忆对具有家国情怀的文人士大夫来说成了既定的套路。而南宋以降，味道就变了，家国情怀衰退，担当与责任感隐匿，先秦诸子百家时代儒学倡导的人类理想与大同世界的所有因素荡然无存。于是，文人画变成了人们在书斋中品读的、仅满足人们对田园风光的向往的工具，其格局也精致化、狭窄化了。

中国山水中的神圣能量

中国山水风景中蕴藏的神圣能量，是一种中华民族先民所创造的视觉经验，空间维度是在中国版图之内，时间维度则延续了几万年。虽然没有见于文字的历史记载，但是我们仍然可通过早期创世神话、摩崖石刻与考古遗址觅其踪迹，使其在我们今天的体验里得以复活，这就叫"复兴"，或者说"文艺复兴"。因此，将中国山水中蕴藏的那种原始的力量予以复活，我把它称为"神圣能量"。这种能量不是一般的力，不是用一个物理的数据可以计算出来的，而是一种要比我们的想象高出许多的物质，类似于新柏拉图神学美学创始人普罗提诺的理念——"太一、理智、灵魂"，由神圣之光引导而达到至善的崇高境界。实际上，在唐代也有一种特殊的艺术理念追求，叫"神圣山水"，它源远流长，起源于中华先民的迁徙。先民们对于上天赐予的这块土地满怀感激之情，直至强大的中原王朝建立——从秦汉起始，直至隋唐，将军、使者、节度使、地方官均怀有这个理念，就是说有一种"我大唐江山，尤比神圣也"的豪情。为什么叫江山而不叫风景？江山就是河山的意思，大河大山——长江、澜沧江、金沙江、怒江、通天河、黄河、野马河；昆仑山、横断山、巴颜喀拉山、不周山（葱岭）、巴山蜀水……在抗战时期，政府与民众、军队和百姓都有一个共同的理念——"还我大好河山"，似乎是约定俗成的，而不会说"还我大好风景"或者是"大好版图"，这种词语上的约定是有很深根源的。

为什么叫"河山"？河山壮丽中的"河"绝不会泛指一般的流

文艺复兴之光

图 4-1 壶口瀑布　　我们能深刻体会到"大河上下，顿失滔滔"，以及"大好河山""神圣山水"的底蕴，这是中华民族伟大复兴的根本所在

水或者是江，革命领袖豪情万丈才会写出"大河上下，顿失滔滔"的诗句。中华文明是一个以文字为核心的文明，所有的字、词、句都有着很深的道理。"高山仰止""高山流水""仁者乐山，智者乐水"……这里面的"山"与"水"，都与生存的本源、祖国的疆域密切相关。这些宝贵的遗产我们要分外重视，山河实际上自古以来就在中国人心目中处在一种神圣的位置。这个里面有神灵在，有一种神灵赋予我们这个民族的精神气质，这种气质可以用一句话来讲就是"仁者乐山，智者乐水"，意思就是说如果你要找大仁大德者，它就如同山一样。我们没有办法用语言来形容它，这句格言告诉我们，如果对上古的大贤大德不能理解的话，你只要看看伟大的山就明白了。而智慧，就像流水一样，老子说"上善若水"，水为什么是最善的呢？那是因为水在什么地方都能待得住，它在高处可以，在低的地方也可以，折射出重修养、持善行的人荣辱不惊。这种善超越了一般的道德善良之"善"，它是一种宇宙论的大善，是最好最上的善。

关键在于，我们要深刻地理解这个过程中显示出的文化轨迹，它体现出由中华先民所开启的山水经验之深度，可以把整个民族的心理文化机制放在这里阐述。以上那些成语说明，中国文明是如何以格言的方式去让子孙后代铭记，而并不是以学术论文来表达的。如今我们对这些格言的内在含义已大部分忘记了，或者不太清楚原本的含义，那么怎样才能将已失落的含义复活呢？指望书虫是不行的，只有艺术家最有资格，因为真正的艺术是从深刻的生命体验出发的。真正具有深度体验的艺术家读到"仁者乐山"四个字，立刻会联想到西北的崇山峻岭和雄伟山脉，而没有见过山的人以为"山"就是城市郊区的小山坡，比如北京的香山、南京的紫金山之类，这都是错误的。"仁者乐山"中的山一定是指真正的大山，是使你气喘不上来、心跳跟不上的绝顶高峰。这种感受是无法在书斋中体会的，当然也无法在城市里面解决，唯有走向大自然。

神圣山水与东方美学

"东方文艺复兴"理念在艺术方面的呈现形式是"神圣山水",这不仅是一个具有时空跨越性的当代思路,同时也是一种非常古老的思维,因为它的核心就是"精神理念"与"物质形式"之间辩证关系的探讨。早在两千五百年前,古代东方世界的哲人与圣贤们就常常探讨精神与物质相互转换的命题,无论是希腊的"心灵与肉体"、希伯来的"道化肉身"、波斯的"光明与黑暗"、中国的"阴阳八卦""神与物游",还是印度的"此生与彼岸",这些均是东方精神文化提出的终极关怀命题,是公元前5世纪"轴心时代"为人类文明发展史留下的宝贵遗产。

"神圣山水"是东方古代世界最伟大的精神遗产之一。它代表一种理念的提出,建立在三个基点上:

1. 立足于人类大历史观;
2. 构筑在中华民族迁徙史上;
3. 建立在东方神学美学上——最后统摄在"东方文艺复兴"的主题之中。

立足于人类大历史观和中华民族迁徙史,一方面是生存的吝啬——艰辛与苦难,另一方面则是最丰厚的礼物——东方大地的大山大水,两者都是构建神圣山水的物质基础。

下面,我提出几个参考思路。东方大地神圣能量的突出显现,一个是帕米尔高原——葱岭，另一个是横断山脉——三江并流区。葱岭属帕米尔高原，是东晋高僧法显在公元4世纪末去印度求法的必经之途。从海拔低平的喀什到逾5500米的柯克吐鲁克，大概有400公里，沿途有一个特殊的地形叫"流沙山"，从那里可以遥望到冰山之父——慕士塔格峰，它也是地球上最大的现代冰川。慕士塔格峰的整体山形呈现为一个有十足厚度的圆形，一般人站在山脚下只能看到它的边缘而无法看到山顶，因此并不显得十分高峻，但其海拔竟然有7509米！从慕士塔格峰再往前走数十公里就是公格尔峰和公格尔九别峰，当我看到公格尔峰时非常震惊，一般的雪山都是隐约显现于地平线的远方，而公格尔峰出现在我视野中时却是在天上！在晶莹雪顶的背光处飘荡着一缕洁白旗云，高远而缥缈，就像一位披着透明纱丽的少女。凡有高山知识的人都知道，有旗云的雪山至少海拔7500米，果不其然，公格尔峰的海拔高度是7920米。再看公格尔九别峰，是一座连着一座的白雪皑皑的陡峻山峰。公元401年春，法显路过此地时肯定看到与我同样的情景，所以他发出感叹"大山如葱也"，意思是说这里的山竟然像直立的大葱一样拔地而起，令人惊异！这种比喻生动而又贴切，后来这地方就被称为葱

图4-2 慕士塔格峰　素有"冰川之父"之称，整体山形呈现为一个有十足厚度的圆形，一般人站在山脚下只能看到它的边缘而无法望到山顶，因此外观并不显得十分高峻，但实际上它的海拔竟然超过7500米

文艺复兴之光

岭了。《淮南子训》中说共工怒触不周山，不周山指的就是葱岭的公格尔山，那些巍然耸立的雪峰犹如擎住穹宇的"天柱"。这种自然地理上的奇观对我们究竟意味着什么？它一方面是上帝对东方的馈赠，另一方面是在提示中国的责任——必须将这些伟大的山峰转化为精神能量，而不能任由其停留在自然地理层面。

怎样才能将屿水提升为精神的象征物？东方古代文明早已为我们给出了方向，那就是"光"。到了"轴心时代"——公元前8世纪至2世纪，东方古代文明世界已在这方面呈现出各自的精神姿态。以《旧约·圣经》为证："神说，天上要有光体，可以分昼夜，作记号，定节令，日子，年岁。并要发光在天空，普照在地上。"[1] 在这一明确表述之前，有闪米特的太阳神"巴尔"、埃及的太阳神"瑞神"、索罗亚斯德教的光明之神"阿胡拉·马兹达"、希腊的太阳神"阿波罗"，等等。再看远东，中国《山海经》中有这样的古太阳神的故事："东海之外，甘泉之间，有羲和之国。有女子名羲和，为帝俊之妻，是生十日，常浴日于甘渊。"[2] 也就是说，羲和国中有个女子名叫羲和，她是帝俊之妻，生了十个太阳。这种"太阳之母"的神话结构十分有趣，也许是暗示着中国大地光照之充足与严酷。印度神话中的太阳神苏里耶，是天父神特尤斯之子，他在宗教艺术中被描画成拥有金色的毛发和手臂，乘坐由七匹马拉动的战车。苏里耶被尊为神圣的活力给予者，他激发凡人的理解力，呼风唤雨，支配运动与静止的一切。同时，他是地上第一个献祭的人，把火种赐予人类，佛教将他列为十二天之一——日天。也就是说，所有东方古代的神话与信仰体系都尊崇太阳与光明。

我们在此基础上进一步延展思考，亚洲大陆以宏伟山脉与磅礴江河为表征的自然地理，如果没有光照便失去意义。所谓"没有光就没有一切"，这个"一切"包括精神、价值、意义，而不仅仅是指

---

[1]《圣经·创世纪》。
[2]《山海经·大荒南经》。

物质存在本身。正是由于亚洲自然地理的雄浑博大，方才诞生了新柏拉图神学美学——光的形而上学。公元2世纪，亚历山大城学者云集，自从东方学术之都从巴比伦转移到亚历山大城之后，那里几百年来一直都是希腊哲学与东方神秘主义的交汇地。新柏拉图主义学派的创始人是阿莫尼阿斯·萨卡斯，但最重要的人物却是他的学生普罗提诺。到普罗提诺去世时，亚历山大学派已达到鼎盛，并成为公元4世纪席卷欧亚大陆精神风暴的源头。普罗提诺亲授给弟子的《九章集》，将希腊的柏拉图哲学理念、希伯来的基督教神学观念与波斯、印度的东方神秘主义思想融会贯通、重新提炼，深刻阐述了光的意义，为希腊教父时期基督教文论的基本取向、圣奥古斯丁等人的神学思考，以及阿拉伯学者金帝对光的美学研究奠定了基础。

　　普罗提诺将美的根源归结到彼岸世界，对超越世俗艺术的"美"的追求怀有崇高的期待，这与柏拉图的"理念"相似。柏拉图认为世界有两极，一端是被称为"上帝"的神圣之光，另一端则是完全的黑暗。但新柏拉图主义则认为完全的黑暗并不存在，只是缺乏亮光而已。世间唯一的真实存在就是神圣之光（上帝），它无法普照整个世界，只能分层次地向万物渗透。灵魂受到神圣之光的照耀，物质则位于那光照不到的黑暗世界。因此，由新柏拉图主义理念发展出来的"光的形而上学"，认为世间一切事物唯有蒙纳神圣之光才能获得价值和意义。而在所有的事物中，最接近上帝光芒的还是人类的灵魂，只有灵魂才能与伟大的神秘合而为一，甚至在一些偶然的时刻，人可以体验到自己就是那神圣的自然之光——普罗提诺将其称为"独我"情境，他坦陈自己一生中只有两次幸运地处于"独我"状态。

　　公元6世纪，有一位叙利亚的神父自称是战神山的基督徒狄奥尼修斯，他写作了一系列洋溢着超越的信仰情怀的伟大著作，其中在《天国阶级》中充分论证了上帝与美的关系。他指出："这个世界的整个构造就是一种超卓伟大的光，由许多部分与许多光形成，用以显露事物之纯质，使心灵之眼能直觉它们，就如神恩与理性在有智慧的信徒心中合作。神学家称上帝为'众光之父'极有道理，因为万物来自他，他透过万物，在万物里显现自己，万物是在他的智慧之光里诞生的，在那光里统一。"[1]他继续深入到真善美的内部进行探究："存在、善、美虽然是一体的，却不是没有区别的，其中善是根本的，因为存在与将要存在的一切皆通过善而存在，美善是存在的根据、尺度和动力。当然，善之为善就是在于存在，没有存在也就无所谓善了。同时善也是美的原因，善与美实际上是'参与者'与'参与'的关系，'参与者'无疑是先于'参与'的，虽然从逻辑上讲，'参与者'只有在'参与'的时候才成为'参与者'。善是美的原因，这就是说：善不就是美，但美必然来自美善，没有善就没有美；美不就是善，但善将引致出美，有美必然有善。但是，美既来自善，必然包含美的成分，因此，善也可称作是一种美。"[2]

公元 7 世纪兴起的伊斯兰文明，自广袤的阿拉伯半岛旷野向小亚细亚顶礼膜拜。这个新兴的文明凭借着东方智慧而承纳拜占庭帝国的光辉——就像蓝色清真寺模仿圣索非亚大教堂的采光一样，迅速达到顶峰。公元 9 世纪，阿拉伯学者金帝接续普罗提诺、假托狄奥尼修斯的研究写出名著《光芒》，将光的形而上学推向一个新的高度。他写道："每个星辰都向四面八方发出光芒，光芒多样，但融合为一。它会改变各个地方的内容，因为在每个不同的地方，这光（来自众星之全体和谐）会随之变化。此外，由于这和谐不断被行星与其他星星的持续运动修饰，自然世界及其所有内容也不断进入一种不同的状况，随当时的和谐所需要的条件而生出不同的状况。"[3]

---

[1] 阎国忠：《美是上帝的名字：中世纪神学美学》，上海社会科学院出版社 2003 年版，第 130 页。

[2] 阎国忠：《美是上帝的名字：中世纪神学美学》，上海社会科学院出版社 2003 年版，第 130 页。

[3] ［意大利］翁贝托·艾柯（编著）：《美的历史》，彭淮栋译，中央编译出版社 2011 年版，第 104 页。

最后，他这样总结："人类的灵魂是从宇宙灵魂流出，人死后肉体消失，个人灵魂不能独立存在，必归向宇宙灵魂。"[1]因此，伊斯兰所有伟大的建筑都可视为金帝"光的形而上学"的物质印证。

与普罗提诺的光的神学美学理论对应的物质大地，非东方高原莫属，这里有着世界上最高的地理隆起与最大的海拔高差，普罗提诺的"下降之途与上升之路"在此方才得到最充分的呈现。我本人数十次的高海拔体验可作为见证：在帕米尔高原著名的明铁盖达坂，周围是海拔逾5000米的皑皑雪峰，当夕阳西下、最后一道光环从雪山顶部挪开时，"崇高之美"瞬间遁去——尽管雪山、高原、河流、岩石、草甸、沙砾等仍然都在，在物理层面上没有任何变化。这时我们便深刻地体会到这几个字——"没有光便没有了一切"——的分量。

很奇怪，仅仅一个视网膜感受的景象，竟会给人以如此翻江倒海般的内心激荡，它使我们日常触碰物质的经验在回忆中复活，升华为神圣的经验。中国崇伟山脉的精神张力显示出一种存在于大地的原初性力量，它以苦难的荒芜感作为物质基础，而不像地中海、欧洲那样如同天国倒影般的郁郁葱葱，波光粼粼。正是神圣光照的出场，使得东方大地的荒芜发生逆转，粗陋转变为精致，卑下升华至高贵。

另一次体验同样记忆犹新：新世纪即将到来之际的1999年秋天，我带学生奔赴黄土高原。一个下午的黄昏时分，来到榆林以北的麻黄梁。高高的黄土坡上，窑洞隐藏在深深的沟壑里面，夕阳穿透云层照射过来，黄土像金子似的发光。我们下意识地奔过去想抓住那些金子，最终却手捧一抔黄土。用手掌去碾磨，就是实实在在的黄土，黄金是光造成的幻象！或者换句话说，黄土在光照下可以变身为黄金，而离开了阳光就什么都不是。在阳光朗照之前与之后，

---

[1] 宛耀宾（主编）：《中国伊斯兰百科全书》，四川辞书出版社2007年版，第22页。

大地本身没有任何变化，仍然是那种纯物质的形态，但是光的出场却使它的价值来了一个彻底逆转。我不由得想起中国古代的一个成语"云泥之别"。"云"的物质构成是水汽，"泥"的物质构成是黄土；从实用角度来看，"泥"肯定比"云"有用，它可以滋养庄稼、烧制城砖、打造陶器等，而"云"只是水汽，到处都有。但在古人眼中，"云"因为在天上且被光照亮而显得无比荣耀，而"泥"则总是因匍匐大地、藏于沟壑而显得低下卑微。这是人类的视网膜经验在起作用，其价值判断完全枉顾物理的存在事实。实际上，这种认识成形的源头还是古代地中海世界。自从最初的超验信仰发生以来——从埃及人的"瑞神"敬拜、希伯来人的"耶和华"信仰，到波斯人的"光明之神"阿胡拉·马兹达与希腊"太阳神"阿波罗的崇拜，一直到印度的太阳神"苏里耶"，以及佛陀的背光，等等。抬首仰望天空，以太阳、光明作为信仰的归宿，是东方精神文化的普遍基础。

佛陀悟道之地是恒河流域的菩提伽耶，也是世界佛教徒最向往的圣地。菩提伽耶的地标建筑是锥形的正觉大塔，它始建于公元2世纪。据史书记载，公元5世纪初东晋高僧法显前来天竺巡礼时，此地已有该塔。正觉大塔的造型深具意味——犹如帕米尔高原南麓的兴都库什山脉的陡峻雪峰——当少年释迦牟尼前往塔克西拉游学时，曾经见过这些伟大的山；甚至有人说他去过位处青藏高原腹地的神山冈仁波齐，神圣的雪山对释迦牟尼的内心产生过巨大的冲击。以上这些方面构成了人类文明史的重要线索。

从人文地理学的视角来看，大概是中国的太阳光照太过凶狠，因而产生了"夸父逐日""后羿射日"等神话，最终导致艺术中回避光的表现。待到后来文字不断发达，平面书写日益占据优势，光就彻底隐退了。但另一方面，中国西北的雅丹地貌却是一笔意外的资源，它所饱含的苦难要素成为一种东方独特的美学资源，为我的"神圣山水"艺术理念提供了重大启示。中国西北的雅丹地貌

是典型的多样性风蚀地貌，比如间歇性的湖相沉积——吐鲁番的艾丁湖，以及典型的吹蚀地貌——新疆魔鬼城、磨蚀地貌——库车附近的盐水沟。有一部电影大家也许有印象，就是张艺谋执导的《英雄》，影片最后快结束时出现了一系列气势恢宏的大场景，那个地方就是甘肃与新疆接壤地带的魔鬼城。

图4-3　新疆戈壁荒漠中的雅丹地貌　它是亚洲腹地炙热光照与干燥气候共同创造的作品，与青藏高原上的崇伟雪峰形成了地球上的两极，象征着上帝对人类生存的两个终极设问

魔鬼城是一个典型的风蚀地貌发育全过程地段，即呈现了风蚀地貌从发育到消逝的一个完整的过程。

我重点关注的，是这种东方雅丹地貌在精神层面上对艺术创作的影响。换成绘画术语来表达，就是因狂风强烈摩擦岩石之后形成的痕迹对画面摩擦系数的启示。凡是优秀画家皆谙熟对笔触与材料之间摩擦系数的掌控，对摩擦系数的控制是一个非常高的审美标准，也是一个文物鉴赏的经验标识。比如，要搞清楚圣像画的创作年代，就要仔细观察画面上形成的痕迹，即中国的术语"包浆"。东方石窟中的佛像，大多数是各种石头雕刻而成。我们能够从年代或者是二氧化碳大气污染的沉积物中，隐约辨认出原初雕刻工匠的用心，他为什么要塑造成这样而不是那样？我们仔细观看佛像的周身，会发现既有清晰之处也有刻意模糊的地方。从刀法的角度来看，中国传统擅长阴刻，阴刻技巧无论在丰富性还是在成熟性方面，都要比阳镂雕凿技术强太多，这与中国的书法与篆刻传统密切相关。要彻底看穿这些方面，一定要将东西方文明打通，找到人类精神价值的源

头，然后区分出各种文明在发展的路上，究竟发展出哪些特长优势，哪些方面为弱点短板，哪些方面在不断地变化——流变或整合。比如，各个民族都有彩陶时期，也都有青铜时期，但进入铁器时期之后就迅速分化了，各自的特点日益凸显。再比如，西方就没有国画和宣纸，东方也没有湿壁画——尽管有干壁画。人类在数万年前的狩猎时代就产生了洞窟壁画，即以动物胶为媒介的原初性坦培拉绘画，但它后来只在地中海文化域方才发展为圣像画，在其他地区则消逝于历史长河之中。不久前日本人宣称发现了世界上最早的油画，在阿富汗的巴米扬石窟，是葵花子油混合蓖麻油的一种油画，与欧洲传统的亚麻仁油有所区别。且不管这个事情考证结果如何，公元7世纪最早用油作为调和剂的绘画——油画，毕竟首先在东方出现了。如果是这样的话，为什么东方世界没有发展出油画体系呢？这恰恰属于国际前沿的学科——艺术技术史所要思考的问题。有人说这是一个"十万个为什么"的问题，但肯定不是如此简单，很多重大的问题正是因为这些看似简单实际上不简单的问题而获得开启。

大地与画面语言

一

我们继续讨论东方的风蚀地貌与画面语言、摩擦系数之间关系的问题，也就是，风蚀地貌所造成的自然山体上的痕迹应该怎样转移到画面中的问题。我们可以这样描述：狂风与岩石经过长时间的强烈摩擦，形成了雅丹地貌；从视网膜经验来讲，这是风在山体上经过猛烈摩擦而形成的物理痕迹。"雅丹"是维吾尔语，意思是"具有陡壁的小山包"。由于风的磨蚀作用，小山包的下部往往遭受较强的剥蚀应力，最终形成一道道明显的风蚀脊。为什么说雅丹地貌是中国独有的东西？难道外国没有风蚀地貌吗？外国当然有，世界上最大的雅丹地貌在伊朗，有23000平方公里，而中国最大的雅丹地貌则在柴达木盆地，也有21000多平方公里，仅比伊朗的雅丹地貌小2000平方公里。但伊朗的雅丹地貌较为分散，更关键的是没有中国的雅丹地貌外观那么强烈，因其过于温和而缺乏震撼人心的力度；这种雅丹地貌由于缺乏对于艺术创造的启示功能，而不在我们的关注视线之内。

这方面国际最前沿的研究成果令人耳目一新，它不仅证明了自然历史之奇妙，而且证明了文化艺术产生的根源。根据研究，原来黄土高原的基本物质构成竟然与柴达木盆地的物质是完全一样的！也就是说，黄土高原细密黏稠的黄土粉尘，是从柴达木盆地输送过去的。大约在两三百万年前的冰河时期，全球气温急剧下降，亚洲大陆狂风肆虐。那时刮风的周期很长，每年超过十个月，风对于地貌的改造超出我们的想象，还因为那时风的级数估计要超过我们现在的 100 倍以上。柴达木盆地现在残留的风蚀地貌痕迹，充分显示了这一点。根据地球物理的探测与计算，柴达木盆地所在的广大地区本来会形成山脉的，但是狂风的强大力量粉碎了这一可能性，它把本来要形成山脉的基岩变成了泥岩，直至粉尘。基岩就是岩石、石头，如果用准确的地球物理术语来说，它是指风化层之下的岩石。当风化作用发生以后，原来高温高压下形成的矿物被破坏，形成一些在常温常压下较稳定的新矿物，构成陆壳的表层风化层，风化层之下的完整的岩石称为基岩，露出地表的基岩称为"露头"。那什么是风化岩呢？风化岩是大地生命戏剧的见证，也是自然地理气候的化石，它里面藏有人类迁徙的密码。

风化岩大致分为三个种类：一是微风化。特征为岩石很新鲜，表面只有很微小的风化痕迹。二是中风化。岩石的结构和构造层肌理清晰；岩体被节理，裂隙分割成 20~50 厘米的块状，裂隙中填充少量的风化物，撞击声脆且不易击碎，用手镐难以挖掘，但使用风镐可掘进，同岩心钻可钻进。三是强风化。结构和结构层不甚清晰，矿物成分已显著变化，岩体被节理，裂隙分割成 2~20 厘米的碎石状，甚至可用手折断，用手镐可轻易挖掘。总而言之，风化岩是基岩向泥岩转换的中间阶段，泥岩失去水分被吹散之后就变为尘土了。当这些物质被经久不息的大风从柴达木盆地运送到黄河中游，就造就了黄土高原。

这是两百万年前的事，与两千万年前南亚次大陆撞击亚洲大陆的事件差不多，是上帝生命戏剧的绝妙设计。可以说，真正的学者型艺术家观察问题，一定是从把握住千年以上的尺度出发，而不能只是百年或几十年，更不要说只局限于当代了。"当代艺术"本身含有崇拜瞬间、拒绝永恒的病灶，如果没有在哲学意义上的时间、空间方面树立一个宏观认识，这种"当代"就没有太大价值。

图4-4 李昭道《春山行旅图》 尺寸为55.3cm×96.5cm，现藏于台北"故宫博物院"，画面中天空上方的金色与山峦的蓝、绿、赭、墨诸色，构成了典型的东方诗意抒情色彩谱系，而嵌在天空上方的朱砂色印鉴，就像夸父逐日、后羿射日时代仰望天空的感觉

东方艺术传统，除了前面部分提到的金石、书法、篆刻、雕刻等以外，还有中国的"神圣山水"传统，它是中国理想风景画的中古时期样板。其中重彩抒情的理念与技巧，在我们风景画里面是一个很重要的借鉴的来源。盛唐时期有一幅著名的山水作品《春山行旅图》，是小李将军李昭道的代表作。天空中的金色与山峦的蓝、绿、赭、墨色，构成了典型的东方诗意色彩谱系，而嵌在天空上方的朱砂色印章，就像后羿射日时代仰望天空的感觉，那种回溯千古、昭示当代的气度，反映出唐代的精神风貌。我前面已经提到，唐代人有一种豪情，即神圣山水是我大唐国土江山，舍我其谁哉！画家们将葱岭南北两麓最好看的颜色都用上了，神州大地的五色土、昆仑山的玉石、大夏的青金石、天竺的绿松石、黄山歙县的松烟墨……从中原诸道各州到濛池都护府，从安北都护府到昆陵都护府，从安西都护府到单于都护府，从北庭都护府到坚昆都护府，甚

至到姑墨都督府、昆墟都督府、康居都督府、大宛都督府与月氏都督府，大唐的辽阔疆域控制了中亚的富有宝藏之地，最伟大的罗马皇帝——奥古斯都、查士丁尼曾经憧憬的"千城之国"被冉冉升起的朝阳映红，这是怎样的宏伟而辉煌的景象！

大唐"神圣山水"的本体——从物质材料来构筑"天下意识"，是中国人的发明，也是中华民族迁徙史在千百年历史演变之后的见证。为什么用这样的色彩来画山川大地？不是因为只看到山的自然颜色或者为了装饰，而是画出心中的色彩，这心中的色彩是从天空那里领悟而来，是从民族迁徙的坚实步履而来。唐代的高僧、使者、将军——玄奘、高仙芝、杜环、裴行俭……他们以汉代的先辈们为榜样，用自己的脚步丈量中原大地、九道通途、葱岭南北与亚洲旷野。这就是中国人所理解的山河豪情，也是中国艺术写意精神的来源。

谢赫《六法论》中有一法叫作"随类赋彩"，它是中国写意精神在古代画论中最典型的体现。我在20世纪80年代读大学本科时学国画工笔人物，老师讲解"随类赋彩"，将它解释为中国传统的色彩装饰手法，那时好像都是这样理解的。如今回过头来看有点肤浅，70年代末人们眼界有限，情有可原。现在，我们必须站在一定的思想高度上去理解《六法论》中的"随类赋彩"，才能弄明白"赋彩"的依据究竟是什么。这一依据是内心精神境界的高与低，画家必须根据自我人文情怀的类别去给对象赋彩，如此方才接近"写意精神"的本真意义。上述实例，是从历史格言中去挖掘其词语原本含义的过程，而不是人云亦云地最后蜕变为庸俗的解释。现代人之所以搞不清楚古人的原初意图，是因为相关的历史人文情怀已消逝，只能随着现代文化的浅薄解释去附和，仅此而已。

我们要找到真正的研究方向，就一定要了解清楚那个时代的文化气息究竟是什么样的，比如魏晋时代的气息，建安七子、《洛神赋》、永嘉南渡、王谢家族、七僧七贤、魏晋风度，那种谈玄论道的理想情怀，崇尚佛理的信仰力量。再往后看，这种魏晋气息与两宋时期汉奸、忠良之间的悲戚争斗，明清末代遗老遗少的那些酸腐之气，完全不可同日而语。正是魏晋气息的物质体现方才是"气韵生动"的本源，才是民族精神与个人气质融会贯通之大气象。

"随类赋彩"在"神圣山水"系列中的体现，首先是突出"光"的作用——光亮与阴影，其次是光所赋予的耀眼辉煌色彩，那种天国般纯净透明的色彩。神圣山水的色彩都是心灵赋予的，一方面来自中国古代传统，另一方面来自东方古代文明的滋养，但最关键的是来自海拔5000米之上的高原那天国般色彩的召唤。这种色彩谱系并不完全来自现实世界，也有写意的部分，色彩本身也是写意的。下面我们来分析若干案例。以金色为例，如果从视知觉的规律来讲，它并不是颜色，而是超越现实世界其他颜色的某种奇特物质。金色象征着超越、彼岸与天国，表征着一个你从未去过的境界。比如拜占庭圣像、《希尔顿双联画》、乔托的《圣母荣光宝座》、14世纪博洛尼亚画家蒙尼·菲力波的《圣物匣上的三联画》，等等。对真正善于使用金色的画家来说，用金色来表达一个人今生此世无法见到但灵魂升天时想要去的地方，也就是说不仅画出可见的景象，而且还能把不可见的也画出来，才是更高的境界。实际上，中国历史上最杰出的画家都在画"不可见之境"，当然这种不可见之境是由可见的因素构成的，而不是说把人画成鬼。古人恰恰从这个可见的、受限制的、存在束缚的现实之中，升华出理想形态，创造出一个充满灵性自由意味的样式。比如《洛神赋图》中的"人大于山"，就是一种充满自由想象的浪漫情感表现。

由此看出，"随类赋彩"并非中国传统的专利，无论是在地中海世界、两河流域、小亚细亚，或是西亚的安纳托利亚高原、中亚的费尔干纳盆地、南亚的兴都库什山脉，或是印度次大陆的印度河流域、恒河流域，皆有大量专注于金色表现的艺术品。从一个总体角度来看，中国古代有黄金面具以及各种黄金制品，但对于金色的超验性却缺乏系统的理论总结，为什么？也许和中国的文字有关。中国的方块字集字形、语义、表意于一体，非常优秀而全面，但这种文字似乎不适于建立一个严密的理论体系，所以阿诺德·汤因比认为中国虽然很早就有了历史记载，却从未有过真正意义上的史学。当然，尽管中国古代画论都是一系列格言式的、言简意赅的经验之谈，缺乏长篇大论的理论体系，却没有妨碍中国的金工匠们创造出无数精美绝伦的金银艺术品。

二

西方的艺术之所以具有一种世界主义艺术的性质，很重要的原因是它拥有一个完整的美学体系，得以长久而持续地发展。这个完整的美学体系与神学有关。我曾看到一个意大利佛罗伦萨的当代画家，他在创作中用了很多东方的手法，表面上看是各种各样的线条，但更深的层次却是意象，是一种整体的造型。他对形式的把握比较柔和甜美，具有欧洲南部拉丁世界的特征，而非哥特式的。哥特式是硬直的、苦涩的，尽管也有弧线，但那仍然是强劲有力、没有柔性的弧形。这位画家塑造出的事物非常新颖。作为一个佛罗伦萨人，努力持守自己观察万物的独立眼光，同时又具有世界主义的情怀，正是这个伟大城市的传统。早在五百年前达·芬奇就做出了绝无仅有的示范，他能够同时把东西方乃至古代地中海世界的所有文明精华要素不露痕迹地转化为个性化语言进行表述。这里所说的"不露痕迹"，意指具有人类的整体性而没有任何地域性。"没有任何地域性"就是指世界主义，用今天的语言来说就是"全球化""人类命运共同体"。前面我们强调过，看任何事物都应具备上千年的时间尺度，空间跨度也是一样，要放眼全世界。如果真能达到这样的高度，我们就会感觉到现在很多画家的思维、想法、视野都显得狭窄。这究竟是怎么回事呢？首要原因是中国长期停滞不前的封建体制，15世纪之后闭关锁国，而别人已经在轰轰烈烈地开展文艺复兴，把古代地中海世界的文明精髓予以创造性地转化——那是多么难以把握的复杂事物，直到现在都很少有学者能将其说清楚。我认为，5世纪之前全是东方古代世界的发明创造，7世纪之后就逐渐变成伊斯兰文明的天下了。从14世纪开始，西方逐渐占据主导，而15世纪以后，西方的科学、文化、艺术成果像暴风雨一样铺天盖地、接踵而来，整个人类文明史竟然成为西方世界单独书写的历史！这真是令人唏嘘感叹。西方世界从十字军东征以来，体现出一种对东方文明拼命吸取的姿态，以前所未有的强度搞了四百年，才有文艺复兴时期构建的精神高度以及世界主义胸怀。从那时起，西方一举改变了他们原来在哥特时期的地域风格，而进入文艺复兴的综合风格阶段。哥特式风格很好，但它一出现就带有强烈的地域性——诺曼北欧人的气质与血性，等到了文艺复兴，则从一开始的紧迫与硬直升华为从容与优雅。西方蛮族在前面几百年下的功夫非常重要。正是这种坚韧、高贵、真诚的文化姿态，深深吸引了我。那些稚拙而充满力量的艺术，想临摹都很困难。

文艺复兴是发生在欧洲，但实际上却是东西方文明一个伟大的交融时代，是东方文明对西方数千年的灌注而结出的精神果实。如果不认识到这一点，还把文艺复兴认为是单纯西方的事物，未免显得有些狭隘。

原先积满尘埃的事物，被打扫一净，焕然一新，重新迸发出来。中世纪神学美学是从古代东方世界的美学——亚历山大的新柏拉图主义美学发展出来的，假托狄奥尼修斯认为现实之美是对天国神圣原型的模仿，这种理解太深刻了，是一个贯通东西方的伟大的理论系统。它启示我们，真正的形而上审美标准，并不是只有通过理论才明白，也不是只能经由实践才能搞清楚，而是通过对诸如终极价值这样的理念的追求而树立。它就像信仰般强大与稳固，就像每天的连祷歌咏、每周的康塔塔那样稠密丰盈。

这是一种精神对灵魂的灌注姿态。在那个时代，这种美学理念是家喻户晓的东西，既不是理论的格言，也不是民俗成语，而是一种通常的用语，深入到普通百姓的日常言行之中。因此，那个时代的艺术家或者工匠，一出手就是精品。如今我们返回研究，是从局部入手——形式、材料、技法或者其他细枝末节的种种因素，这些都无法切中要津。那么如何才能切入呢？以我的经验，应该从一个整体的视角出发去把握富有灵魂的形态，方才是捷径。比如，我到欧洲专门看一样东西，"圣雅各之路"沿线教堂里面的"圣骑士"文化。"圣骑士"文化的材质体系，基本上是华贵的金属材料，它是如何从首领、君王的世俗王道层面跃升到领受神圣、皈依信仰的高度，这是一个审美价值的巨大提升，即一个从物质到精神、从尘世向彼岸的转变过程。比如说黄金与白银、珍宝和玉石，若是原始的使用方法，不论是古代的君王还是现代的"土豪"，对黄金都是以世俗的炫耀为目的，甚至将大量的黄金、象牙用在马桶和水管上面。相反，无论多么高级的审美对象却可能只用了一点点，那种神圣感就出来了，所有物质的对比价值在此刻被彻底揭示，这才是艺术。人类如何认识贵重的材料，然后又如何运用它——正是这种"运用"的过程方才显出人的价值，方才构成艺术。从大历史的角度来审视，人毕竟要追求某种属于人的价值，保持一种生命的尊严。在古代战场上，血腥的战斗结束后仍然能站立的便是胜利者，不能站起的归于失败者（或者阵亡者）之列，所以有《垂死的勇士》这样的雕像，宁死也不肯低下高贵的头颅，这正是人区别于一般动物的标志。

从这一思路延伸开去就牵涉到一个重要的问题——绘画的材料、材质与技法。在画面上是表现自然光，还是表现一种形而上的光？显然，后者是更高的境界，因为它体现了一个崇高的理念：光的形而上学。这个理念是从哪里获得的？公认的结论是，从建筑里面获得。但即使是公认的道理，我们要把道理悟透乃至于在艺术实践中融会贯通也是相当不易的。在此处，"建筑"是指人类的居所——"世界的建筑"，而非一个民族或某个地域的房子、石屋、草庐或木构筑。我们只有在具有世界主义性质的建筑之中，方才能领受到真正的"光的形而上学"，读懂光的意义与价值。这与我始终强调的要以全人类的胸怀去接纳人类文明遗产、创造当代精神文化的观点是一致的。我们必须与狭隘的民族主义划清界限，不要将视野只限于本土。我认为，要认识中国必须经过东京、巴黎、柏林、伦敦、纽约。也就是说，要走遍世界才能在比较中真正地体认中国究竟是什么。

读拉斐尔的《雅典学院》，主要是看其图像志，而不仅仅是他的绘画功底。要看他如何把古典学和新柏拉图主义神学美学在文艺复兴时代进行结合、进行完整的复活，这是一个具有超验意味的图像志，而不是一般的构图。你可以把新柏拉图主义解释为一种哲学，也可以阐述为一种美学，但是新柏拉图主义是公认的文艺复兴理念的基础，文艺复兴时期的大师都信服它。回望中国，北宋黄公望的《富春山居图》也很重要，它表现的是一种东方中世纪之后的道释情怀，对他的艺术理想应该持一种既批判又继承的文化态度。其中要批判的是那种分离、回避的心态，是与中国大地的原初力量——山海经及莽昆仑、与中土信仰精神的升华——大乘菩萨道的分道扬镳，他的艺术与上述这些重要的历史价值几乎没有任何关系。因此，我们只能感叹黄公望生错了时代，尽管有所谓的"宋明理学"的复兴运动，但铁一般的历史事实告诉我们：宋以后，中国精神就迅速衰颓了，就别说元代再往下，由此才有清末民初的亡国亡种的危机。

"中国风景"这一称谓，其中"风景"二字有些勉强，应该更名为"新山水"。其本源何在？中国自然地理本身就是对人类生存的绝对不利，百分之七十是高山大岭，不到百分之三十是较为平缓的平原绿地。但这一切在公元前5世纪发生了变化。先秦诸子百家时代，

文艺复兴之光

图 4-5　拉斐尔《雅典学院》　以完美的图像志将古典学和新柏拉图主义神学美学进行了文艺复兴式的整合，完成了历史精神理想在当代的复活。在这个意义上，这幅画的最大价值，在于为我们提供了充满超越性的图像志范本

人类文明开启了"轴心时代"的帷幕，精神曙光的呈现将前述的负面要素转变为启示人类朝向天空、追求崇高与神圣的动力，这是中国文明最伟大之处。为什么首先提到先秦诸子百家？因为正是在这个时代，孔、孟、老、庄等诸子百家充分体现了"仁者乐山，智者乐水"这种对崇高人格的追求。在古代东方世界的其他地方，有释迦牟尼的拯救精神，许下要救渡天下生灵的宏愿；有摩西带领以色列人追求民族解放之路；有波斯的索罗亚斯德教对光明之神的尊崇；有希腊先哲圣贤等。其中特别是犹太的先知文化，体现了人类在最艰难困苦的状况下绝不屈就于命运的安排，仍然坚持一种信念。他们坚信：我们会在一个伟大英雄的带领下，向未知的理想之地——神所允诺的地方前行，去那里重新构筑家园。以上这一系列观念，体现出先知文化的力量，也具有代表人类普遍价值的文化理想。

历史证明，当一个文明单元丧失理想、泯灭希望时，就基本上濒临死亡了。历史上那些曾经强盛一时的帝国在衰落时——埃及法老王朝的衰落——亚述帝国的衰落，中国夏桀、商汤王朝的衰落，罗马帝国的衰落，都体现出这种症候。当一个文明单元已经没有理想追求、人们开始贪图享乐时，恰恰这时它可能拥有很多人口，生产力也很发达，但是人心已经涣散，一切皆已无可救药，国家崩溃势在必然。就中国历史来讲，北宋的人口国力远在女真完颜金之上，但却吞下了"靖康之耻"的苦果；南宋的国力、人口、生产力也远在蒙古入侵者之上，但后来也被一个惨痛的"崖山之战"埋葬，令人哭笑不得的是最后消灭南宋的还是本族同胞——所谓的"镇国大将军张弘范"。朱明王朝晚年也是如出一辙，人口、国力、GDP水平远在清朝之上，但就是输在人心涣散上面。这种例子已是不胜枚举，在此就不赘述。

东西方文明交流上经常遇到这样一个历史问题：西方所擅长的神学，实际上原本是从东方来的，或者说是从东方走失的。这是一个要站在大历史高度才能看到的问题。有国际学者说他们见到谈神学美学问题的中国学者时，通常就是说说一般的理论，无法拿中国或者东方的实例来深入阐释。这是一个本土化的问题，或者叫"处境化"的问题，也就是说，一种普遍的生命真理要在一个特定的文化中才能得到完整的表述。

古代哲学美学高峰源于东方世界，是产生于公元2世纪亚历山大城的新柏拉图主义神学美学，简单地说就是通过光赋予物质以神圣性，来达成大地万物与生灵的精神升华。"神圣之光"降临苦难大地，使蒙纳荣光的生灵获得高贵精神，人格顿时获得了一种价值提升的方向，这是人类历史的一个决定性转变。当然也有另外的价值观，比如有人会提出要当"山大王"夺取天下，这也是一种方向，即王道政治与现实功利方向。它与前面的精神价值方向是两股道上的车，完全不是一回事。

中国历史上的价值观向来强调，大仁大德者就如同山一样稳定永恒且岿然不动。在北宋山水之中潜藏的这种因素，已经跟魏晋时代的精神气象不可同日而语。加起来近四百年在两汉时代，经过历代文人大夫对原初儒学的权术化解释，儒家的责任担当精神已经黯然褪色；黄老之说、玄学之谈尚未与佛学相遇，仍处于"犬儒主义"低位，还没有焕发出应有的光彩。这个局面在魏晋时代有巨大改观，主要来自外部的强大刺激，这就是佛教的传入。它使中原的文人士大夫看到了一种更为强大的价值理想形态，于是魏晋时期便兴起了一种思想探讨与精神追求的浪潮，尽管从总体来看没有达到先秦时代的高峰，但这种历史的时代错位很值得细细品味。

从魏晋时代到唐宋元明清，中国山水画形式上日趋成熟，但精神却越来越背离原初的大山水精神。这是一个很艰难的判断，除非站在一个历史的高度上。有了形式却没了精神，这个历史事实对任何人都是一个很大的刺激。为了扭转这一局面，我们现在究竟需要做些什么事？除了进行深刻的历史文化批判之外，最重要的就是开始一场追根溯源的文化构建，一方面是理论的准备，另一方面是创作的突破。对我们来说，正在实施一种理论与实践同时并进的超常突破方式，即全力打造出某种独一无二的艺术语言，以浮雕感的堆积塑造为基础，以东方传统金石书写为中间，以西方的油彩的透明化为表层，努力将东西方精华画法融入一个完整的画面。这当然是一个艰巨的挑战，甚至是一件"不可能完成的任务"，但另一方面，这也正是当代中国涌现出的难能可贵的精神，就是当有一种大责任摆在面前时，努力向往之。屈原早已有言"路漫漫其修远兮，吾将上下而求索"。这是一个人完不成的，但是必须抱定一个既定理想，首先是提出理想，不论需要多少代积累而成，只要个人全力以赴去探求，必定会取得成就，其功过任由历史评说。

中国大地山高水长，其崇高、悲壮、凝重、雄浑构成了"苦难美学"的深沉景观。也许有其他不同观点，但我觉得这个问题似乎不用再多争论。中国的上古神话、先民迁徙、历代治水、大乱后治等，处处皆充满了苦难，这难道还用争论吗？这不是死多少人的问题，而是敦促我们必须返回到民族生存的出发点去考虑问题。中华大地自然地理先天的贫瘠与恶劣，已经是"形而上的苦难"，是人间苦难发生之前就已先天存在的苦难，这是真正让人流泪的地方。比如，风蚀雅丹地貌就是与"苦难"相匹配的文字概念和物质对象。当这些因素深深地印在我们艺术家的血脉中时，便会催生出创新的绘画技法：用水性、胶性、晶岩性材料混合起来塑出画面的浮雕造型，肌理的表面效果是来自中国风蚀雅丹地貌的启示。当然，这些塑造不是简单的材料堆积，而是将东方的金石、书法、篆刻、拓印等多种技法糅合于其中，有些地方还特意利用不同材料干燥系数的差异来制造龟裂效果，然后再施敷色彩，以油性的透明画法为主。这种高度混合的综合技法尤其适合于表现光感——心灵所期盼的那种神圣的光感，唯有登上超越人类身体极限的海拔高度才能感觉到光的魅力。如果不是多层画法就无法营造出那种感觉。要达到这点，既需要不断创新的激情，也需要面对失败的勇气，同时更需要深厚的积累与底蕴，这就是文艺复兴时期曾经发生过的、后来又轻易丢失了的宝物。绘画最重要的价值是其中蕴含的文化精神，它需要我们从人类的精神史和思想史的高度去阅读人生，从而体现出某种思想精华。中国的伟大风景只有在信仰的神圣追求过程中才能获得崇高的价值意义，这种价值意义在现实中的体现就是人性最高水平的成长与最大限度的发展。这也是我所理解的中国文明回归人类命运共同体的精神价值通道。

五

东方文艺复兴学理

东方文艺复兴理念的提出

"文艺复兴"一词,源于意大利语 Rinascimento,意为"再生"或"复兴",其中并没有"文艺"的含义。1550 年,佛罗伦萨艺术家瓦萨里在其《艺苑名人传》中正式使用它作为新文化的名称,此词经法语转写为 Renaissance,17 世纪后为欧洲各国通用,进而成为一个专用名词;西方史学界通常认为它是古希腊、罗马帝国文化艺术的复兴。

众所周知,西方文艺复兴的源头是两希文明,而两希文明是"轴心时代"东方五大精神文化高峰的近东部分。两希文明经由罗马帝国的长期沉淀、发酵,而被西方蛮族顶礼盛纳,并且从一开始就处于一种"复兴"的过程之中,最终造就出西方文明的整体形态。从长时段历史的角度来看,西方文艺复兴始于公元 9 世纪的加洛林文艺复兴,经过 12 世纪文艺复兴、13 世纪法兰西文艺复兴、14 世纪尼德兰文艺复兴,以及 15 世纪至 16 世纪意大利文艺复兴、西班牙文艺复兴、英格兰文艺复兴和德意志文艺复兴,于 18 世纪谢幕,其历程约千年之久。

从人类历史进程回望过去,西方文艺复兴创造了一个人类文明史上绝无仅有的特例:一个民族主动摒弃自己的传统——北欧神话与萨满/多神教崇拜,而将异族文明——东方的希伯来、希腊文明的基因植入自身,通过换血完成本民族的精神提升。这种彻底换血的做法看似冒险,实则回报丰硕,它使西方民族登上历史舞台伊始便获得了世界主义的胸怀与眼界。相比之下,早熟的东方文明则显出未能彻底摆脱地域主义的局限。

  发端于中世纪欧洲的文艺复兴是集东西方古代文明精华之大成、恰逢历史机遇到来之时开出的光辉灿烂之花，它使人类文明达到一个新的高峰，其能量辐射到我们当下的所有生活。西方文艺复兴蕴含着超越时空的启蒙价值，同样，东方文明中也隐藏着人类的精神密码，二者不仅共融互通，而且为点燃当代东方文艺复兴的火炬准备了柴薪。因此，西方文艺复兴的案例作为研究人类文明史的宝库，不仅给出了成败的经验和对照的版本，也给予东方文艺复兴重大的精神启示。

  从大历史的视角来看，西方文艺复兴最重要的价值，是它作为一个成功的历史文明现象与未来东方文艺复兴可形成"互为镜像"的比较景观，从而为其提供历史参照。

  这里所说的"东方文艺复兴"，从狭义角度，是指在西方文艺复兴时期未曾直接谋面的波斯、印度和中国三大东方古代文明的复兴；从广义角度来审视，整个轴心时代的五大精神文化——希伯来、希腊、波斯、印度、中国，连同伊斯兰文明与东方基督教文明，都应属于东方文艺复兴的范畴。

东方文艺复兴相关思考

从精神文化的宏观时空视角来观照，东方的绝对地理高度恰好是承载新柏拉图主义神学美学的物质基础。普罗提诺"下降之路和上升之途"、假托狄奥尼修斯"美是上帝的名义"、埃里金纳"现实之美是对神圣原型的模仿"、格罗斯泰斯特"光的宇宙论"、乌尔里奇"上帝是美与善的统一体"、波纳文图"光的形而上学"，以及托马斯·阿奎那"光的神学美学"，这些思想在逐步构建西方文艺复兴神学美学体系的同时，也为当今东方文艺复兴做出了预识。若将这个富有想象力的思绪延续下去就会发现，在人类历史此时此刻的进行时，中国将成为东方文艺复兴的阐释者，因为"中华民族伟大复兴"的愿景正在积极寻求与"人类命运共同体"的契合点，它同时也标示着中国在东方文艺复兴历史进程中的理性定位。

"东方文艺复兴"的地理空间，恰好是在"一带一路"上发生演变的。展开地图，我们可以看到——从佩拉到伊比鲁斯，从韦尔吉纳到雅典，从加尔边索到波斯波利斯，从伊朗高原到兴都库什山脉，从印度河流域到旁遮普，从巴克特里亚到索格底亚那，从塔克西拉到华氏城，从王舍城到白沙瓦，从奢羯罗到艾娜克，从安条克到哈马丹，从巴比伦到亚历山大城——以索罗亚斯德、释迦牟尼、大雄、孔子、孟子、老子、庄子、泰勒斯、毕达哥拉斯、苏格拉底、柏拉图、摩西、施洗者约翰、耶稣、摩尼、穆罕默德等为代表的圣人贤哲，还有以亚历山大、阿育王、德米特里、米兰达、迦腻色迦、孝文帝、梁武帝等为代表的君王，在这广袤的欧亚大陆共同上演了人

| 文艺复兴之光

类伟大的精神文化戏剧。

一方面,中国文明不论是原初的儒家思想还是道家思想,其深邃思想与博大情怀都预示了人类文明的未来发展方向。构成中国思想史主流的原初儒家思想,以"世界大同"为最高政治理想,其道德基础是"以仁爱为本",重视人与人之间的信义与忠诚,这种家族式的注重实践理性的规范很快发展为政治原理,并形成了区别于任何文明的中国独特的人道主义(精神人文主义)。在原初道家思想中,包含着一种对人类增长欲望和掠夺行为的先验节制。工业革命以来,人类近代文明的原理就在于支配自然、提高生产力,满足人不断膨胀的欲望。当我们今天对这种过分重视物质的科技文明进行反思之际,原初道家思想便重放异彩。道家"尊重自然""顺应自然生存"的和谐思想,是对 20 世纪人类技术文明一味追求"毁灭性发达"的有力批判。另一方面,曾经对西方基督教文明与文艺复兴成长做出历史贡献的波斯文明、佛教文明、伊斯兰教文明,正在等待一个历史性的整饬与统筹,而中国传统文明则亟须走向世界、经受

图 5-1 丁方《元风景》 尺寸为 300cm×600cm,材质为综合材料,作于 2011 年。神圣山水是中华民族迁徙史的精神产物,它构建于东方神学美学之上,统摄在"中华民族伟大复兴"的主题之中;当大山水从《山海经》、昆仑神话中重新复活、走入当代时,东方文艺复兴之光照亮彼岸的情景将向我们开启

人类文明的洗礼，并完成"人类命运共同体""全球价值观"的转换，于是，历史必然性地选择中国作为"东方文艺复兴"的阐释者。

总之，在东方世界流传下来的人类古老智慧中，包含着未来时代最先进的东西。"一带一路"为我们从历史的铁灰下钩沉出失落的精神文化价值、使之复活与再生提供了契机。这也是20世纪伟大历史学家阿诺德·汤因比预测21世纪将是东方世纪的根本原因。所以，我们不仅要认识到"一带一路"是中国搞活对外经济、疏通地缘政治、构建全球价值观的载体，而且要深刻理解它是践行"东方文艺复兴"理念的地理空间。更重要的是，"一带一路"是先秦诸子百家思想经受人类精神价值体系的洗礼、真正走向世界的千载难逢的历史机遇。

东方文艺复兴学派

东方文艺复兴学派，是一个将西方文艺复兴历史文化学研究与东方文艺复兴前瞻性研究平行展开的学术体系。它与德国思想家卡尔·雅斯贝斯的"轴心时代"学说相关，即与公元前5世纪至16世纪的西方文艺复兴相关。这一时代历经两千年之久，始终是东方古代文明对西方的贯注。这个历史时期书写了东西方文明交流衍变的核心部分，并构成了思考当今人类文明未来发展前景的基础。正如卡尔·雅斯贝斯所说：如今人类文明的任何发展，都必须回顾这一历史。

东方文艺复兴的狭义理解是对波斯、印度、中国三大古代文明的创造性再生；其广义阐释则是将两希、波斯、印度、中国等五大古代精神文化，以及伊斯兰文明与西方文艺复兴的所有成果，进行融会贯通与转化创新。在21世纪的今天，中华民族实现伟大复兴的标志在于能否把握阐释上述历史的文化话语权，而这一历史叙事的关键词便是"东方文艺复兴"。

中国人民大学文艺复兴研究院致力于复兴的"神圣山水"理念，是立足于人类大历史观之上，构筑在中华民族迁徙史之上，建立在东方神学美学之上，最后统摄在"复兴"的主题之中。中华民族迁徙史给我们的最丰厚的礼物即中国大地的大山大水，是构建神圣山水的物质基础。帕米尔高原、青藏高原是一个近现代的称谓，在古代则是一系列更为神奇的名字。"不周山"即"葱岭"，对中华民族来讲具有绝对的意义，它一方面是民族英雄共工"怒触不周山"而肝脑涂地的地方，更是中华民族精神气质成长的见证之地。它奠定了中华民族追求神圣的潜在精神基础，是从民族迁徙的时代走来的令人感同身受的一种情怀。现在要解决的问题是这种潜在的能量如何在漫长的文明发展进程中创化、转变为当代的艺术表现，这是我的一种理解。确实，每当我们到中国大西北看到那些白雪皑皑的高山大岭时，心里立刻充满了一种感动。我们是生于斯、长于斯的当下的中国人，而不是从外星球来的太空人。当我脚踏着坚实的大地，却联想到古代文明曾经演绎过的辉煌与当下都市的流行文化、当今社会肤浅生活之间的强烈对比，不免心生感慨。这里面充满巨大的"复兴"因素，关键在于怎样将潜在的神圣能量转变为艺术的表现力，转变成功了，复兴之路就被照亮了。

六

俄罗斯精神艺术洗礼

圣像画的平面空间性

一般看来,圣像画幅面不大,但其笔触和色彩的描绘轨迹却显出深刻而真挚的宗教情绪。一个普通的平面往往被处理得异常丰富,有时竟能表现出通常只有立体透视的空间方才具有的深度感!这牵涉到一个审美中的视觉表现力的基本性质问题,即如何在平涂色层的形体并置中体现空间想象力的可能性。此处的"可能性"特指经

图 6-1 莫斯科圣索非亚大教堂 俄罗斯洋葱顶形制的东正教教堂的母体是拜占庭教堂,后者则有更古老的渊源——两河流域宗教建筑、早期基督教墓穴圣祠建筑、卡塔康堡等。这类建筑虽然采光微弱,但却有利于发挥出烛光的心理效应,唤起信仰者的神秘主义激情

验空间与超验空间之间的跨度与紧张度的大小。当我们仔细揣摩之后便可发现，圣像画是在有限的幅面中以（相比较而言）大小相差甚巨却形廓截然分明的色彩平面并置，来暗示对不同灵性空间的体验的。比如，小面积的黑色或深棕色——生灵的空间，与大面积的亮黄色或金色——圣灵的空间之间常常形成奇妙而令人激动的对比关系，从而使画家得以在不使用三维空间透视手法的情况下，以单纯的平涂手法解决了世俗空间与神圣空间的对立与沟通这一命题。在此特别值得指出的是：没有三维空间透视感的平面性视觉形象，在早期原本是异教性质的。那么，作为延续东方基督教拜占庭艺术风格的俄罗斯圣像画，是怎样弥合这一内在裂痕的呢？其奥秘在于教堂的内部形制与采光结构。

俄罗斯洋葱顶形制的东正教教堂是从两河流域宗教建筑、早期基督教墓穴圣祠建筑、卡塔康堡建筑那里发展出来的，厅室内采光微弱，因此不像哥特式教堂那样依靠明亮的玻璃花窗来造成天国的光色幻象。然而在另一方面，这种拜占庭式建筑相对朴素的连拱式造型，却极有利于充分发挥烛光的心理效应——某种更能唤起早期的基督信仰者神秘主义激情的光影视觉感。在这种充满室内幽闭性质的光影效果下，即使平面的金色也会在靠近或远离烛光源的位置变化中显出无比丰富的光色变幻。尤其当观者变换不同的视角时，金色的高光部、反光部、受光部、吸光部形成如圣咏旋律般的视域。特别是那些远离烛光源中心的黑暗处，幽深的色彩似管风琴的轰鸣，将小号音色般的金色高光烘托得分外明亮。正是这个原因才导致了东正教中的圣像画采取了二维的创作形式。

圣三体十字架的灵性

圣物崇拜在东正教艺术形态中已然和整体空间视觉感融为一体。当我们在圣像画中惊异地发现人物的背光竟是以镂空的半圆盘银器所制时，当我们在一系列人物的服饰中看到许多金属及象牙的点缀时，当我们发觉圣三体十字架竟然是以微黑的银块雕镂而成时，便会为这种致力于在特定空间中把金属材质中的精神性发掘出来的努力而感动不已。

环顾四周，是由连续拱券顶构成的幽深背景，烛光似缓缓倾吐的灵语祷词在黑暗中跳动。重叠式三体合一十字架的坚实质感，把一种凛不可犯的神圣威严从黑暗深处传达给我们。在这一瞬间，灵魂的门扉仿佛被时间的利剑洞穿，那一袭寒风夹带着古代的血腥，猛吹在遗忘的心弦上。昏夜沉沉，皈依的信仰者倒拖着战剑，高擎着被启示的圣火冷淬的十字架，行进在高加索山北麓的寒冷平原上。黑暗四下避让着，以成全的姿态，把超越时空的灵思领入凝聚着神圣受难事件内涵的十字架的形体与光泽之中。

圣像画与技术艺术

大约八百年前，皈依的斯拉夫人开始在圣灵的启示下创造属于他们自己的精神传统。在远离拜占庭的俄罗斯大地上，木板被选为制作圣像画的材质。虔敬的画师们首先以代表大地生灵沉睡性质的冷褐色横扫板面，于是，大地的空间性质被色彩先验地确定了，也就是说这种色彩一经与板面结合，便没有人会认为它不象征着大地。接着，生命的成长因素驱使着混合了那不勒斯黄的硬质铅白，以富于表现力的笔触从原初性的沉睡背景中凸显出来，并逐渐凝固成清晰的形象。这一形象是富于笔触性的，同时也是富于精神性的。它既具有随时返回到质料偶然圈点的滴洒或旋转之中的性质，又具有线、形、色等视觉基本要素被神奇地整合在某种神圣场景中的性质。

在上述两种性质互为转换的罅隙中，固嵌着一个生命蒙神圣之召而来的创生学奥秘，这一奥秘便是圣像画的基本表现要素——笔触、肌理、色彩、线条的神学底蕴。既然是奥秘，就有一个逐渐彰显的过程，即可被转换成独特的画面的制作过程。如前文所描述的，覆盖于冷褐色底面上的丰富笔触，一般都经过细心的打磨处理。这并非是出于视觉审美的考虑。它的神学意义在于，必须有一只先于光出场的隐秘之手，对生存的痛苦——那焦灼不安的起伏动荡进行抚慰。如此，粗粝的笔触、肌理方才在凸起秉承光照的高峰体验后变得温顺，并渐渐化为感激的嗫嚅，心悦诚服地躬身隐退到幽暗中去。这时，薄敷的暖褐色（或幽蓝色）便开始显示其精神性魅力——它以投影来烘托光耀，以低音轰鸣来呈现高光音色。最后，多层的薄敷、刮沥手法使得上述过程愈加具有历史感。

正是这一历史感使我们的灵魂在返回遥远过去的途中，有福禀受到未来希望之光的朗照。

背景的意义

以大面积的光亮为主导因素的背景，在圣像画艺术中得到了区别于其他绘画的特别处理。这中间最主要的一点是对光的精神性暗示。此处所说的"光的精神性暗示"，是一个具有空间价值身位意味的指称，其空间定位的指标是祈祷的烛光。

我们可以列举波斯细密画、佛教壁画及各种亚佛教（如佛教东渐过程中的西域绘画、中国的道释壁画等）绘画的表现形式，均是在墙壁上施敷大面积亮色背景的矿物粉质色彩，这种绘制形态因其非油性质而基本排除了任何光的精神性暗示的可能性。

从普遍的视觉心理上来讲，室内空间中散漫的柔光所传达的是消除深度经验的时间广延性。在这种氛围中，人物与事物基本具有同等的重要性，它们所构成的有机延续性场景消解了深度方位，而这种深度的方位通常在基督教视觉艺术中被转换成灵魂性方向。比如伦勃朗油画中的深度性方位，是以突显于暖褐色背景上、禀受金光照耀的三维空间透视形象（人物、景物）来体现的，那光源的中心便是祈祷灵魂性方向的标志。又如乔治·卢奥的圣经组画，则以类似中世纪彩色玻璃窗画的色、形、线来构造画面中的深度性方位，那闪烁于遥远地平线上的将升未升之光，便是画家所要着力表现的灵魂性方向所在。由此可看出，以散漫柔光为整体氛围（背景）的异教视觉艺术，消解的是人与神圣之间的具有深度性的灵魂身位差异，它构成了异教绘画与基督教绘画的本质区别。

在基督教绘画中，人的灵魂性身位与神圣中心之间的关系，主要是依靠明暗的紧张度来标示的。在此特别需要指出的是：俄罗斯圣像艺术虽未曾强调明暗与三度空间透视的关系，甚至与异教绘画一样以亮背景来显衬人物，但圣像艺术的亮背景是以金属——通常是金或银来铺陈构成的。同时，这种金属背景被精心地布置于烛光空间效应中，因此基本消除了亮背景原本具有的非基督教因素，从而形成东正教艺术独特的视觉体验。在这一体验中，当观者变换视角时可以经历金光猝闪的瞬间，它在宗教体验中与神圣降临的喜乐瞬间同值。在此，烛光具有双向功能：既映耀出神圣显形的视觉震惊体验，又标示出生灵对灵魂祈盼的现世身位。这便是光亮与投影的内在精神性含义。

图 6-2 俄罗斯木板圣像画《圣母子》 俄罗斯圣像画中的闪亮背景通常以金或银来构成，并且被精心布置于烛光空间效应之中，从而形成东正教艺术独特的视觉体验。当观者变换观看角度时可经历金光闪耀的瞬间，它与神圣降临的宗教喜乐体验同值。在此，烛光既映耀出神圣显形的视觉体验，又标示出生灵对灵魂新天地祈盼的现世身位，完整地诠释了光亮与投影的精神含义

西北欧的哥特式教堂强调透过瑰丽的玻璃花窗采光所构成的明亮空间效果，无论是石质单色浮雕还是连续性的圣经组画，均在强烈的光线中显出确切的形体转折和深邃的三度空间（只有在祭台前方才出现神秘的烛光效应）。与此相对应，东南欧的东正教洋葱顶式教堂则全面强调神秘的烛光空间效应。正是这种幽闭空间内烛光的

默祷性质，不仅敛聚了早期基督教墓窟、圣祠及宅邸教堂中的神秘因素，而且为"道化肉身"的终极性悲剧因素的到场给出了基本背景。耶稣基督以无辜受死的姿态来到苦难现世大地，黑暗作为生存重负的象征环绕在他的四周。在基督额顶圣光的照耀下，生灵的苦痛、呻吟、悲切、哭泣、死亡等都得到了终极性的应答。基督的眼泪从十字架上流下，犹如温柔的双手托扶着我们所有的不幸和苦难。若从神学阐释回到审美论证，可以说，正是那忏悔与祈祷的烛光氛围，一举改变了平面性绘画表现要素的基本性质。深度的精神性暗示经由空间的转换而重新出现：圣灵的低语再次回响在幽秘的空间，这便是平面性的圣像画艺术仍然保持基督教性质的奥秘所在。

随着16世纪之后圣像画艺术的衰落，我们看到了西方基督教绘画的褐色背景在壁画中的运用。这些17世纪伊始的壁画是与亚历山大西方化进程同步的，它以具有灵魂性的深褐色背景托显出启示降临的瞬间。天昏地暗、愁云层覆，一缕闪光撕开云层的一角照射进来，映耀出经历了痛苦煎熬的皈依者昂首祈盼的面部表情。这些场景就像西班牙式的圣经艺术，一如在埃尔·格列柯的画面中经常表现的那样。但在东正教教堂内的类似画面中，深褐色背景的精髓真义并未得到充分体现。

东正教教堂与西方哥特式教堂的不同采光机制，早已预先决定了它们自身的性质。如前所述，在西方哥特式教堂中，室内的褐色背景的精神性是依靠明亮的采光（有方向性的投射而非漫射）机制来实现的，象征圣灵恩惠的金黄色在这类空间中是被反复晕涂出来而不是直接施敷出来的。因为直接施敷的黄金色泽无法融入具有幽远深度的褐色背景之中，我们可以从伦勃朗著名的金黄色调绘画中印证这一点。反观东正教教堂，其对窗户采光的抑制（开在洋葱形圆顶内侧的窗户十分狭窄，采光量基本可忽略不计）和对烛光的普遍依赖，造成原本明亮晃眼的金色平面显得幽深而神秘，烛光犹如一只看不见的手，将平面的视像按某种秩序一一排列，靠近光源的色彩（基本是金色）在灿烂中闪耀着炫目的高光，远离光源的色彩则从冥冥中透出深沉的幽光在这个四周幽暗、惟中心方才璀璨的视觉场内，亮背景虽是以金属来铺陈的，但烛光空间效应的精神性将其非基督教的因素基本消除了。另一方面，它又毕竟不同于西方基督教艺术中的褐色背景，如此便构成了东正教神秘主义传统将拜占庭艺术、西亚艺术、斯拉夫传统民间艺术等有机结合起来的俄罗斯圣像艺术的基本特点。

七

有关精神艺术的思考

画面的精神解读

绘画作为一桩对美的艰辛创造和愉快享受兼而有之之事，已日益为众人所津津乐道，但其中所蕴含的许多与灵性直接相关的因素，却未必为人们认识。其中很重要的一点就是：由那些运行在画布上的轨迹——笔触、肌理所形成的符号系统，与画家的内心灵魂具有深刻的同构关系。这些轨迹以形象的语汇叙述着启示的喜悦与创造奥秘的珍贵价值，以及生命之短暂与生命之永恒的奇妙转换。

绘画的笔触为什么是这样而不是那样？画面的肌理为什么或丰厚坚实或轻柔平薄？这些谜底均可径直归纳到画家个体生命的奥妙之源中。油画史上历代大师的手笔，均具有独一无二性，甚至包括那些不易为人察觉的部分：笔势的轻重、走向，线条的弧度、缓急，肌理的顺畅、滞重，都是已往时代灵魂肖像的隐秘符码。

当计算机、复制技术正日新月异地向前发展，且渐呈覆盖我们的日常生活之趋势时，绘画艺术的意义也就日趋凸显出来。那些凝固于画布上的痕迹，生动地讲述着一个个创造的故事，把我们从现时代日趋僵硬的生存模式中拖拽出来，以吸上一口蕴含创造活力的空气。

乔托（Giotto，1267—1337）

乔托早在13世纪就已创造出一种堪称史诗级的表现技法。他那洗练坚固的画面结构，是以糅合着湿润笔法的明晰造型为基础的。面对这一由薄画法构筑的朴实画面，我们不由得想起了由格里高利圣咏发展到复调音乐这一动人过程曾闪耀出的光辉。

杨·凡·艾克（Jan van Eyck，？—1441）

凡·艾克的画面中的笔触与肌理极为细致精微，显示了文艺复兴时期古典主义的专注与自信。在他绘制于橡木板上的作品中，对于形体边线虚实处理恰到好处的把握，充分体现出这位首创透明画法的画家对油画表现力的深刻理解。

皮耶罗·德拉·弗兰西斯加（Piero della Francesca，1410—1492）

弗兰西斯加的描画手法十分独特。他所特意精选的蛋清与胡桃油媒介，为他在木板上将色彩敷施得尽可能缜密均匀、使画面肌理显得透明而坚实提供了可能。在他所作的一系列祭坛画中，其所刻画的人物神态凝重、举止端庄，有如雕像般岿然不动。这种明净的风格惟文艺复兴时期所独有。

莱昂纳多·达·芬奇（Leonardo da Vinci，1452—1519）

达·芬奇的画面中似乎难见笔触，因它已融化在人物的形廓之中了。在《岩间圣母》里，圣婴面部与身体的平滑肌理是靠柔和的明暗转换来表现其神圣性的，尤其是额部与腮部晕染得极为高贵而充实。而沿着明暗交界线处，则是梦幻般的线条，隐约穿插于幽深的暗部，仿佛一首飘荡于天际云端的圣咏。

海罗莫斯·包西（Hieronymous Bosch，1450—1516）

包西这位神秘主义绘画大师以色彩鲜明的薄画法塑造出幻觉般的画面肌理，细致的笔触按肌肉的扭曲方向和物体的转折方向而牵引，似乎随时准备消逝于幽黑的背景之中。这种"幽灵式"的描绘手法开创了超现实主义与表现主义的先河。

提香（Titian，1487—1576）

提香的杰作《月神黛安娜的狩猎》，体现出威尼斯画派丰厚华丽的特征。在此，我们可看到对粗亚麻布肌理的运用是怎样在有如天鹅绒般的明暗转化中显示其魅力的。明亮色彩的厚涂与薄匀交错的衬景之间的丰富对比，令人感受到乔瓦尼·加布利埃利的管弦乐合唱曲般的瑰丽辉煌。

卡拉瓦乔（Michelangelo Merisi da Caravaggio，1573—1610）

卡拉瓦乔所作的《在埃玛斯的晚餐》，画面中大片幽黑的背景上切入锐利的光线，映照出处于超验时空中的人物形象。肌理平滑柔和而厚薄适度，笔触简练明确而运行得当，充分体现出文艺复兴时期人对自我价值之肯定。

埃尔·格列柯（El Greco，1541—1614）

埃尔·格列柯以修长的橄榄形交错构成画面的基本造型，它作为格列柯超验风格的表征，为闪电状的高光在物体上的跳跃奠定了基础。以《剥去基督的外衣》这幅代表作为例，可以这样描述：以硬铝白画出基督袖子上呈燃烧火焰状的肌理，再以紫红掺以富于流动性的媒介（蜂蜜）进行渲染，从而使那种滋润神圣剑峰的奶香飘

图 7-1 鲁本斯《海伦娜·弗尔曼肖像》 尺寸为 55cm×79cm，作于 1625 年。鲁本斯的绘画技巧精湛，在某种意义上也可以称得上是一位炫技派大师，在一气呵成的笔触中渗透着高超的技巧，仿佛是弗兰德斯贵族追求华美富丽与感官享受的生动写照

荡在上帝的国度之中。

彼得·保尔·鲁本斯（Peter Paul Rubens，1577—1640）

当观者仔细审视鲁本斯的这幅少妇肖像（见图7-1）时，不由得被其晶莹的皮肤、优雅的帽饰、炫目的服装吸引。在一气呵成的笔触中，渗透着高超的染技，它是弗兰德斯贵族追求华美富丽及感官享受的诠释。

伦勃朗·凡·莱茵（Rembrandt Van Rijn，1606—1669）

伦勃朗所描绘的人物皮肤仿佛都在呼吸。这一生动的比喻所形容的视觉效果，见诸这位荷兰绘画大师的一系列代表作中。《浪子回头》一画便是典例。在端庄的构图中，人物造型平正无奇，但肌理却在此放出异彩。先看父亲的双手：在由硬质铅白做的笔触肌理上所进行的薄透渲染，塑造出生动的起伏与投影，令人感到血管在皮肤下颤动。正是这一颤动在将宽悯的慈爱贯注到亲子脊背中的同时，把所有的罪孽赎回。相形之下，浪子的双脚与父亲的双手成强烈的对比：肯定的笔触塑造出的双脚的粗粝，它们正无言承领着麻布长袍的温厚覆裹。这曾经叛逆的邪恶双足在此显得多么柔顺，仿佛已被那些流淌着慈爱的笔触深深地感动。

杨·维米尔（Jan Vermeer，1632—1675）

经由维米尔的画面所传达出来的幽秘感，流动在那些通常是独处于室内的人物周身。细致缜密的肌理小心翼翼地编织着一张几近梦幻的光影之网，透过这些网眼，我们仿佛听见一曲具有室内沉思性质的鲁特琴独奏曲正在被缓缓地弹奏。

琼斯·雷诺兹（Joshua Reynolds，1723—1792）

稳妥简练的画面肌理，体现出18世纪古典主义的沉静。最为精彩的是人脸受光部的高光点缀，明亮而浑厚，将夕辉之光表现得十分安详。这种感觉是现时代的画家很难找到的。

托马斯·庚斯博罗（Thomas Gainsborough，1727—1788）

庚斯博罗的《画家夫人肖像》，面部、手以外的部分均以柔软而松灵的笔触交错构成，从而造成一种动感的飘逸状态。画家以无比细腻的笔触刻画出人物面庞端庄婉约的神态与晶莹剔透的肌肤，尤其是她那浅蓝色的血管与红润的面颊，暗示出这位伊丽莎白时代的妇女的雍容与娴雅。

约翰·康斯坦布尔（John Constable，1776—1837）

在康斯坦布尔的画面中，形体概括精练、描画肌理坚实，一切物体均显出一种经受风吹雨打的粗粝感。这种"荒野"的风格与庚斯博罗的宫廷风格形成鲜明对照，同时也是19世纪初的古典风景画纯朴动人的魅力之所在。

简·奥古斯特·多米尼克·安格尔（Jean Auguste Dominique Ingres，1780—1867）

安格尔对绘画肌理的表现严格遵循"古典雕塑"的原则。在《与斯芬克司对话》中，色层被像雕塑那般堆涂，结果画面上仿佛站立着一尊波利克莱妥斯所塑造的彩色雕像。

恩格·德拉克洛瓦（Eugène Delacroix，1798—1863）

德拉克洛瓦的浪漫旨趣主要来自他对画面中的造型、笔触、色彩的极富激情的运用。他那被大面积深色所包围的红褐色，使画面总像是处于血红夕阳的映照之下；而扭曲的亮部与暖色的明暗交界线，更加强了这一激情奔涌的浪漫氛围。

文艺复兴之光

图7-2 德拉克洛瓦《自由引导人民》 尺寸为260cm×325cm，作于1830年，现藏于法国卢浮宫博物馆。在画面中，或团块、或闪跃的亮部在大面积的暖褐色暗部中涌动，毫无顾忌地宣泄着浪漫激情。在这方面，他颇得到埃尔·格列柯的真传，只不过一个是表现天路历程，一个是表达现实场景

威廉姆·透纳（William Turner，1775—1851）

透纳那著名的"浪漫的光色肌理"，开辟了外光画法之先河。他以刮沥的手法将极薄的暖色嵌入笔触肌理的缝隙中，在形成令人目眩的光色变幻效果的同时，实际上已把画面肌理的表现力提高到了一个新的层次。

简·米勒（Jean Millet，1814—1875）

米勒的谦卑与质朴，使得他总是使用如同土地般苦涩而粗粝的肌理。它们不仅扭结在人物的周身，且渗透在明亮处与阴暗处，从而构成了一首动人的"卑微者"的大地之歌。

古斯塔夫·库尔贝（Gustave Courbet，1819—1877）

库尔贝与安格尔的类似之处在于他们都注重刻画形体的雕塑感，在这一点上，这两位法兰西的古典主义画家可谓是殊途同归。库尔贝在对田野自然的描绘中发展了一种新的技法——以刮刀将色层"砸"在画布上。正是这层层交叠的覆盖，取得了"在自由的挥洒中获得最为坚实的绘画性"的视觉效果。

克劳德·莫奈（Claude Monet，1840—1926）

莫奈以细碎的笔触挑点出自然中光色变幻的音符，那些由富于弹性的笔势所塑造出来的松动的肌理，不禁使人想象画家在作画时所持的法兰西田园式的优雅姿态。

爱德加·德加（Edgar Degas，1834—1917）

德加与莫奈一样，都是表现即兴诗意的绘画大师。他在斑斓的色彩中将随意的笔触与透显的肌理有机地融为一体，从而显示出驾驭色粉笔的超凡才能。

格奥格斯·修拉（Georges Seurat，1859—1891）

修拉的画面呈现出一种沉浸于纯粹艺术追求之中的心态。画面肌理的运用表现出画家对自然万物一视同仁的超然态度，其间渗透着从印象派到点彩派犹豫不决的过渡与转换。

文森特·凡·高（Vincent van Gogh，1853—1890）

在凡·高的"本质性绘画"语言中，粗笨的线形和厚重的笔触充满了某种真挚之情。正是这种毫不吝惜生命力的作画手法，最质朴地展示了信仰之魂与表现主义绘画艺术高度结合的真髓（见图 7-3）。

文艺复兴之光

图7-3 文森特·凡·高《向日葵》 尺寸为95cm×73cm，作于1889年。这幅画的画面语言是画笔蘸上饱满的色彩直接往画布上黏贴，犹如拜占庭马赛克壁画，其中透露出北方人强烈的激情与倔强的个性。正是这种笨拙鲁莽的画风，使凡·高与所有印象派画家分道扬镳，而最终超越了那个时代，成为表现主义的开启者

爱德华·蒙克（Edvard Munch，1863—1944）

这位挪威画家以敏感而动荡的曲线来作为斯堪的纳维亚幽灵画法的表征。当我们看到白色的高光在粗糙底布的深暖色上显现时，便引发出心头的触动，这正是"忧郁式"表现主义的"表现力"之所在。

柯罗（Jean Baptiste Camille Corot，1796—1875）

柯罗善于在画面中以梦幻般的灵秀笔触营造曼妙的诗意境界。当那些或深或淡的薄油彩在平滑的底面上富于速度感地挥动时，人就神奇地感到林间空气的颤抖、翕动。正是在这清新的汩汩流水中，田园诗的韵律回荡在每个观者的耳畔。

保罗·塞尚（Paul Céaznne，1839—1906）

塞尚用始终如一的观察方法和表现手法去描绘从人物到苹果的母题。某种坚定的逻辑性，不仅贯穿在母题内，甚至贯穿在他对亚麻布粗纹理的运用之中。在《马戏团的小丑》中我们看到，那些沉稳的笔触正不屈不挠地沿着物体的边缘推移，迫使物体如浮雕般地从画布上凸显出来。此时我们便充分感到这些重新整合过的生命体是被嵌固在一个永恒的视觉框架内的，它们正在向历史证实着自身

存在的本质，而这一本质亦是经过人类灵魂濯洗过的。

保罗·高更（Paul Gauguin，1848—1903）

高更所推崇的原始主义情趣驱使他在画面的造型、笔触、肌理等方面力求返璞归真，但不免有矫揉造作之感，其中不时流露出的印象派光色技法，便是这种妥协的注脚。

亨利·马蒂斯（Henri Matisse，1869—1954）

马蒂斯这位野兽派创始人对色彩与肌理的运用尽管十分放纵，却毫无苦痛之感，尤其是笔触的绘画性，使他无愧于20世纪感官艺术的代表。

帕布洛·毕加索（Pablo Picasso，1881—1973）

毕加索在任何一幅作品中的恣意书写，都可成为这位艺术大师对形式进行即兴发挥的诠释。那些在静止平抹底面上覆以快速涂抹与勾划之间形成的张力，充分显示出这个西班牙人对形式感的天才理解。

佩瑞·波纳尔（Pierre Bonnard，1869—1944）

波纳尔那富于灵性的绘画性肌理将印象派的色彩观发挥到某种极致。在他的一系列画作中，那些悦目的冷暖色笔触、在画布上漫不经心的涂抹痕迹，以及用匀薄画法点染出来的丰富中间色调，簇拥着由斑斓的色彩营造出来的雍容华贵的室内气氛，呈现出犹如维也纳圆舞曲节拍之欢快、勃艮第乐派旋律之华丽。

费纳德·莱歇（Fernand Léger，1881—1955）

莱歇画面上的平涂色层显示出20世纪初的画家对大工业机器文明的热忱，那些鲜明夺目的色块在画布上以充满力度的平整笔势排列着，但其中亦不乏微妙变化。薄敷的黑色与露出亚麻布底的局部，它们与厚涂的亮色形成恰当的对比，体现了画家对绘画性肌理的本然理解。

萨尔瓦多·达利（Salvador Dali，1904—1989）

萨尔瓦多·达利在画面中所塑造的，大多是从记忆深渊底部隆起的软体形象，肌理平滑、造型怪异、明暗强烈，体现出一种无所不在的吞噬力量。尤其是坍塌的软表，从非理性的层面更加强化了上述吞噬力量，甚至达到令人腻味的程度。这种以肌理语言来表述心理的深渊记忆的手法，实属20世纪绘画艺术的最大特点之一。

保罗·克利（Paul Klee，1879—1940）

在保罗·克利的袖珍作品里，均匀排列的斑点在不同肌理、不同色调的色底上交替发射着神秘的光辉，就像一张张散落的书页。对生命原体的关注，使克利在精心点缀的笔触中，一再重温自古代波斯细密画以来的东方神秘主义传统，并使之成为绘画中原型心理符号的注脚。

佩特·蒙德里安（Piet Mondrian，1872—1944）

蒙德里安的画面肌理呈高度理性，那种均匀的节奏与旋律将观者的灵魂导向绝对的安静状态。但行家可一眼看出：色块边缘线处尚存在着生命能量微妙的叠压与交错，它极富于暗示性地体现了在广袤宇宙中生命能量碰撞的印记。

大卫·阿尔法罗·西盖罗斯（David Alfaro Siqueiros，1896—1974）

西盖罗斯在《牺牲》中所表现的肌理是迄今为止我所见过的最为坚韧强大的画面肌理，尤其是团块化语言的集中使用，使画面中的所有形体都显出如同巨石雕刻般的凝重分量。

东方：材质的历史

对"材质"的感受与理解，今人不如古人，这是一个不容辩驳的事实，它正好与科技文明进步史成一种反比的关系。这是因为古人始终保持着与自然大地的密切接触，而现代人则被水泥、玻璃、金属和现代制造工艺包围，感官已退化。

文本的历史，言说的是一种图景；材质的历史言说则是有别于"文本历史"的另一种历史，它与人类的生命感受和身体经验直接相连，因而能够揭示出某种真实价值，而它们往往被历史遗忘。

一

明代建筑，与民国建筑有一种文脉上的沟通关系，其独具一格的造型体系和质感体系，勾勒出中华文明在这些历史时段的一道亮光。这种造型可描述为端庄、大气的造型，朴实、稳定的灰色，厚重的质地，等等。其中，沉稳的灰色青砖是明代、民国建筑的主要材质，它表征了中华文明对土经过火的焙烧、窑变之后，在不同温度下成型变色的深刻理解。

从色彩学的角度来探究，若要使灰色具有既坚实又沉稳的感觉，就必须在肌理上下功夫，使之具有磨褪的感觉。所谓"磨褪"，是物体被用力摩擦之后，反映到人的视觉中的直观感觉（在此尚未讨论触觉）。相反，平涂或无肌理变化的灰色，在人的视觉中是僵硬或轻浮的，甚至涂得越厚，反而愈加轻浮而非厚重。

明孝陵建筑的石材大部分采自南京附近的青龙山、大连山与阳山的山体岩石，属于以碳酸钙为主要成分的变质岩。而明孝陵铺地的石材则是就地取材，将紫金山禁垣内所有的前代寺庙古刹全部拆除，精选上好石材为建陵材料。因此，明代的能工巧匠们建造明孝陵时，在亲手拆掉了许多历朝历代的著名建筑的过程中，对花岗岩、石灰岩、水成岩、片岩、大理石和青砖的质地肌理，以及它们所包含的文化含义，有着深刻的理解。这也使得他们在实际建造时，紧紧扣住主题宗旨而不离须臾。比如，在明孝陵的谒陵轴线上铺设的石板，多用温暖明亮、有着显著纹理的石材，它立刻使人联想起透明的玉石、血脉的贯通、等级之高贵等一系列皇权至上的意象。而次要的路面上的石材则以冷灰色为主，暖色纹理逐渐偏少，为的是烘托主要的轴线。所以，我们若仔细观察红色或白色的纹理的延伸线路，便能读出一条表现中国皇权血缘嫡传的图谱。

在明孝陵独龙埠——宝顶前面的方城和明楼中，我们看到了一系列令人惊异的建筑构件元素，它们体现了明朝初年的独特精神气质。其一，莲花须弥座。由石灰岩的大型条石砌造，并且为了坚固起见，黏合的灰浆是由糯米、桐油与草料灰浆调制而成的。它黏稠无比，六百年不间断渗滴下来的乳白色灰浆，形成一个个如同钟乳石般坚固的堆积物，将那些早年攀缘其上的藤蔓牢牢地固定在石墙壁上，煞是壮观。莲花须弥座之上束腰的部分刻有绶带纹和方胜纹，尤其拐角处所用的均是花岗岩，它要比石灰岩更为坚硬与光洁。镌刻其上的浮雕细致而精美，纹样穿插井然有序，凿刻深度收放得体，使我们不得不对古代工匠的功力肃然起敬。

其二，东西影壁。它们实际上是一组砖质高浮雕，仅仅靠青砖的组合，就充分体现了明代早期质朴、练达、果决且丰厚的正面气质。图案的形体具有三维的性质，这就对手工艺提出了很高的要求。近距离仔细观察，阳刻的形体上面又镌刻了阴线，微微的浅浮雕衬

图7-4 东西两座砖雕影壁拱卫着明孝陵方城的主体，正方门洞是一阙尺度超然的拱券形斜长梯的入口，完全由巨型石料砌筑。拾级而上便是独龙埠封土丘的阶梯围墙，由两边砖砌坡道登上方城顶端城楼。曾毁于战火的城楼如今已修葺一新，其整体形貌体现了明代初年追求雄浑厚重品质的心态

托出花叶与云纹的圆厚，这些复杂的手法竟然如此纯熟，如今看来不可思议。最有力的证明是：南京市政府为了将明孝陵申报成世界文化遗产，组织顶级工匠对东西影壁的残缺处进行修补，新镶的部分虽然相当不错，但与原作相比却还是云泥之别。其关键是修复工匠们对青砖质地的刀法缺乏理解，因此在实体、镂空、锐角、钝角、转折等方面，完全找不到感觉。

其三，方城的拱门和斜阶梯。明孝陵方城的拱门堪称前无古人。中国传统建筑虽用石头，但极少将石头用在两米以上部位，而明孝陵方城的拱门竟然打破了这一规律！从所用石材的体量尺度与砌造方式，可以推断出拱门的建造过程十分艰苦，完全不像中国能工巧匠们干的活儿。大概是承重的要求，迫使工匠们放弃了传统的砖砌

方式，转而尝试了颇为生疏的石砌拱券方式，这倒是罗马人十分擅长的。可惜的是，这种砌造方式后来再未见过，如此轻易地放弃令人大惑不解，就如同放弃巴别塔建造的巨大谜团一样。

上述建筑文化脉络，从14世纪明王朝一直延续到20世纪20年代的民国时期。孙中山在日本成立同盟会时提出"驱除鞑虏，恢复中华，建立民国，平均地权"，这一宣示与六百年前朱元璋在即将进行北伐的"讨元檄文"中提出的"驱逐胡虏，恢复中华"几乎一模一样，只不过孙中山又加上了后面八个字。1912年，孙中山在南京刚刚就职中华民国临时大总统，便亲率临时政府全体官员前往明孝陵谒拜，此举一方面在精神方面缅怀恢复中华民族尊严的先祖，另一方面，官员们亲眼看见了明代物质文化遗产，留下了深刻印象。我们从中山陵的整体建造风格，便能读出这种文脉的继承与弘扬。

二

中山陵主体建筑的设计者为吕彦直，他早年毕业于清华大学建筑系，后公费去美国康奈尔大学深造，得到美国著名建筑师亨利·墨菲（Henry K. Murphy）的指导。只可惜这位贯通中西的设计师英年早逝，未能进一步施展才华。

中山陵园林的设计者为傅焕光博士，他全心全意地配合吕彦直的设计思想，将中山陵的园林设计得既庄严肃穆又灵动典雅，林木藤蔓布置得当，对建筑物的烘托掩映十分巧妙、收放自如。

中山陵墓的建造者分为好几批，姚锡舟的"上海姚新记营造厂"承建了第一部分，主要是陵墓本体，包括祭堂、墓室、平台、石级、围墙和石坡。康金宝的"新金记康号营造厂"承建了第二部分，主要是土石方工程，包括排水沟、石级、护壁、挖土和填土。1929年3月18日，吕彦直不幸病故，因此，中山陵第三部分工程由李锦佩、黄檀甫主持的"上海彦记建筑事务所"担纲建筑设计,由陶桂林的"上海陶馥记营造厂"承建,工程项目包括牌坊、陵门、围墙、卫士室。中山陵的全部工程从1926年1月15日破土动工,1931年底全部完工,1932年1月25日正式验收,历时6年。我们在此不是简单列出建造历程的记录,而是将学术研究的焦点对准材料学的描述。

中山陵所用石材,显示了设计师们高超的水平和眼光,它们分别来自青岛、云南、苏州金山、香港,甚至意大利。中山陵从碑亭到祭堂的八段石级,全部由质地坚硬、色泽洁白的苏州金山花岗岩砌成。祭堂前的华表与石鼎均由福建花岗岩雕琢而成,由著名雕刻家蒋文子设计,蒋源成制作。祭堂外壁用香港花岗岩建造,内部地面用云南大理石铺就,12根大石柱为钢筋水泥浇制,外面覆裹的黑色花岗岩产自青岛。孙中山坐像由法国著名雕刻家保罗·郎特斯基

图7-5 孙中山先生的大理石坐像经全球招标,最终由法国籍波兰裔雕塑家保罗·郎特斯基承接,采用顶级的意大利卡拉拉白石大理石精心雕就,中国土地上第一次出现了古典写实风格的纪念性人物雕像

在巴黎雕刻，这位原籍波兰的艺术家特意用造价昂贵的意大利白色大理石，雕刻了中国伟人的形象。环绕四周的6幅浮雕则是法国雕刻家的作品。

由于吕彦直的推荐，美国著名建筑师、新古典学派代表人物亨利·墨菲于1928年10月受聘为国民政府建筑顾问，主持首都（南京）的规划设计。他设计了金陵大学（南京大学）和燕京大学的部分教学楼与校舍。以东西方混合的新古典风格，开创了民国建筑的崭新篇章。1929年9月，亨利·墨菲被聘为国民革命军阵亡将士公墓（在今天的灵谷寺公园内）的主建筑师，它是继中山陵之后又一项伟大的景观建筑工程。因为亨利·墨菲事务繁忙，特地聘请刘梦锡为监工工程师，以贯彻实施主建筑师的初衷。这一工程的建造者为陶桂林的"上海陶馥记营造厂"，工程于1931年3月动工，1935年11月完工，历时四年半。

如今我们惊叹的是，整个中山陵暨国民革命军阵亡将士公墓工程十分宏大且无比繁复，先后参加者不计其数，但竟然能最终形成如此统一的风格，其完美的材质体系是这统一风格的基本保障。在历史资料中并没有这方面的过多记载，似乎它是当时设计师、营造企业家、工匠们有意无意中达成的共识，历经岁月的考验而岿然耸立，后世未有超越。

三

无梁殿修缮工程不仅是"国民革命军阵亡将士公墓"的核心部分，而且也是一次对古代材质的耐心阅读。它是一座建造于16世纪的全砖砌拱券结构建筑。明朝嘉靖年间（1522—1566），大学士吕柟《游灵谷寺记》有云："遂至无梁殿，殿皆瓯砖作，三券洞，不以木为梁，只此一殿，费可万金。"区区26个字，再现了这座全砖建筑造价之昂贵与建材之精美。但是，它的精华部分却已毁于战火。经过清朝初年和咸丰年间（太平天国）的数次无情战火，屋顶和门窗均已毁损，直至建造"国民革命军阵亡将士公墓"时方才予以彻底修缮。

无梁殿的修复改建，与其说是一次行云流水般的"改建"，倒不如说是一种极为困难的"修复"，是对以亨利·墨菲为首的建筑师与建造家们的挑战。他们经过仔细研究与深刻领悟，以卓越的想象力重现了"重檐九脊的殿顶，上覆灰色筒瓦，正脊竖立三尊铸铜喇嘛塔"[1]的完整形象。虽然当时的修复改建过程难以重现，但我们可以通过现存建筑的形态，还原出一流的修复思维与技术。无论是门、窗、斗拱，还是重檐歇山屋顶，都达到了新老二者衔接柔和、浑然一体的视觉效果。窗沿的装饰是仿石灰石的水泥涂层，它对添加剂的控制达到了极高水准，屋檐的斗拱也是水泥添加剂的杰作。

建于1931—1933年的灵谷塔，由亨利·墨菲和曾在墨菲建筑事务所工作过的中国建筑师董大酉共同设计。石级上的浮雕"日照山河图"，则由刘福泰、陈之佛、李毅士设计，最后经艺术专员梁鼎铭和亨利·墨菲修正，其材质由钢筋水泥、苏州花岗岩、绿色琉璃瓦和钢筋水泥综合构成，整体视觉效果朴实无华，在周围绿植的烘托下，显出一种民国时期所特有的端庄典雅格调。

灵谷塔前的松风阁，亦是由亨利·墨菲在明代灵谷寺律堂旧址的基础上设计、修建的，功能为"国民革命军阵亡将士纪念馆"。它是穿过无梁殿至灵谷塔中轴线上的一座重要建筑物，是中国传统寺庙风格的现代转化的杰作。

1949年以来的建筑物也在风格上对民国建筑有所继承，如邓演达墓是在亨利·墨菲设计的国民革命军阵亡将士第二公墓的基础上，由麦保曾等人于1953年设计，南京市房产局施工的。它的造型处理

---

[1] 张承安（主编）：《中国园林艺术辞典》，湖北人民出版社，1994年版，第180页。

和材质肌理的运用虽不及第二公墓,但仍然具有 50 年代的淳朴与憨厚。原第二公墓的台阶围栏与葡萄架回廊,可说是非常到位,其造型阔大平正,肌理粗犷温润,恰好与周边的树木藤蔓浑然一体,充分显出中山陵的设计原意。或者说,墨菲悟透了中国传统园林建筑的精髓,将自然林木也作为建筑的一个有机要素来处理,这种风格成为民国时期建筑的重要特色。

廖仲恺、何香凝墓,是整个中山陵区域最具别致韵味的陵墓建筑;1926 年由吕彦直设计,1935 年建成。廖何墓将西方的柱式要素与中华民族的传统要素有机结合起来,其衔接十分自然,且不露痕迹。在体量感方面,廖何墓与明孝陵取一致意象,追敦厚大气,求凝重质朴,基础石块的尺度相当讲究,皆为明城砖按比例之放大。另一方面,石料线脚的弧形转折与收分,都来自对明孝陵石材转折细节的深刻体悟,以及对各个造型精妙之处的吸收与融汇。在材质方面,廖何墓以福建产的花岗岩为主,充分运用这种石材粗细兼备的质感特性、冷暖均衡的色度,同时大胆使用水泥仿花岗岩进行整体的构建,打造出民国建筑的经典陵墓形式。

谭延闿墓则塑造了另一种范例——晶莹典雅、雍容华贵。该陵墓由基泰工程公司创始人关颂声及其助手杨廷宝、朱彬等人共同设计,1931 年动工,1932 年底落成。建造工程由"申泰记营造厂"和"蔡春记营造厂"共同担任。因为是国葬的规格,谭延闿墓所用石材多为汉白玉,分别从北京清皇陵的肃顺墓、圆明园等处运来。设计者延续了亨利·墨菲为中山陵暨国民革命军将士陵园制定的总体风格,但稍有变化,体现在以下三个方面:

1. 南方园林的要素加强。这从谭延闿墓的整体布局中可看出。

2. 民族因素强化。比如由浙江省政府捐建的墓园——临瀑阁、点步桥、千秋坊、水亭、心亭,以及香竹坊纪念亭。

3.保留了某些清代的装饰因素。比如陵墓前的华表、石狮、花盆,以及原藏在圆明园内、法国进贡的汉白玉精雕祭台等,它是移用北京的石料的结果。但谭延闿陵墓的整体设计毕竟高明,设计师们受到明孝陵庄严敦厚因素的影响,有效制约了清代洛可可因素的滥用,最终达成了整体外形与浮雕局部造型之间的均衡。

中山陵音乐台是一件唯美的景观建筑艺术品,由关颂声、杨廷宝设计,土方工程由"韩顺记营造厂"承建,建筑工程由利源公司承建,1932年秋动工,1933年夏落成。这座融景观和功能于一体的复合建筑,有着丰富而灵动的曲线,犹似一位风姿绰约的美妇人。高大的汉白玉壁面由巨大的扇形草坪拱托着,仿佛一部庄严典雅的四重奏。如果揣摩其细部——线脚、倒边、收分,无一不体现出民国特有的优雅气息,准确地说是某种博采中外、兼蓄古今的复兴气质。

孙中山纪念馆(藏经楼)由卢树森设计,"建业营造厂"承建,纪念馆门前的孙中山立铜像由日本友人梅屋庄吉赠送,1936年冬完工。中山书院则由赵深绘图设计,1934年7月动工,1935年1月完工。以上建筑都是中山陵总体建筑风格的有机延续。

总体来说,"中山陵"与"国民革命军阵亡将士公墓"的设计与建造,奠定了民国建筑的基本格调,它们对以明孝陵为代表的中国历代传统建筑精髓进行了融会贯通,从中提炼出与近代民主、平等思想相适应的因素——质朴、大气、浑厚、绿色,再加以有机转型与创化。

在这个基础上去理解材质于历史读本中的价值展现,是民国建筑对我们的宝贵馈赠。

从壁画到架上油画

在文艺复兴时期或者更早的时期，西方的绘画艺术是被统纳在一个宏伟的宇宙意识之中的，它起源于古希腊的"天、地、人、神"四重结构的宇宙意识。我认为，所谓"文艺复兴"，是西方基督教世界向古典世界回归的一次努力，这种回归有两个层面：其一是形式层面——基于"黄金比"的经典比例与合理地用力；其二是精神层面——基于"天、地、人、神"四重结构的立体的宇宙意识。这两个层面的回归，解决了基督教世界的两大类艺术样式在发展进程中面临的一些问题，如哥特式艺术用力过猛的问题、罗马式艺术趋向浮华的问题，以及上述两者对人本身表现不力的问题，同时还矫正了基督教文化艺术的趣味与品位，使之更加质朴、健康、合理与人性化，并为其今后数百年的发展注入了动力。

需要指出的是，西方基督教文化所建立的"天、地、人、神"四重结构，是与古希腊的观念有着本质差异的，除了一神教与多神教的差异外，还有空间意识方面的差异。古希腊建筑是二度空间的（没有窗户的柱式建筑，同时也没有表示深度意识的穹隆），基督教建筑则是三度空间的，而且更加宏伟与丰富。而所有这些，都来源于基督教音乐。毫不夸张地说，基督教音乐是人类音乐迄今为止所取得的最高成就，但丁的灵魂与浮士德的灵魂便是其象征。例如，20世纪60年代世界音乐家组织了一次别具意味的评选：带往荒岛的音乐。假设一个人将被送往一座荒岛，他只能带一部音乐作品，选择范围是人类有史以来的全部音乐。最后得票第一的是巴赫的《马太受难曲》，理由是这部音乐作品涵盖了人类从神圣到世俗的所有感情范畴，其技巧也是最丰富的，囊括了从人声到器乐的各种表现手法。

文艺复兴时期所构筑的"天、地、人、神"四重结构，是以精神性建筑为空间界定的。我们首先进入的是纯粹的精神性建筑（教堂），灵魂被这空间中的神圣气息笼罩，然后再去一一感受那崇高圣洁的音乐、宏伟精美的雕刻与庄严静穆的绘画。这种在一个完整精神空间中的立体性感受，构成了文艺复兴时期人们的宇宙意识的基础。此外，建筑、雕刻的材料基本是大理石、花岗岩和石灰石，这就决定了绘画的形式是与建筑紧密相连的湿壁画、马赛克镶嵌画、干壁画。在这里，音乐是统领所有其他要素的"元因素"。之所以说音乐是"元因素"，是因为音乐的旋律、节奏、和声、音色以及整体空间感，具有全面辐射到建筑、雕刻、绘画之中的功能，或者说建筑、雕刻、绘画与音乐具有内在同构性。

当然，那个时代也并非壁画一统天下，仍然有一些脱离建筑的绘画，它们大致分为三类。一是祭坛画，多为木板上的坦培拉技法的绘画。二是东正教圣像画，也是一种由木板、石膏、黄金、蛋彩颜料有机组合的绘画。三是肖像（风景）画，既有木板坦培拉技法的，也有画布上坦培拉与油彩混合技法的。但无论如何，它们的地位无法与壁画相比，这是由那个时代人们的宇宙意识决定的。

任何事总是有利有弊，推崇架上油画的人会说：壁画是一种备受限制的绘画技术，它必须保持墙壁表面的基本状态，难以画出深度空间的幻觉效果；而架上油画颜料宽广的适应性和取代画板的画布，意味着作品可以在画室内完成，可以自由地掌握光线照明和使用模特，完成的作品甚至还可以卷起来，最后装饰在适当的地方。但是不要忽略了，架上油画的独立以及诸种自由便利之处均不是白来的，而是要付出代价的，就像浮士德与梅菲斯特的赌注。的确，壁画是一种受制约的绘画艺术，可它受到的是精神性空间的制约，准确地说两者是一种相互依存。但正是这种制约和相互依存方才构筑了基督教式的"天、地、人、神"四重结构。没有框架限制的壁画在连续性的展延中，塑造出一个宏大的神性叙事空间，成为四重结构中的一维。而看似获得自由的架上油画，亦有着它的樊篱。因为受到画框的限制，架上油画不得不在受到局限的尺寸内去追求深度空间的感觉。这种感觉能否追求到暂且不论，但它却事先下了"离弃神圣精神空间"的赌注。客观地说，架上油画的最大好处，是为画家个人主义的发挥打开了大门，成就了更为丰富和个性化的描绘风格。

架上油画之所以率先从弗兰德斯和威尼斯发轫，原因并不复杂。首先，这两个地方的潮湿气候使得制作壁画十分困难。其次，这两个地方的贸易、航海、商业发达，最早萌发了资本主义的因素。资本主义尽管有新教伦理的调节，但它那一切为了资本、获取最大利润的本质，使它成为生命的"潘多拉盒子"。这个盒子一经打开，魔鬼就再也收不回去了。资本主义的兴起使人们的内心世界向物质性和世俗化转变，与大型教堂建筑迅速衰落形成对比的是皇宫、行宫、城堡、市政建筑等的日益昌盛。与此同时，音乐大厦开始崩塌，教堂中庄严的弥撒、神圣的受难曲蜕变为宫廷里优雅的四重奏、愉悦的室内乐或豪华剧院中的歌剧，支撑伟大壁画的"元因素"消解了。自此，绘画、雕刻便从建筑和音乐的大厦中脱离出来，各奔前程。在绘画领域，架上油画逐步取代了壁画而成为绘画的主流。在持"进化论"和"现代主义"的美术史家们看来，这是一个时代的进步，但在我看来，这是人类艺术离弃神圣、走向黑夜的一次"出走"，恰恰值得深思反省。

八

缪斯的竖琴

音乐之声

13世纪的法兰西，在12世纪文艺复兴浪潮的催动下，正在酝酿新的一轮思想风暴。这场风暴由莱昂宁大师引领，以文艺复兴全才佩罗坦为中坚，直至纪尧姆·德·马绍，构建了"圣母院乐派"，率领法兰西精神文化达到一个前所未有的高峰。纪尧姆·德·马绍运用经文歌和孔杜克图斯的创作技巧，在充满艺术性、技巧性和简约风格的音乐间游弋。他写作的《圣母院弥撒》是一种崭新的曲式，是后世无数弥撒的先河，被音乐史家称为"中世纪表达信仰的里程碑"。

一

弥撒音乐与哥特式大教堂是一对孪生兄弟，他们在"神光流溢"中相互扶携着成长。随着在兰斯大教堂学习雕刻技艺的尼古拉·皮沙诺（1220—1284）将法兰西哥特式艺术精髓带回意大利，法兰西复调音乐也传进了古罗马帝国的辖地。音乐家约翰·德·弗罗伦斯、弗朗西斯科·兰蒂诺在佛罗伦萨建立了精美的音乐形式，甚至比法国复调音乐更为纯正。那种在法国尚存的稍显粗涩的连续五度和连续八度，在此已被消除；而在三度、六度成为明确进行的基点上，呈现出明显的和声迹象，旋律更为丰富。

意大利人的感性使得他们的视觉与听觉艺术彼此共进，伟大的画家乔托、弗拉·安吉列科、皮耶罗·弗兰西斯卡、安德烈·曼坦尼亚的绘画艺术，从视觉角度见证了上述转变。乔托为佛罗伦萨小礼拜堂所作的基督受难组画，对在纯粹的湿壁画技术层面上表现体积感进行了强调，人物群像出现在明暗、色度各不相同的深远背景之中，从而改变了拜占庭式圣像画的"金银匠风格"，将平面的延展改为空间的纵深。这一改变恰恰是西方"浮士德灵魂"急速成长的开端。

15世纪的尼德兰人成了上帝的选民。他们天性中的创新本能使得尼德兰音乐的对位艺术迅速发展到前所未有的高度，并为以后数个世纪更为伟大的音乐的产生奠定了基础。一方面，尼德兰人通过战争和贸易吸收英格兰的对位法（邓斯泰布尔、鲍维尔）的营养；另一方面，传统的格里高利圣咏仍然是尼德兰音乐的中心骨架。尼德兰音乐的气质，是活力与想象力的集大成。我们在同时代的画家——勃鲁盖尔、包西笔下人物的生动表情，以及赫伯特、凡·艾克的画面中那丰富精细的色彩层次中，可感受到尼德兰人的快乐天性和创新本能。尼德兰乐派对位法中所蕴含的神学内涵，是"使数个声部尽量发出悦耳的旋律"，这是一个象征着神圣家族团契的命题。它在后来的斯宾诺莎的哲学，以及鲁本斯、维米尔、伦勃朗的绘画之中，形成了一条贯穿始终的主线。

但必须指出，尼德兰音乐强调对"每个声部都要有一个富有趣味的旋律"的追求，往往因流于人性本原的粗涩而多多少少损害了歌词的清晰表达。于是，上帝的眼光开始转向意大利人。唯有在帕莱斯特里那的作品中，歌词和旋律的结合才达到完美的程度，有如我们在达·芬奇的画作《怀抱圣婴的圣母》中感受到的色彩和光影、线条与形体的结合。正如马丁·路德所说："在《圣经》里，音乐获得了最高的荣誉。她是人类情感的女神和统治者……她控制着人类，或者说她更多地征服了人类……不管你是要抚慰伤痛、控制轻率、鼓励绝望、贬抑傲慢、平息激情，或是要安抚那满腔的仇恨，你还能找到比音乐更好的方式吗？"①

北欧爱情歌曲《茵斯布鲁克，我必须离开你》，曾被改编成数不尽的赞美诗，其中最著名的是伊萨克（1450—1517）所作的《告别茵斯布鲁克城之歌》："茵斯布鲁克啊，我不得不离开你，我要踏上前往异乡的路途，我的喜悦与欢乐将随你而消逝，因为我不知道这悲惨的生命，会终结在何处。"这首哀婉的歌调，从次中音部开始，其他跟进的三个声部都尊重主题统一原则，但又加以微妙的重复变化，犹如荷尔拜因的肖像艺术，那些地位卑微的人物，表情朴素端庄，内蕴微妙变化，画面洋溢着清醇之美。值得注意的是，所有吟唱离别茵斯布鲁克的歌曲，皆来自一首名叫《呵！世界，我必须离开你》的古老歌谣。它的曲调质朴而悦耳，折映出远古的欧洲蛮族气质——对故乡的眷念、对爱情的忠贞，以及对信仰的期盼。这一音调多次出现在巴赫的《马太受难曲》中，可被视为德意志文艺复兴在音乐精神方面的索引。

二

著名的特伦托会议持续了三轮（1545—1563），它是天主教改革的产物，同时也是音乐史上的一个转折点。天主教最早的改革呼声来自红衣主教西蒙斯统治下的西班牙，在他的领导下，西班牙教会变得纪律严明且雄心勃勃。罗马教廷的清教改革运动主要由伊克纳修斯·罗耀拉（1491—1556）领导。伊克纳修斯从教皇保罗三世手中接过批准成立"耶稣会"的训令，他的团体在特伦托会议对基督教音乐审议的争议中起到了积极的关键作用。历史的焦点集中在一位意大利天才音乐家——帕莱斯特里那身上，正是他以一首惊世

---

① ［英］安德鲁·威尔逊·狄克森（编）：《基督教音乐之旅》，毕祎、戴丹译，上海人民美术出版社2002年版，第58页。

文艺复兴之光

之作《马切洛斯教皇弥撒》平息了厌恶复调音乐的人们的怒气。基督教世界最有权势的人听完了这首多声部弥撒之后，都默不作声，心悦诚服。1565 年 4 月，西斯廷教堂发布了重要文告："在最伟大的红衣主教维塔罗斯的倡议下，我们聚集在一起歌唱弥撒曲，以检验词句是否如他们所期望的那样被人们理解。"[①] 而《马切洛斯教皇弥撒》便是被检验的主要音乐之一。伊克纳修斯的心愿达成了，他卸去现场论辩时的威严，露出了久违的笑容。

《马切洛斯教皇弥撒》展示了帕莱斯特里那如何在摒绝了一切表面浮华因素的基础上，将数个不同音型的旋律集合于上帝的光华之下并蒙纳荣光的能力。这首弥撒是他的 200 多首弥撒曲群峰中的一

图 8-1 安吉利科《圣母领报》(局部)　　尺寸为 220cm×321cm，作于 1439—1445 年，创作材料为湿壁画。安吉利科的《圣母领报》是帕莱斯特里那《圣母悼歌》音声的视觉化，两者都作用于高级感官，是可以互换的。《圣母悼歌》中纯粹美妙的和声，对应着《圣母领报》中流畅而精美的线条，以及无限丰富的明暗层次，完成了神学美学之道的大地肉身化

---

① ［英］安德鲁·威尔逊·狄克森（编）：《基督教音乐之旅》，毕祎、戴丹译，上海人民美术出版社 2002 年版，第 73 页。

座，也是最为光华灿烂的山峰。这些音乐群峰对应着佛罗伦萨伟大画家安吉利科的不朽画作。在圣马可修道院中，安吉利科的不朽画作《圣母领报》的所有线条和色彩，都指向一点：用明确的圣洁形象传达清晰的神圣信息。在这一点上，二者有着惊人的一致。安吉利科的圣母立刻使我们联想起帕莱斯特里那的《圣母悼歌》，其音调具有无与伦比的高贵美质，就像菲利普·里皮、波提切利的"圣母子"题材的坦培拉（油彩）画面的质感——如同象牙般温润、玉石般晶莹。《圣母悼歌》里纯粹而美妙的和声，对应着画中缥缈而精美的线条，以及无限丰富的明暗层次，"坦培拉"色彩涂层形成的典雅色调，使整个画面弥漫着超凡脱俗的气息。

相较而言，罗兰德·拉苏斯的音乐，则具有马萨乔绘画的庄严与沽力。《忏悔诗篇》全曲的旋律简洁有力、和声丰富，其中每一个声部都充分保持相对的独立性。全曲所构成的深厚空间与博大气势，只有马萨乔那些整面墙的宏伟壁画能与之相称。从某种意义上讲，乔托—马萨乔—米开朗琪罗，纪尧姆·德·马绍—若斯坎·德·普雷—拉苏斯，这两条伟大的精神主线既相通又相交。它们代表的是一种基督教内部阳刚的、充满挣脱之力的叛逆因素，其背后广泛的神学背景——如马丁·路德、加尔文、威克利夫、梅尔贝克，使之获得了更为长久发展的精神动力。

帕莱斯特里那与拉苏斯的关系，相当于达·芬奇与米开朗琪罗，但两者之间又是相互交融、渗透的。他们共同体现出的超越时代的内在精神与艺术，成为向我们显示神性国度之完满的最为明确的信息。

文艺复兴三杰的另一位——拉斐尔，他所体现的艺术气质与精神指向，承续了拉苏斯而止于蒙特威尔第。蒙特威尔第为圣母马利亚创作的《晚祷》，包含了诗篇配乐、赞美歌、奏鸣曲和一首《圣母颂歌》。其中的诗篇围绕着传统的格里高利圣咏，配以复杂而庞大的音乐，合唱团按威尼斯风格分列在具有相当距离的位置上。整首赞美歌和诗篇的演唱与新歌剧风格的独唱音乐交织在一起，高度提炼出"歌中之歌"的精神内涵。《圣母颂歌》则是全曲中最复杂、最丰富的作品，每个短小的句子都以自己独特的性格带动整个乐曲的发展，在人声与器乐的鲜明对比下唤起最广泛的情绪感应。这部作品还包含了奇异的回声效果，在颂歌的最后《荣耀的父》之中，回声与创新的声乐象征风格圆满地结合在一起。这使我们不禁联想到拉斐尔一系列以圣母马利亚为主题的绘画，以及壁画《雅典学院》。这些画作都有一个共同特征：画面每一个细节都充溢着一种丰厚圆满且生机勃勃的天国意象，驱动着灵魂垂直向上。

西班牙和声大师维多利亚的旋律高贵典雅，散发着一种幽暗的金属光泽，与埃尔·格列柯的那些焕发着神秘超验之光的画面相当接近。同时，维多利亚的弥撒曲的整体结构显示出某种控制得当的气质，风格朴实率真，天主教改革的理想深深地藏在单纯的立意之中。在这方面，他与牟里罗、苏巴朗的那些洋溢着温柔亲切光晕的绘画境界，有着惊人的吻合之处。维多利亚为升天节所作的两首经文歌，各声部虽然保持相对的独立，但不像尼德兰音乐家那样不顾整体效果，而是根据和弦的构成去有机运用；歌中只用男声，短促的和弦与缠绵不绝的音色贯穿始终。它使我们不禁想起埃尔·格列柯、苏巴朗的画作中天空布满撕裂状云朵的那些情景，以及圣徒哀悼基督之死的肃穆场面。

三

在安德里亚·加布里埃利（1510—1586）和乔瓦尼·加布里埃利（1557—1612）的持续努力下，威尼斯乐派的光芒遍照中北欧的原野，这使威尼斯一度成为中北欧音乐家们的朝拜地。汉斯·哈斯勒（1564—1612）、格里格·艾兴格尔（1564—1628）、海因里希·舒茨（1586—1672）、斯韦林克（1562—1621），都曾受到过威尼斯乐派的恩泽。

安德里亚·加布里埃利的《神之羔羊》，虽然只有五个声部，但却运用巧妙的分组交互唱答，造成一种闪烁着金属光辉的听觉效果。它与基督教世界改革的内驱力直接相关，而这一种力的视觉体现便是强调力的扭转和纵深透视感的画面。《最后的审判》中强烈的透视缩短和形体组合，便是米开朗琪罗将上述的空间纵深感进行视觉化的典范。威尼斯画派的纵深空间表现亦是普遍性的：丁托列托那些或显现、或消逝于幽深空中的动荡形体，卡拉瓦乔那些凝固于纵深空间内并被神秘光线照耀的群像，委罗内塞塑造的那些从昏暗深远的背景中缓步走出的人物等，均是这些努力的体现。反过来也一样，绘画的这种对深度空间的精神性的追求，亦被威尼斯乐派的独特唱法呈现。据史书记载，在威尼斯圣马可大教堂内演唱多声部圣咏时，身着典丽服装的咏唱者们分别站立在楼上、楼下的歌手席上，数个相互应答的声部越过广阔的空间，在彼此的共鸣中汇聚成一个辉煌的光点。正是这种往复轮回的声光效应，使信仰者们的心魂感受到了集聚在基督宝座旁边的由天使组成的光环，只要读过《神曲·天堂篇》的人就能看到这一画面。巴赫在他一系列的受难曲中，秉承了威尼斯乐派的合唱传统，并予以了发扬光大。卡尔·里希特指挥慕尼黑巴赫合唱团演绎的《马太受难曲》，其开阔的场景为各声部的应答留出了宽广空间，被称为人类历史上最伟大的音乐作品。

法兰西音乐溯源

　　法国的专业音乐可以追溯到 5 世纪的宗教祈祷音乐,从那时起直到 8 世纪上半叶,高卢人都是用"高卢圣咏"作为礼拜仪式的音乐,其中含有多神教与世俗的因素,这与阿里乌斯派教义在蛮族地区的广泛传播不无关系。到 8 世纪末,由于加洛林王朝坚定地采用罗马教会典仪,利摩日、梅斯、鲁昂等地修道院纷纷成立圣歌学校推广格里高利圣咏,于是,格里高利圣咏取代高卢圣咏而居统治地位。与此同时,诺曼底、利莫赞等地出现了符号记谱法,并涌现了一批专门从事音乐研究的理论家。9 世纪中叶查理曼帝国崩溃,教廷进入衰退时期,但宗教音乐反而蓬勃发展,这种情况就如同 5 世纪初罗马被攻占而基督教却广泛传播一样。9 世纪下半叶在法兰克全境产生了新的音乐形式:鲁昂的瑞米耶日修道院和圣加尔修道院的僧侣创造了"西昆斯"(散文诗花腔歌调)和"特罗普"(填词花腔歌调),这可被看作世俗音乐对宗教音乐的渗透。与此同时,利摩日城的圣马夏尔修道院亦未放缓向神圣信仰前进的步伐,这期间的复调音乐活动形成了欧洲音乐史上最初的乐派,由此至 15 世纪末,法兰西成为高度发达的复调宗教音乐中心。

　　从 11 世纪起,世俗音乐也有了很大发展,在流浪艺人、民间歌手中普遍流传的是抒情独唱歌曲"埃斯坦皮耶"和舞蹈歌曲"巴拉德"。12 至 13 世纪,法国南方和北方的吟唱诗人成为单声部抒情歌曲的主要创作者。他们分为两类:一类是出身贵族的业余音乐爱好者,一类是出身平民的专业作曲者。贵族出身的吟唱诗人通常由流浪艺人为他伴奏，平民出身的吟唱诗人则把手艺匠与市民的特点带到这种艺术中来，所以它不仅仅是贵族与骑士的艺术，还带有丰富的平民因素。

吟唱诗人演唱的多为爱情的、世态风俗的、十字军东征的内容，体裁有田园歌、晨歌、史诗歌、对唱游戏歌、埃斯坦皮耶等。北方的吟唱诗人以阿拉斯城为中心，其代表性的作曲家亚当·德拉阿尔（约1250—约1306）创作了带有音乐的戏剧作品《罗班和马里翁》。

12世纪后半叶至13世纪，教会多声部音乐活动的中心逐渐从利摩日转到巴黎，出现了以莱昂宁和佩罗坦为代表的巴黎圣母院乐派。这时的体裁除了给格里高利圣咏曲调加上新曲调一直到四个声部的"奥尔加农"以外，还有在圣咏曲调上加了不同歌词的新曲调经文歌，所有声部的曲调都是作曲家新创作的"孔杜克图斯"。这种新出现的音乐体裁完成了所谓"古艺术"的发展阶段。

赞美——信仰和艺术的本质

从词语学角度来看，赞美是赞颂美丽。"赞颂"是方法论，"美丽"则是赞颂的对象，同时也是信仰的表征。例如，白鸽作为圣灵的化身，它传递的形象首先是"轻盈之美"，且能很自然地转换为"纯洁之善"。现代社会中信仰的危机，其主要成因是人们普遍遗忘了美，因为"美是难的"。由于数百年的世俗化进程，信仰之美的表达从文艺复兴时期的综合整体形式蜕变为现代社会的单向度样式，文字以一概全，导致信仰从绘画、音乐、雕刻、建筑中出走。由此，方才有诗人席勒在19世纪痛感于斯而发出"唯有美才能拯救信仰"的呼唤。

从人类音声发展史的角度来看，当"歌声"从原始阶段走出而步入"心灵咏唱"的层级，它本身就成为形象的一部分，这种咏唱是心灵对理想的描摹、低处向高处的攀缘，以及此岸对彼岸的瞻望。在13世纪，法兰西建筑艺术的勃兴，促使巴黎爆发出了伟大的城市音乐，它的标志是以佩罗坦、莱昂宁两位大师为代表的艺术理念。作曲家纪尧姆·德·马绍的《圣母院弥撒》，为其画上了阶段性句点。伴随着整个巴黎城市建设的精神导向，"建筑的功能性分区"观念和实践日趋成熟，独特的音声对应个性化的空间，相互提携，行向"神光流射"理念的源头。和声织体是赞美之声最完美的立体表达形式，它赋予生命垂直向度的追求历程以形象，而这种形象将古希腊的智慧与基督信仰的赤诚结合于一体，构成了无与伦比的音声空间。在这一音声殿堂中，我们首先遇见尼德兰大师纪尧姆·迪费，他所作的《花中之花》以最为单纯的五度和弦与三部和声，将圣母的高贵与花朵之美丽进行了生动的心像串联，从而与《圣母玫瑰经》的绝美意象达成契合，并为乐曲最后的精神升华进行了有效铺垫。

真正的信仰者能看见这种赞美只驻守在崇高的精神建筑里，它随着咏唱的旋律从高邈的穹顶纷落而下，最终凝固为大理石晶莹的特质，化为雕像美丽的形体。米开朗琪罗的两尊分别在罗马、米兰的《圣母抱基督遗体悲恸像》，便是典例。

文艺复兴盛期人们的赞美，在视觉艺术方面往往是通过"美神"形象来表现。波提切利将普拉克西特列斯、莱西波斯雕像的修长比例进一步柔和化，创作出维纳斯以及众女神的形象，她们的形体显示出令人惊异的精致与美丽。菲利普·里皮修士、安吉利科修士画笔下的人物造型具有一种特殊的质朴美，这种美来自圣乐对于心灵的指导。帕莱斯特里那《圣母悼歌》之所以能将哀伤和赞美高度融于一体，是因为它们是在圣事艺术的层面上发生的。神圣之光将两种既属于又不属于人类的情绪彻底穿透，使之获得一种符合圣乐旋律的线条与形体。它不是对真实物象的描摹，也不是建立在解剖学之上，而是一种天国才有的雍容华美。唯有在此，新柏拉图主义的理念方才开始放光，这是一个纯粹精神的语境。"光"是心灵地平线的标志，它不断开拓画家想象力的新边界，并赋予新的言说的可能性。

圣母悼歌

《圣母悼歌》，千古永恒之曲式。凡历史上有自信的作曲家，皆以谱此曲来作为衡量自己能否跻身大师行列的标准。它的发生地是以弗所，濒临地中海的古老小城，史载圣约翰携圣母马利亚在这里终老。呵，注定的生命悲剧，从玫瑰绽放鲜艳到垂老夕辉西下，只有短短几十年，充满悲伤的无奈。唯有在圣事艺术中，那已经历过和未曾经历过的，方才向世人展示其价值身位的秘密。帕莱斯特里那的《圣母悼歌》，显示了庄严中的高贵玉立、神秘中的无限温柔，其延绵和声如天上祥云，碎金撒落，天使振翅，尘世与天堂通衢顿开，蓝天大地重归宁祥和谐。在乔托的画作《哀悼基督》中，圣母的姿态具有无比的穿透性，被称为"圣殇"。这一姿态，在米开朗琪罗那里升华为仪式般的崇高，圣母长袍的褶皱如火焰般集中然后散开，如但丁《神曲》中所讴歌的永恒火焰。而在《佛罗伦萨圣母抱基督遗体悲恸像》中，圣母体形趋向"神圣的抽象"，她已被圣乐音型梳理得无比柔顺和透明，如同一袭轻纱披在基督身后，托举肉身圣体升往天国。

音乐笔记

一、柴可夫斯基《c 小调第五交响乐》

第一乐章

先由木管乐器吹奏出的低郁序奏，把我们带入一个沉重叹息的境界：那苦难的灵魂沿着涅瓦河岸的石级街道彻夜踯躅、徘徊。他的身影时而显于路灯的微光中，时而没入寒冷的黑暗里。这是"俄罗斯灵魂的白夜"。这序奏终在呜咽的持续音中结束。略停之后，一个带着深刻的自我询问，而又似乎充溢希望的坚定音型从低音部升起，这个象征"俄罗斯—陀思妥耶夫斯基式的原始灵魂"的旋律在重复中不断成长、壮大，并贯穿整个第一乐章。这旋律带有"贝多芬式执着的重复旋律"的鲜明烙印（贝多芬《第三交响曲》《第五交响曲》《第九交响曲》《d 小调小提琴协奏曲》《D 大调庄严弥撒》），它与其说是柴可夫斯基对苦难现实的"逆反式"升华，倒不如说是他那伟大的同情心真切地看到了先行大师的召唤——那"光耀如日头的颜面"般的召唤，这种压倒一切的"信仰式"的召唤是这旋律的最内在动机。然而，悲惨的事情终于发生了：正当这旋律在烈风呼啸中顽强前进、不断上升，似乎就要到达一个顶点时，却突然跌落下来。这坠落远比厄同斯燃烧的马车从光辉的行程中坠入大海更为不幸。因为它不像厄同斯是受到某一个神的诛灭，而是自我意志在升腾中的自我毁灭。它不仅展现了一个卓越灵魂的不幸命运，而且昭示了"异教"灵魂永恒悲剧的宿命。接着是一段无可奈何的悲咽，仿佛目睹着受难的灵魂流淌鲜血而爱莫能助，因为并非它的肉体，而是它的意志本体受到了致命的一击。但灵魂的意志未死，它又在血泪中重新振作起来，"用泪水愈合了伤口"，在历经了漫长的煎熬之后，它以更为猛烈的姿态摇撼着自我意志的命运。一种酷烈的情绪随着几个强烈的顿音达至高潮。随后，它伴合着快速的下行音阶而渐渐减弱，犹如那灵魂重新肩负着它自身的必然命运，逐渐远去，远去……

第二乐章

在无限苦寂的荒原上，一支圆号奏出了著名的旋律，郁悒而凄凉。它似牧歌，但沉重得寻不到牧歌的痕迹，而毋宁是永恒苦闷的地下灵魂深重的呜咽，如一条默默的地下河流，孤郁、冰凉。紧接着是一个过渡，随着弦乐器音符的不断融入，河流的坚冰逐渐消融。终于，初始的旋律由圆号转为弦乐齐奏，化为一股无比热情的潜流奔涌而出，贯通全身，它温暖着每一颗漂泊的灵魂。最后这热情不可遏止，竟发展成震撼的巨大音型，并在几个强大的顿奏轰鸣中戛然而止。灵魂终于控制住了骤然复苏的激情爆发带来的危险，在两个轻微的拨弦之后，又转为如涓涓泉水一般的音流，滚滚而出，显出一种无比深沉的爱，最终化为融解一切的爱之音流而充斥大地。

第三乐章

迷幻般的圆舞曲使我们暂时远离了行走于现实中的痛苦而来到一个郁悒而轻松的境界，然而扑朔迷离的旋律使我们觉得与其说是一首圆舞曲，倒不如说是对灵魂自身——以至于对整个人类最淳朴经历如梦一般的回忆。夹在两段轻快圆舞曲之间的一段急速的下滑音型，犹如一道灵魂的闪电倏忽穿过无限幽深的存在世界，跨越了不可度量的时空，看到了人生的悲欢离合、荣光哀愁。长笛、单簧管、双簧管的时隐时现似翱翔于动人白夜中的精灵，在昏暗的空中画下条条苍白而令人心碎的轨迹。

第四乐章

这是高扬灵魂意志的伟大时刻！庄严的行板从渐弱开始逐渐加强，在风呼水啸般的急速伴奏下缓缓步出。它是一股在地下的苦痛中沉寂了无数时光的熔岩，经过剧烈的潜动、翻腾、终于挣脱而出，形成一股强大的自我意志铁流，穿过酷烈的山峦低谷，挟着泥沙、滚滚而下。在这不断的行进中，一个激昂向上的顿奏音型升起在宏伟的音响之中，这一音型在烈风呼啸的洪流中显现为一个伟大意志的形象，并被推到威严的高点，似乎预示着乐章的结束。然而奇迹出现了！一个更为伟大庄严的旋律从停顿的静默中兀然凸现，在二节拍凯旋式的进行曲速度中，意志铁流的旋律以高出四度的激昂音型再次出现，放射着青铜般沉重的光辉。这光辉饱含着于彻底的绝望中瞻瞩到的"希望"，于深沉的痛苦中重生的"喜悦"，于愁惨的悲哀中体验到的"快乐"，直到在极其热烈的齐奏中响彻苍穹大地……

二、勃拉姆斯《c 小调第一交响乐》

第一乐章

音乐的突然展开使我们犹如亲见猛烈的熔岩从山体上滚滚而下的酷烈景象，并从中引出了一个灵魂深刻沉思的境界：沉重的叹息伴随着孤独的步履，犹豫、疑惑。紧接着，灵魂迅疾地蕴积着力量，犹如雷鸣来临之前的闪电，随即是意志的必然暴发。经过一个静谧忧郁的木管旋律奏出的对比性铺垫，意志重被弘扬，强烈的顿音宣示了一个神圣而庄严的肯定。在这之上，却是迟迟未肯降临的命运之巨大阴影，它笼罩着坚强的灵魂意志。拨弦使灵魂获得了停歇的契机，疲乏、困顿、紧张的气氛得以舒缓。然而，这没有持续多久，悠远的号角又刻不容缓地推出庄严的军容。这意志在重复中盘旋上升，直到最强烈的肯定顶端。这里展开了激动不安、纷乱、牺牲与顽强挺进的力量。悲剧命运在前进的号角中闪烁着阴郁而不祥的光芒。定音鼓击打出阴沉、悲痛欲绝与无情的殉身景象。但英雄的意志不死，

图8-2 勃拉姆斯肖像　勃拉姆斯终生收集典籍和手抄本，其研究成果皆称得上一流的音乐学论文。他的每件作品都渗透着史诗气质，其间回荡着以往伟大时代的精神与荣光

仍然兀立。在这漆黑的夜空中，双簧管的呜咽犹如寂寥的荒野。意志亦是伤痕累累，但它仍顽强地挺立前进，执握着自身流血的命运。当强烈的顿音达到了无以复加的烈度时，朗现为一轮旭日从阴沉的山巅冉冉升起的庄严情景。

第二乐章

这是灵魂在平静的悲剧中的境界，但又宛若对某种已逝去的神圣情感的虔诚礼赞。单簧管奏出的旋律充满令人心碎的追忆与感激之情。紧接着，弦乐齐奏将这种极为丰富的情感异常热烈而锋利地宣泄出来，直到导致巨大悲哀的降临。随着灵魂的几声哽咽、啜泣，代表转机的拨弦试图缓解这一悲伤。但只稍稍缓和了一下，悲伤愈烈，使灵魂重又陷入无比深沉寥廓的回忆之中。幸运的是，一只圣

洁的小提琴塑造出一个宛如在梦境中方才显现的美好女性的形象，这块珍藏于内心世界的未遭侵犯的圣地，为灵魂暂时抚平了原先所受的创痛。

第三乐章

一个静穆而郁郁寡欢的舞曲旋律开始出现，典雅而有节制，但其中蕴含着激动不安的潜在因素。果然，这一潜流愈来愈明显地展现出来。一颗隐退了数十年的灵魂从山顶复出，带着神圣的喜悦与深刻的自信，就像一位被热烈信仰的光辉环绕着的预言家似的降临在大地上，然后消逝于天际顶端。最初的激动过后，眼前是一片开阔，追索大师的心魂，已看到了更为辉煌的景象。

第四乐章

来了，欢呼吧！果敢有力的序奏揭开了通向大师曾驻足过的光辉境界的帷幕。拨弦似乎在竭力平抑这激动的心情，然而这狂喜却不以意志为转移地到来，并伴随着幸福的战栗。圆号奏出了一个无比庄严伟大的形象，犹如摩西登上西奈山顶那神圣的时刻！这隐士变容的时刻，化作光辉缓缓步下巅顶朝向蒙纳荣光的灵魂走来。不！是灵魂向着这神圣的幻象庄严地行去，举首仰望着，一股新生的烈流贯通血液，灵魂蓦地升华到了一个更崇高的境界。这里的景象呵，更加辉煌灿烂，灵魂的意志带着欲脱离本体而返归精神巅顶的渴望向上飞扬。伟大的形象导引着心魂，使其有福经历只有英雄方能经受的磨难！然而在这紧要关头，迟迟未降的残酷命运突然出现，无情地毁灭。在这悲剧诞生之后，一切都变得异常清明，幻象消失。灵魂不得不重新独立在寂寥无垠的荒野上。但此时，自我超越的意志已成长得如此伟大，这不仅因为它饱吮了神圣的意志，而且因它的自身已成为神祇。它仍旧一往无前地迈进，在伟大的精神领域里，它已越过自我的崇山深谷而来到一个更高、更广阔的平原。

在这平原的尽端矗立着一座晶莹圣洁的穹顶,正神采奕奕地向与它同样神圣的意志发出召唤。在这永恒的前进中,人们发出赞美,于痛苦中完善自己的灵魂!

三、拉赫玛尼诺夫《第二钢琴协奏曲》

第一乐章

钢琴指触坚定的顿奏引出了一个壮阔无比的情境:一股如同伏尔加河般的强大精神之流,在无限宽广的乌克兰平原的高加索山脉中缓缓潜动着,直渗入灵魂的最深处,它载着俄罗斯灵魂的全部历史重负。

他们是远离上帝的子民。彼得堡的上空即使有阳光,也是那样的苍白、郁悒。这种郁悒的宗教式表述直把我们带入深邃的历史之中,犹如希伯来的先知们在想象中亲吻远方那不知名的死难者的面容。然而,生命延续着,犹如一个古老的故事被说了无数遍。突然,一种稳定而明晰的伟大情感重又从心头升起,愈来愈强,在一片光辉中渐渐笼罩了一切。在光辉过后,旋律、节奏似乎又遭受着含泪的犹疑之折磨。接着,管乐奏出了最为孤独的旋律,仿佛灵魂陷入了茫茫黑夜。

其后在轻触琴键的小心翼翼中,生命又复苏了活力,弦乐的加入更使其带上了一些新绿。最后在生命力的逐渐高扬中结束了第一乐章。

第二乐章

郁悒的序奏似乎向我们展现出一望无际的平原山脉,带着冬日苍白的色彩。单簧管的旋律编织出无限惆怅的情网。不,它是漂泊旅人的悲哀,是一个蛰伏在心灵深处的永恒悲哀:"我必须走,但不知走向何方"。旋律愈来愈深刻，渐渐烘托出一个灵魂的形象。那是俄罗斯原始基督教的灵魂，它体现着"兄弟之爱""一切为一切负责"的道德观念。美的旋律竟使这爱蒙上了一层令人心碎的容颜，犹如夏加尔那梦幻般的画面上的小提琴手一样，永远在穷乡僻壤奏着泣诉兄弟们苦难命运的哀婉。其后钢琴加快了节奏，生命似要勃发，但又突然中断，加弱音器的弦乐持续音切人心腑，使我们目睹不幸的灵魂重又跌入深渊。

图 8-3 拉赫玛尼诺夫肖像　也许再没有比柴可夫斯基、拉赫玛尼诺夫更理解陀思妥耶夫斯基的灵魂感受了，俄罗斯信仰之魂的苦难化为伟大作家与音乐家的共同心声。在"兄弟之爱"的垂泪中，为寻访神圣而走遍大地

第三乐章

充满英雄气概的强烈序奏击迫着我们的心魂，生命之气跃动于热烈的舞蹈节奏中，紧接着发展到非常强烈的程度。这时，平和宽广的弦乐齐奏又把钢琴旋律拉回到对第二乐章孤独的回忆之中了。但在轻扣一个机枢之后，音乐重又蕴积了深厚雄健的力量，全体乐队的强力齐奏和巨大轰鸣甚至比柴可夫斯基的《第一钢琴协奏曲》更加"哥萨克"化，激越、亢奋之情充斥大地，使徒精神高扬。到了黄金般光辉的沉重顶端时，平和宽广的旋律重又出现，我们又一次远离激动而陷入沉思。在经历了若干阴沉压抑的动机后，一些错综复杂的强烈因素交替出现，它们都在为一个更为伟大情景的出现做铺垫渲染。终于，在一个辉煌的短奏后，一个异常伟大的悲悯降临于大地上空，最后笼罩了所有的平原山脉，化为受难者们的永恒福音，在万众的一片欢呼赞颂之中结束了全曲。

四、路德维希·凡·贝多芬《D大调庄严弥撒》

第一乐章 《悲怜悯怀》

灵魂被庄严的神圣引导，缓缓步入宏伟的殿堂。那高高在上的伟大情怀，广袤的光辉，从高顶穹窿上俯降下来，召唤着。圣徒们，当那神圣存在为你们亲洒了一抔泪水，并把那受难的躯体轻轻放下，那本真世界的光芒也就辉映着最高的灵魂。那为怜悯万众生灵的赞颂，已化为显现在头顶的光环，贡献我们一切的一切。这时我们在无限怜悯的笼罩下，迈上通往圣殿的最后一层阶梯。

第二乐章 《荣耀我主》

骤起的雄壮的鼓声号角，迸流出深邃的辉煌，竟化为无比热烈的欢呼！这幸福的荣耀，使我们不得不抬头仰望，您的儿子为领受恩泽而迟疑了脚步在极远处。一位先知宣示着崇高的训诫，随着那万众的应和，融汇神圣的音流，女高音、男高音、女中音……啊，血液中猛醒的力量，向着荣耀冠冕发出最为诚挚的祈求。全身心的战栗，在无垠的荒野中，默默领受着幸福的甘露，凝聚在灵魂深处。深暗的谷底，虽有天使掠过的身形，但仍昏暗——一个短暂昏暗的持续音，虚空在持续中渐渐消散。蓦地，神圣在轰鸣中降临：一个崭新的诞生！被彻底辉耀着的神圣历程，那高贵的姿态、狂热的心魂，带我走吧！以全能者的力量走出层峦叠嶂，领受高山绝峰与金黄彼岸相衔接时的伟大一瞬。那全身心的震撼，是四个超越的声部于最深的内在涌起，拱推着永恒的向上音型，径直到达巅顶，涵盖所有的赞颂与恸哭！当群峰传遍"阿门"的圣音，无形的铁流溶解拥抱了一切灵魂。最高的荣耀与光芒，以及被辉耀的天地，如正午浮雕般的清晰。

第三乐章 《使徒信条》

贝多芬在这一乐章总谱的开头写道:"上帝在万物之上,上帝从来没有抛弃我。"

呵,一个非凡的音型,导引出一条强烈而明晰的精神直线,这坚定不移的锐利进展,闪电般照耀着灵魂铿锵如岩石般的信仰意志。一个永恒的镌刻!紧接着,如滚滚洪流般的音流一浪接一浪,剑似的腾燃与升华。双簧管犹如蓝天中飘来的一团白云,奏出一个清澈的动机,音乐随即以更加磅礴的气势展现了一个从未有过的宏伟世界。千万使徒伫立的形象,拱卫着神圣的信仰,愈往上,终化为最高荣耀之光环。冥想的乐音从遥远的圣地传来。男高音与女高音伴合着乐队推出沉郁的气氛,仿佛受到某种威胁,众灵魂颔首沉吟。低声部和高音部紧紧地抓住。突然一群使者唱出令人震惊的音型,整个音乐又进入狂热而坦白的巨大轰鸣中。渐渐地,在激涌动荡中,蒙受神圣光辉的灵魂宛如雄壮威严的行进,天使圣咏在极远的天边回荡,宛若天边云霞之余晖。这为信仰而笼罩的深沉金辉,最终导向无比喜悦的行进,层层上升,达到浑然白光的神圣维度,透过缓缓降洒着的深邃光芒。直冲云霄的女高音显现在所有声部之上!

第四乐章 《圣灵存在》

肃穆而沉重的序奏,由女中音、男高音至女高音逐一勾画出一番无比深沉的景观。庄严圣殿之帷幕在一片最诚挚的吟咏中缓缓拉开。突然,一个发自灵魂最深处的、充满狂喜泪水的赞颂拔地而起,滚滚流出。所有的存在之物躬首退让吧!洗净双手迎接那更高存在的到来吧!它越过了一切而高高在上,它就是那纯粹的神圣境界本身!

当手捧圣父那幸福的甘泉，无比感动的灵魂呵，你有福看到了怎样的景象？最虔诚的泪水沾湿在这天国的旋律上，大师啊，充溢你心魂并照耀万众心田的光辉，随着乐音的愈益渐进而愈加炽烈璀璨，竟使我双目耀眼难忍。小提琴在吟咏中的神圣流溢，使我等沐浴在最悲哀而幸福的爱河之中，最终迎来心灵永恒渴望的一瞬。当直上云端的女高音突现在殿堂之高顶穹隆时，我升腾的心魂与那圣洁的玫瑰花环联结起来！堪比世间最动人的允诺呵，难道还有比这更幸福的赐予？

看，一群幸福的灵魂啊，被无所不在的神圣光辉引导着，在那升华的顶端，仿佛血液凝固住了。小提琴抚慰着战栗的灵魂，它毫不犹豫地凝聚了无上的感激之情。呵，那唯独奉献给最高存在的圣曲，宛若夜空中的一颗明星。在这挥洒热泪的过程中，竟终于不能分清灵魂与神圣乐音的界限。浑然一体的景象啊，为你而永恒地流出，化为高高在上的冷凛之辉。

第五乐章 《神之羔羊》（羔羊经）

你们曾经享受过吗，那灵魂被彻底照耀时升华的幸福？领我们走吧，幸福！这在沉思冥想中的祈祷，由深沉的男低音吟咏而出。缓缓地，神圣光晕渐渐渗入，女中音与男高音的交替出现赋予了这境界以落日般深沉的光辉，痛苦被点化成纯粹金属般的光泽。愈见深邃的灵魂啊，圣咏的感激热流如潮涌来，如天使们撒下的玫瑰花瓣。

兀然，在战鼓与号角的铿锵轰鸣声中，愤怒的天使之军降临。拯救的神圣之环构成了不朽的终曲旋律，它描绘出本真世界燃于白色圣焰中的永恒轮廓，随着它愈渐清晰，我们反而找不到任何形容的语言了。看哪，这无疑是用基督的鲜血装备的新娘的那支军队，军队在激越的号声中放射着夺目的光芒，这光饱含着于绝望处看到的希望，于苦痛中重生的喜悦！

最后，这一切都汇聚成最真诚的意志，化为沉重而逐渐黯淡的余晖远去。在那向着最高境界的永恒追寻中，纯粹的荣耀属于那神圣的意志，而这荣耀的光辉就是皈依的意志本身。

九

倾谈录

文明的穿越

主持人： 感谢丁方老师来"写意精神高研班"，跟我们一起探讨有关艺术创作的问题，以及丁老师自己艺术创作中的一些心得。其实丁老师被我们大家熟悉，在一定程度上，是因为他极具个性的绘画方式。在中国美术界，我很愿意把丁方老师的这种风景叫作一种"信仰精神形态的风景"，我认识丁老师的艺术也是把这种精神性的风景当作他的标识。今天也很应景，是平安夜，在这样一个特殊的日子里谈有关绘画中的信仰因素很有意思。

丁老师在讲课一开始的时候提到一位艺术理论家克罗齐，并引用了他的经典名言"一切历史都是当代史"。我想再补充一点对克罗齐这句话的理解，我觉得一切历史也是个人史。为什么这么说？因为每一个人在解读历史的时候，都是按照自己的思维模式在解读历史或重述历史，就像丁老师的绘画一样。他的绘画在选择历史时是有一个自己的范畴的，选择性很强，尤其是在面

图9-1 历史学家克罗齐提出的著名观点"一切历史都是当代史"是一场对历史进行价值重审的革命，在国际史学界影响巨大

对历史的时候。所以，我们看他在选择绘画风格或者切入点的时候，往往选择一个非常远古的概念，甚至是把自己的绘画用一元的概念提纯，试图将历史的最本质的面貌作为绘画的理念追求，所以我们在他的绘画里面读到了一种强烈的气质选择。这种气质选择在一定程度上与中国绘画传统有出入，也就是说，宋代以后的文人画风格，在丁老师的体系中并不推崇，他反倒更强调的是一个更为远古的文化，或者是更为原始的文化气质。因此首先想问一下丁方老师，历史感在您的绘画中的位置究竟在哪里？或者对于从事绘画的人群，他们面对历史的时候您有怎样的建议和思考？

丁方：刚才主持人提出的这个问题非常好，因为所谓"历史感"往往是对我们所处身的时代而言。在当下的社会处境中，人们无时无刻不受到大众传媒文化与流行文化的冲击，这两种文化和所谓的纯粹艺术孰是孰非，或者它们之间究竟应该怎样相互吸取、相互结合，对许多人来说有太多搞不清楚的事情，至今也没有一个清晰的概念或完整的说法。但是有一点可以肯定，就是大众传媒文化与流行文化所代表的东西，是由现代社会以都市为中心的生活方式决定的，这也就是西方马克思主义的社会批判理论从二战后就一直强调的"资本对人性的损害"——其综合性代表人物丹尼尔·贝尔的《资本主义文化矛盾》一书中对现当代艺术进行了整体批判。这样的艺术一方面在挑战现存秩序，另一方面却在日趋肤浅与画面化。在西方马克思主义的经典批判中，就出现了这样的状态，一个是虚无历史的维度，一个是抹杀价值的维度。这种艺术基本上是为了取悦人，是对马蒂斯所说的"艺术为安乐椅，给人愉悦"[1]的扭曲，这是由其商品性质决定的，目的是让顾客满意。到后来这种情况又有了更为复杂的变化，"冷战"与意识形态不断扩大商业的范畴，尖锐的攻击与刻毒的贬损也可能是更为商业化的面具。但不管怎样，它们都有

---

[1] 罗菲：《从艺术出发——中国当代艺术随笔与访谈》，上海三联书店2014年版，第326页。

一个共同点，就是必须抹杀历史维度与价值维度。

我所说的"历史"概念，与克罗齐所说的"历史"类似，是指思想史意义上的历史。只有将历史的素材转换为具有思想与精神意义的当代叙事，这样的历史方才是有意义的历史。这就是历史与哲学的高度整合，即解读历史过程中思想与精神的高度合一。这两个高度合一是完全对应当代社会在意义价值方面的缺失以及精神的追求的。即使当代文化中有一些历史的符号与元素的应用，但其内在仍然是反历史的，所以如果把解读艺术史的眼光放得更长远，放在上千年的尺度，就会有一个较为正确的判断。

刚才讲的大众传媒、流行文化与纯粹艺术扯不清关系的问题，反而能从中得到一种清理，那就是如果历史维度与价值维度这两个维度是中国的，它们也就是中国人之为中国人的重要理由。如果没有坚守这两个维度，那么中国人之作为中国人就会受到质疑，就会打一个问号。所以，我认为，历史感在我的艺术中间，已经超越了一般的题材或者描绘手法，已经由于对符号元素的借用而具有了一个普遍意义上的社会文化批判意义。所谓社会文化批判意义就是现在社会有问题了，当然如果社会没问题，我们就点赞嘛。在这个方面，我是赞同从阿多诺到马尔库塞、弗洛姆等人这条批判理路的。要对它进行一种批判，而这种西马（西方马克思主义的简称）的批判，我更赞赏像本雅明的那种历史主义的态度。本雅明对西马的影响非常大，他有一些重要的观点，我在这里就不多引述了。我想在对中国的大山水景观的描绘中，注入一种历史感，从而使我们能够找到一种民族的本源。从广义上来讲，也就是使我们能够找到一种人之为人的、更坚强的精神根基。

主持人：刚才这番谈话又给我们梳理了一条新的线索，就是西方马克思主义哲学的这样一个体系。西马的一个很核心的哲学理论点是否定性哲学的一个基石，也就是说在一定程度上，丁老师在突出一种人之为人的呈现感，面对历史的时候，我们应该有一个批判意识、一个反思的维度在里头。可不可以这样理解：克罗齐的哲学在强调当代史的时候，他企图将历史的稳定性和恒定性消解，他认为一切历史都是在一定语境下阅读的一种呈现，所以他说是一种当代史，那么当代史就强调了在一定的社会语境当中对于历史的一种反思的可能性。我一直在丁老师的绘画当中努力探寻，我发现丁老师始终在追求一种十分稳定的真理，在寻求一种相对稳定的概念，这可能就是丁老师所说的绘画当中的一种人的责任观，或者人对历史的一种恒定的追求。这样一种判断不知道对不对？

丁方：你的感觉是对的，这是一个互为标准、互为争议的话题。这是对人类曾经有过的伟大价值理念的追求，如今成为对于现当代社会的一种文化批判的武器，这个是互为标准的。

主持人：您刚才从阿多诺、弗洛姆一直谈到马尔库塞、本雅明这样一个体系，其实是表达了您对于当代艺术不赞同或者是否定的立场，然后返回身再去寻求真理的一个回溯的过程？

丁方：对，我认为那种稳定的、值得赞美与推崇的价值观，并不在现代。

主持人：丢失了？是这样一种感觉吗？

丁方：是的，正是由于丢失了，所以才有一种强烈的复兴诉求。

主持人：从丁老师的艺术作品和他的一些观点表达，我发现在丁老师的艺术思维中有两个很重要的支撑：一个是中世纪的神学美学，或者说是新柏拉图主义；另一个很重要的，是您反复强调的实证主义科学哲学的切入点，因为您从地质学、地球物理学的角度，甚至是从人类学的一些角度来佐证您的推断。我们先说说实证主义哲学在当代文化语境中的存在。因为有这样一种可能，实证主义哲学总是在某个领域或是在某一段时间里，用一种证实的方式来论证其推论的准确性或者观点的正确性。那么，这也有一种不太稳定的地方，随着人类心智的发展，人们总是在不断修正自己的一些判断。地质学也好，人类学也好，或者是以这种实证主义为基础的判断也好，是不是也存在一种不稳定性？比如说我们一些哲学的论据，是不是会在一段时间之后发生改变？这个时候再去审视，我们曾经依赖的基石是不是也会有所动摇？

丁方：您刚才说的"实证主义"的定义可能值得商榷。实际上，我强调的是科学与艺术的结合，是我们把握与表现这个世界的基本立场。毕竟，国际的前沿科学研究成果为我们寻找民族的本源提供了许多借鉴。

主持人：*方法或者路径吗？*

丁方：差不多吧。人文科学与社会科学的研究成果，对我们当下的研究起了辅助的作用。至于它们在以后的历史发展过程中是否有变化，现在不太清楚，当然有可能，但没人能打包票。但这并不重要，重要的还是人类对自我、对世界的超验思考与终极设定，它是由科学与艺术双轴来推动、达成的。请注意，这里的科学、艺术已经不是一般意义上的科学与艺术，而是表征着某种超越性的思考。这就像伟大哲学家所说的那种不可再追问的绝对存在——信仰价值，就如同康德所说的"头顶灿烂星空，道德律令在胸中"（康德的墓志铭）。这种绝对存在——信仰价值是人类不可以追问或怀疑的，同时它也是人之所以为人的立足根本。我们在这里谈这些问题似乎有些抽象，但现实社会却以严酷的反题形式告诉我们，如果没有这种绝对价值的设定，情况将会是怎样。

所以，形而上学方面的探讨，始终没有缺席当代文化艺术的对话语境。这种形而上学在中国往往称为"气"，即"气韵生动"中的气，其实就是"气势"。我先列举一个西方古代的典例：亚历山大发

文艺复兴之光

起征服波斯的战争时，他首先要到埃及去拜谒太阳神的神庙，然后去找战神阿喀琉斯的盾与剑。这是干吗？这就叫作"战神附体"。这些现代人觉得有些迷信荒诞的事情，竟然决定了那场战争的结果，你说重要不重要？这种事情被后来的历史学家解释为一种心理暗示，因为亚历山大当时迫切需要这种东西，否则他没有足够的勇气去挑战波斯帝国这个庞然大物。同理，我们现在要制定、践行一个宏伟的愿景，也要找一些理由与勇气。如果是试图在现实社会的车水马龙、灯红酒绿中找到这些东西，你能达到目的吗？什么叫"复兴"或者是"文艺复兴"？我想再木讷的人也会明白了。

神话对于一个民族是一种精神暗示，它是一种通过口口相传最后成为一个民族的内心深处精神结构的叙事载体。为什么要有"解神话"？有神话就有解神话，意思就是你不可以按照字面上读故事，而是要读出故事背后的历史寓意和其中的精神暗示。

我从《山海经》《昆仑神话》中读出的精神暗示，就是中华民族拥有世界上最伟大的地理资源，之所以"拥有"是因为我们曾经历经数万年而完成了地球上最为艰难的地理穿越。当然，你也可以泛泛地读读这种伟大的艺术。这是一个想象力的问题，而且在阿诺德·汤因比那里得到印证，他曾经在1974年说过一句先知般的名言："21世纪是中国的世纪。"[1] 这句话当时没有一个人听得懂，也难怪，阿诺德·汤因比的上述判断并不是根据当时中国的现实情况得出的，而是一个深远的历史推论。为什么？他的一个主要的理由是中国拥有青藏高原，拥有世界上最高的海拔高度。这句话我当时非常震撼，我读这位20世纪最伟大历史学家的巨著《历史研究》是在1984年，一个很简陋的印本，我读不懂。紧接着，我读了给予阿诺德·汤因比很大影响的一位历史学家奥斯瓦尔德·斯宾格勒的《西

---

[1] ［英］阿诺德·汤因比：《变革与习俗：我们时代面临的挑战》，吕厚量译，上海人民出版社2016年版，第130页。

方的没落》，那本书很棒，但是我也读不懂，真的读不懂。后来我去了黄土高原、青藏高原，几乎每年都要在西北大地上行走数个来回，慢慢地我开始明白他们的意旨了。什么叫大历史学家？一般历史学家就是将许多素材罗列、分类，来进行下一步的分析和评论，而伟大的历史学家对于历史素材是具有想象力地选择，具有洞穿力地攫取，能够发出先知般的预言。这种预言看似是虚的东西，但常常会预先告知人类历史上一些至关重要的转折点，一语道破某些伟大艺术现象背后的历史玄机，而不是按照经济的规律，有多少 GDP 就有多少制造能力。他们有时甚至化身为某个伟大的概念来预测历史进程，因为他们已经把历史的规律看透了。

主持人：其实也就是从体验到超越，是一种预言性想象力的呈现。这个时候作为科学的学科只能提供一种佐证，作为一个艺术家在思维或者创作中的判断的佐证存在。刚才讲的地质学也好，地球物理学也好，分子人类学也好，只是作为一个佐证的可能性在使用。

丁方：对，如何作为一个解神话的工具理性来拥有。比如说解昆仑神话光有这个不行，我还要找一些历史的、物质的佐证，我们从这些佐证中找到，这个神话系统竟然是来自四万年的民族迁徙经验，经过那些崇伟的山峰与澎湃的江河，方才形成今天中华民族存在的景观。如果没有上面这个说法，只认为中华民族是从北京周口店猿人，或者是蓝田人、元谋人进化过来的，那就要另说了。

主持人：从这个角度也佐证了一开始引用的克罗齐的那句话"一切历史都是当代史"，又从这个角度转回来了。其实所有的理论都是矛盾的，也可以这样说。

丁方：哦，您是这样认为的。还有一个例子，就是本雅明开辟了对西马的另一种叙述话语模式。本雅明也属于西马，阿多诺们是用一种理性的语言来论述，本雅明采取的则是一种犹太人的方式，一种先知性的语言，借助很多犹太古老的文化语汇。他有一篇很著名的论文《废墟上的预言》，认为废墟是有意义的，有启示的意义。因此，德国当代艺术家安塞姆·基弗的作品中表现的基本都是废墟，废墟的意义要靠伟大的学者与艺术家来揭示。对一般的人民大众来说，废墟就是垃圾，应该动员人手通过劳动来填埋，然后在上面再起高楼。德国人在二战结束后的几年间清理了四万亿吨垃圾，头都清理大了，好多年都是干这个事。我见过一个摄影师专门拍摄这个，既惊心动魄又惨不忍睹。我想，废墟对德国人来说是"梦魇"的代名词，没有任何一个德国人会去表现这个题材，但安塞姆·基弗偏偏执着地去表现这个题材。也许有人会解释为这个艺术家是为了让人们不要忘记战争，错，并不全是，他的目的绝不止于此。艺术家以强烈的个性艺术语言，直接把废墟与地中海古代文明遗产打通，与犹太人的苦难史发生关联。由此延伸，就可以与撒玛利亚、犹太旷野、约旦河谷、死海古卷发生关联，再进一步就又与犹太人的迁徙史——从"巴比伦之囚"到"出埃及记"发生关联。安塞姆·基弗从奥斯威辛集中营的犹太人蒙难经验，跨越到摩西率领犹太人出埃及、前往"迦南之地"的迁徙时代，这个跨越多大啊，三千二百年！不要忘了，摩西是公元前1200年左右的人物。这也是佐证。

主持人：丁老师这番话是认为他更倾向于本雅明这种带有预言性的哲理描述。相反，阿多诺则是逻辑的、理性的描述方式。

丁方：对。

主持人：西马的阿多诺是传统哲学的描述方式，很显然，本雅明的独特言说方式很符合一个艺术家在预知未来或者判断事物时的思维方式。从丁老师的绘画中可看出，您始终在寻求某种藏匿在事物背后的东西，我觉得可以把它叫"真理"。这又符合我们刚才所说的神学的思维方式,一直始终在寻求形而上的终极的目标。所以,从刚才我们所讨论的佐证性的学科应用,到最后能够看清作品,实际上是在围绕着一个核心,就是一种信仰情怀在绘画中的落实。我可以这样判断吗?您的绘画当中,其实是在做一种神学的验证。是一种宗教情感的验证。我们用一个比较泛的说法就是"信仰在绘画中存在的验证",可以这样说吗?

丁方:大致可以。在此有必要延伸一下,我想大家也关心,作为一个艺术家,对信仰持怎样的态度、与你的创作有什么关系。

主持人:对,可以这么讲。

丁方:我认为,我们所说的信仰可以转换为一个词——终极关怀,这是保罗·蒂利希的观念,他是专门针对文化人和知识分子来讲这个词的。保罗·蒂利希是一个存在主义哲学家,他与马丁·海德格尔的学术理路类似,都是从存在主义出发,走向神学、通往信仰,而不是像让-保罗·萨特那样,从存在主义出发,最后通向虚无主义。

保罗·蒂利希讲的信仰是指现代人应该持有怎样的信仰姿态,首先是必须对信仰保持敬畏之心,保持一种既不要把人放得太大乃至认为人无所不能,也不要把神抬得过高乃至将人性压抑贬低的姿态。现代社会往往在前一点上犯错误,

图 9-2 保罗·蒂利希的墓碑 保罗·蒂利希是一个存在主义哲学家,他与马丁·海德格尔的学术理路类似,都是从存在主义出发,走向神学、通向信仰

这是启蒙思潮和工业革命所带来的负面因素，它们在资本决定一切的都市社会中被一再放大。如今我们在当代艺术中看到的景观，人是唯一的中心，人可以创造一切，早已取代了过去神的位置。为了矫正这种现代病，人类唯一可取的态度就是对神明及其造物——大自然持有一份敬畏之心，对终极的事物持有一种恒久的关怀。什么是终极的事物。生命、死亡、情感、价值、意义……这些范畴都是终极事物，是人的尘世生命无法跨越的事物。只要有人类存在，它们就永远横亘在生命面前，人的生老病死都要受到它们的叩问。

这些终极关怀不是要你遁入某一个教会的门派，盲目地加入教会门派反而对你有限制了，而这些终极关怀实际上后来会发展出你既有一种信仰情怀，同时又保持心灵自由。自由也是人的一个重要属性，但是在中世纪的时候，就以神的名义把人的自由剥夺了，不让你有自由；而文艺复兴不是说不要有信仰，而是让个人与神祇之间自由与信仰之间重新达到一种理性的均衡。

主持人：这样会不会滑入到一个反信仰主义的沼泽地里去，换句话说，信仰除了宗教作为一个载体之外，是否还有其他的载体？

丁方：信仰是人类与生俱来的一种情怀。对每一个人来说，信仰情怀是与生俱来的，不是有没有的问题，而是能否唤醒的问题。史书中常常有记载，一些所谓的"强者"到生命行将结束之际开始皈依信仰。柏拉图认为世界没有新事物，任何新事物只不过是被遗忘的事物。这看似是一个回望的态度，实际上却是一个超越的思考，也具有先知话语般的穿透力。

"信仰"问题的解决，当然有可能。因为这个东西说不清楚嘛，我建议有兴趣的可以读一读保罗·蒂利希的著作《系统神学》《信仰的动力》《文化神学》《存在的勇气》与《永恒的现在》。他对现代人的信仰问题有深刻的探讨，认为现代人有三种焦虑，即对命运和死亡的焦虑、对空虚和无意义的焦虑、对罪恶和谴责的焦虑。这正是本体论的焦虑、认识论的焦虑和伦理学的焦虑。这些焦虑使人悲观绝望，处于生死之间的临界状态。但人宁愿生而不愿死，因而人只有持守信仰，并由此获得"存在的勇气"，才能得到心灵拯救。蒂利希的贡献在于，他从"存在"的角度深刻剖析了现实世界与传统信仰之间的关系，梳理出当代知识分子文化人在一个无意义的时代怎样踏上信仰之途。他最精彩的观点是，教会的"宗教仪式既是通往上帝的道路，又是接近上帝的障碍"，因此他坚定地认为神学和哲学应从与科学、艺术、精神病学及其他学科的对话中寻求发展，使信仰真正活在人们心中。

主持人：我想问丁老师，您认为文化能作为一种信仰的形式存在吗？

丁方：肯定不行。通常意义上的文化还是一种物质的体现，信仰则是超越物质的纯粹精神表达。当代神学家莫尔特曼的观点值得采信，他认为信仰是指对于在人之上的神圣存在的一种绝对尊崇与持守，这个存在究竟是耶稣还是上帝并不重要。普天之下信仰有很多种，佛教信释迦牟尼、伊斯兰教信真主、犹太教信耶和华……如果非要认定一个、非此即彼，那就要进行战争了。因此，各个宗教之间若要和平相处，就得找到一种关于信仰生活的普遍定义。信仰本来就是一种提升人性的精神动力，这种动力使人不断地认识自己，获得自由与解放，并保持对理想和完美的追求，以及对于物质财富的收敛之心和对于自然的尊重，约束铺张浪费。如果能做到这些方面，就是大好。

主持人：这就回到康德了，他始终认为应该在人之外存有一个世界，这个世界如何姑且不论，但是一定要肯定它的存在，否则我们没法解释一些事情的发生。这是一种否定的推理，也很有力量。这样还是把信仰还给神学了，我觉得目前这个体系更适合他的存在，或者更适合他的探讨与解释。丁老师，让我们回到您的艺术作品当中，其实我在以前关注您的时候是您的早期绘画，20世纪80年代那些绘画，我一直有深刻印象。那个时候离表现主义更近一点，比如说画一些人的形象，我们隐约可以看到表现主义的一些影子，然后才是逐渐地对于生命力的这样一个概念，逐渐地走向精神层面或者信仰层面这样一个慢慢的细微转化，一直到今天我们看到的元风景形态对于风景背后存在的精神因素的探寻。那么，从表现主义过渡到精神艺术领域，但仍然还在表现的范畴里，您觉得这一段的过程是怎样的？是升华吗？还是另外一种变化？

丁方：80年代早期我们那一代都对于西方现代艺术感兴趣，看了大量西方表现主义的东西，德国表现主义、维也纳分离派、爱德华·蒙克、埃贡·席勒、科柯施卡，以及凡·高、乔治·卢奥，等等。西方表现主义艺术注重对于个人苦闷的发泄，我那个时候的画偏向这方面比较多，就是个人的一种苦闷，就是感觉到受压抑，需要个性的解放，一种自由的呼唤。这方面是一个向度。从90年代开始，通过一些研究学习，以及生命体验的深入，开始考虑到第二个向度。莫尔特曼的"希望神学"对我有很大的启发，他解释了绝望与希望之间的关系，开启了存在主义之后的精神探求路径。

经历过80年代启蒙的知识分子都知道，整个20世纪都是存在主义的天下，把个人的绝望作为一个高悬于人类头顶的绝对归宿来崇拜，作为一个形而上的肯定来阅读。这个东西是不可逾越的，取代了《圣经》中的最后的审判。萨特的《存在与虚无》通篇都在说这个概念。但是，莫尔特曼有一个著名的观点，就是这个绝望作为"废墟"，并不是人类可以栖居的家园。也就是说，发现废墟是很伟大的，比如说存在主义告诉你灯红酒绿的表面现象背后的真相是废墟，不要以为它是花果山乐园。但是，再进一步追问下去就会发现，难道我们就只能在这个废墟上待着吗？这个废墟是我们的精神家园吗？从理论思辨上来讲，废墟绝不是家园，作为人的存在本质仍然需要希望,所以莫尔特曼发展出"希望神学"。他的出发点是废墟,吸纳了存在主义对现实的锐利批判,让我们看到现实存在的虚伪性,不要为表象所迷惑,实际上是指出一个废墟的真相。

主持人: 其实也可以理解从个体的人走向公共理性,从马尔库塞这个"单向度人"的概念走向了普遍意义上的神学概念,即人作为终极存在关怀的概念上来。比如说从个体走出来,走到对整体的人的关怀层面上,是往这个高度上走?

丁方: 基本可以这么说。20世纪的存在主义对现代社会进行了生存论的深刻批判,西马则进行了对人的整体社会学的广义文化批判。这两个批判完成以后,神学命题便出来了,因为人仍然需要信仰,需要在这个灰暗而绝望的现存世界寻找一个依靠。用俗话说,就是离了婚但日子还得过。所以,"离婚"并不是最后的结局。构筑希望、继续生活下去,这就是20世纪神学的最大贡献。

主持人: 也就是批判之后,还是发现灵魂需要一个栖居之所。

丁方: 所以,20世纪的神学跟过去的神学不一样,它的基础是人类的生存现实而不是抽象的原罪,也就是说它的出发点是严酷的现实,但人仍然还要走向理想希望之境。它有一个希望给我们,既区别于19世纪空想社会主义的"乌托邦",也区别于现在资本主义的高福利社会,因为这些都不是希望。最后的焦点又落在并不是要提出一个公平社会的理想形态,真正的"希望"还是在人的内心之中,要解决心灵的问题。

主持人: 实际上是从社会学又返回到主体性的东西,还是返回来了,我感觉是这样一个方式,尽管是从个体的关注到人之为人的概念的变化。我发现,您的画当中有一个没有变,就是那种悲剧性没有变。画面的那种崇高感，或者说是对于这种气息的持守始终没有放弃。这是出于什么样的目的？就中国传统的审美来说，是把它放在另外一个位置。或者是您没有触碰它，只是选择了关于悲剧、力量、崇高或者是这类东西，始终在画中坚持并一直保持不变，这个初衷来自什么？

丁方：这个初衷来自对中国传统的彻底追溯之心。因为您刚才所说的中国传统，我认为只是整体传统的一部分，而非最深远的传统。在我看来，越是晚近的传统越是有问题，它背离了而不是趋近真正的远古传统，因此人类方才有"复兴"运动，就是要回归真正伟大的、原初的传统。

刚才谈了一通哲学方面的问题，但请不要误会，此次讲座的本题还是关于艺术、关于美的创造。我们下面谈谈美的创造问题。"美学"是哲学中一个重要的组成部分，但是美学在中国传统中的发育

图9-3 丁方《咏叹回荡在云天》　尺寸为120cm×180cm，材料为综合材料，作于2008年。我最强烈的感受是：中国拥有地球上最伟大的山脉与河流，具有创造伟大艺术的所有资源，但却没有产生与悲剧、崇高这些审美范畴相匹配的作品

并不充分。按照国际学术界的普遍观点，从严格意义上来讲，古代中国有对美的议论，但是并没有"美学"。我从一个艺术家的角度就感觉到中国传统中对于"大美"这个命题存在一些认识上的偏颇。给我最强烈刺激的是，中国拥有地球上最壮丽的山脉与河流，具有创造伟大艺术的所有资源，但却没有产生与"悲剧""崇高"这些审美范畴相匹配的作品。就自然地理而言，亚洲要比欧洲强得多；不光比欧洲，而是比世界上所有地方都强得多。但为什么中国没有发育成长出与之相配的伟大美学体系？这是萦绕我心头的一个沉甸甸的疑惑。在从理论上找到答案之前只能以创造来回应。我用具体的画面来研究悲剧与崇高之美，当然是光照下的悲剧与崇高之美。

"悲剧与崇高之美"原本是古代东方美学的一个特色，但是占有这一资源的中国反而未能在这方面做出应有的表现。这是一个历史的遗憾，也是中华民族在艺术美学方面的一个弱点，时代的发展要求我们必须弥补这一点。现在搞小桥流水的太多了，缺乏黄钟大吕之音。

主持人：在此我想到中国另一位艺术家，他在这个角度跟您很类似，就是周韶华。周韶华提出两个核心的理念：一个是"图像移植"，另一个是"隔代遗传"。先说"隔代遗传"，这个就是强调跨过宋元明清，追溯上古时代。在这个历史文化角度上你们其实没有本质的区别，您是想跨到五万年前，追溯民族迁徙时期的原始崇高美，你们两个基本是殊途同归，在做同一个性质的事。另一个就是"横向移植"，周韶华也在把西方美学或者西方有关于"崇高""伟大"等美学概念拿过来，改造中国的传统审美趣味，以及画面的形式。所以从这个角度来看，周韶华在水墨领域做这个事，您同样在油画层面做这个事，您觉得是不是有可比性？

丁方：大概有一定的可比性吧。因为有一个深刻的问题萦绕在我们的脑海中，中华民族很伟大，这是毫无疑问的，但我们现在正面临挑战：怎样将中华民族最重要的文化精神予以复兴，以清理现当代文化的颓靡之势？这个迫切的时代命题使我们不得不思考"隔代遗传"问题，如果继续沿着宋、元、明、清传承下去，看不到中华民族的文化前途。关于"横向移植"这一命题，是针对"复兴"这一主题的。我们注意到，所谓"西方文艺复兴"实际上并不是西方本民族文化的复兴，恰恰相反，绝大部分是横向移植而来，都是从古代东方世界而来。学术界公认西方文艺复兴是两希文明——希伯来、希腊的复兴，它们正好是东方古代世界两大文明板块。

前些天在南京开会，和南京大学的一位历史学副教授讨论问题，我纠正了他的一个观点，就是认为中国之外就是西方。这是错误的。因为"西方"这个概念是随着不同历史年代而发生变化的。"西方"的准确概念，应该以欧洲第一个民族国家成立之时来计算，应该是公元800年——查理曼大帝率五千骑士在罗马的圣彼得大教堂受洗，此事件标志着法兰克王国成立，即西方世界的诞生。在这之前并不存在西方，为什么呢？虽然西罗马帝国于公元476年灭亡了，但消灭罗马帝国的日耳曼人并没有成立任何一个统一的民族国家，相互混战的状态一直延续了三百余年。在西罗马帝国灭亡之前，西方人——使用日耳曼语的北方蛮族，是作为罗马的同盟者或雇佣军出现的，他们没有文化主体，互相搅和着；在西罗马帝国灭亡之后，西方是一团混乱，各行其是，古典文化的主要部分由修道院保存着，一直到9世纪情况才发生改变。西方的蛮族虽然开化很晚，但他们的优秀品质体现在对高级文明有真心臣服的姿态。我们能发现，查理曼大帝从建立西方第一个民族国家——法兰克王国之时起，立刻就开启了文艺复兴，史称"加洛林文艺复兴"。复兴什么呢？他想代表西方把东方所有的高级文明全拿过去，以此来作为改造民族性的重要资源。当时天下公认拜占庭学者与爱尔兰修道士最有学问，所以查理曼大帝重金延聘他们到亚琛宫廷来训导他的臣民，从希腊的"七艺"开始训练，然后是大规模的翻译，将经典的哲学、神学著作从希腊文译成拉丁文。所以，西方的历史给我们一个很好的经验借鉴。

也就是说，西方今天取得的文化优势来自千余年的持续学习和努力，从9世纪一直到18世纪，始终不间断地对东方文明精华进行吸取，结果使得西方从一个地域性部落文化成为一个具有世界主义胸怀的主要文明。西方人特别崇拜亚历山大，"世界主义"就是从亚历山大那里传承过来的。如果了解这个历史，我们就不会误读"西方"这个概念，或认为中国之外就是西方，或把文艺复兴看成是一个西方的概念。

主持人：丁老师对文艺复兴的这个理解，倒是给我们开启了一个思维通道，就是西方文艺复兴这样一种文明样态的生成，应该是一个跨文化形态的包容性生成，而不能简单地理解为是欧洲文明本土的升华，这绝不是一个简单的过程。这也告诉我们，艺术形态也好，文化形态也好，一定要有一种包容，这样才能使文化更具有生命力，成长性可能会更好一点。那么说到这个，您刚才提到很重要的一个概念，就是光在艺术绘画当中的呈现。其实这个我也在思考，前面所说的周韶华的艺术跟您有一种类比性，周韶华是立足于本民族传统，从中往西看；您始终在用"光"这个概念，这是一个典型的神学概念，是一种发源于西方的神学观念。您用这样一种观念，再反过头来看东西方文明的这种交融的可能性。"光"在整个西方文化史是一个核心概念，这让我想起上两届威尼斯双年展的中国主题展《弥漫》，这是为了应合整个展会的主题，表现手法就是光照。其实欧洲的光与启蒙很接近，是一个从上往下散发、把所有人都笼罩住的概念。光照的概念与宗教有关系，跟启蒙哲学也有一定的联系，所以策展人赋予了一个"弥漫"的概念。我觉得光是概念是一个非常西方化的概念，但也适应东方的文化传统。光照不只是照西方，也照东方。

丁方：在此澄清一下，若从一个长远的历史眼光来看，"光"不是一个西方的概念，而是一个地地道道的东方理念，只不过后来被西方广泛运用和大力弘扬。我在前面讲述过，在卡尔·雅斯贝斯"轴心时代"的理论框架中，希腊与希伯来、犹太、波斯、中国并列为东方古代五大思想文化高峰，那时人类所有的文化精华都体现在东方，而真正的"西方"要到欧洲第一个民族国家法兰克帝国成立——公元800年方才诞生。起源于东方学术之都亚历山大城的神学美学，早在公元3世纪就完成了"光"的神学表述，它起源于柏拉图的一句名言"美是光辉灿烂"，但并没有具体的论述，所以方才产生斐洛、普罗提诺的"新柏拉图主义"。

柏拉图关于"理念的太阳"是一个典型的引领性理念，需要后人跟上论证。普罗提诺于公元3世纪完成了学术铺垫之后便开始构筑一个庞大的理论体系，最终体现在《九卷集》之中。公元6世纪，该理论体系被一个叙利亚的学者"假托狄奥尼修斯"加以更为具体的表述。在他的《神名论》《天国阶级》等著作中，认为所有拜占庭的圣事艺术创作都是根据这个理论进行创作的。真正的转折点出现在公元9世纪，加洛林王朝的伟大学者、来自爱尔兰的约翰·司各特·埃里金纳，把"假托狄奥尼修斯"的著作从希腊文翻译成古拉丁文。这才标志着神学美学从东方向西方的转移。但即使如此，这些伟大的思想仍然被当作东方的精神特权被供奉着，未敢僭越。一直到公元11世纪第一座哥特式大教堂雏形建成，圣丹尼斯修道院院长絮热昼夜苦读《天国阶级》而恍然大悟，明白了"神圣之光"应该从什么地方进来，方才赋予其物质形式的落地。因此，"光"的理念是古代地中海世界的遗产，它经历了从古老的东方世界向新起的西方世界的转移。这个过程，中国学术界不熟悉，也难怪。

在轴心时代的五大思想文化高峰中，"光"首先在希伯来先知文化中显示,"上帝说要有光,就有了光",然后在索罗亚斯德教以及后来的变体密特拉教,突出了光;在佛教也强调光,它们或直接传承给基督教,或给予基督教以很大的影响。所以,古代地中海世界与西亚、中亚、南亚、东亚,也就是"一带一路",是密切关联的。过去,波斯跟印度有很密切的联系,波斯的远东行省巴克特里亚、索格底亚那直接和印度接壤,这个以前讲过。

"光"变成一个严密的神学美学体系,起始于亚历山大学派。这一学派的成长与地中海文化域变为基督教世界是同步的。这个基督教世界,现代人往往误认为是西方(欧洲),但历史事实是,它从地中海东岸属于亚洲的巴勒斯坦地区诞生,无论在地理上还是时间上都是标准的东方,与西方无关。因此,缪塞尔·亨廷顿在《文明的冲突》中坚持认为西方本身是一个穷光蛋,它只是继承了两笔遗产方才变成了富翁,第一笔是希腊遗产,另一笔是罗马遗产。希腊遗产是继承其哲思体系与造型艺术;罗马的遗产首先是基督教,其次是由《罗马法》所表征的法制体系。

同时,我们也要看到,基督教的教父神学之所以称作"护教学",就是强行将两希文化的传统进行结合,重点是怎样把启示语言的《圣经》纳入希腊的哲思理论体系中。圣奥古斯丁认为旧约隐于新约、新约显于旧约,意思是它们原为一体、互为表里。正由于西方继承了这两笔遗产而成为一个文化上的富翁,它不仅没有丢失什么,还在上面加力打造,拼命弘扬。立足于大历史的视域将东西方关系清理一番,我们就不会认为神学美学是西方的事物了。它从公元前数千年都是东方的,第一个千年也是东方的,直到第二个千年才逐步转换为西方的,第三个千年也许又要回到东方了。

主持人: 可能说"基督教文明"更恰当一些,"西方"的概念纠缠起来,许多人会搞不清楚。不过,这个"光"说来说去的,影响我们最深的还是《圣经》中那句"神说要有光,于是就有了光"。这样一个概念，说是我们对"光"的信仰概念也好，或者是文化概念也好，可能是一个源头性的说法。而在艺术创作中，或许有一个本质性的存在。我们从丁老师的绘画中，可非常清晰地看到这样一种存在，我把它叫作"信仰"，或者说是"信仰精神在画面中的一种存在"。我想请丁老师给我们谈两个人，您对这两人的理解——我在您的画面中会看到他们可能给您的影响。一个是安塞姆·基弗，您刚才也提到了，另一个就是赵无极。他们分别在东西方的两端，可能也在做同样的事情，我不知道您怎么看这两位艺术家。

丁方：我的画跟安塞姆·基弗有一定的关系，主要体现在对材料物质肌理存在感的超验潜能的认识方面。他做得要更加绝对，更加体现了一种德意志精神文化的气质。"德意志人"的含义，在我看来，不是指一个种族，而是指一种形上精神想象力与历史穿透力。我一直在想，中国人怎样找到类似的精神力量？中国人不能离开本土，中国的自然地理是最大、最根本的优势，正如阿诺德·汤因比曾经指出的那样。相比之下，德国的本土没有相似的东西，它地处欧洲平原的腹地，森林密布、河流纵横、气候宜人、郁郁葱葱，建设得像一个大花园似的。中国的自然地理最重要的却是垂直高差，体现出大山大河的宏伟姿态，这种存在之根本我们无法视而不见。这种因素如何转换成艺术中的神圣能量，如何创化为绘画语言要素，是我必须回答的命题。所以我提出中国山水中蕴藏的神圣能量转换的命题，这种古已有之的伟大因素如何转移到当代文化之中，把普遍大众的文化意识提升一个层次。反观我们现在的都市当代艺术，其文化意识太卑微了，越来越江河日下，与我们国家拥有的伟大自然景观和历史构成完全不符，这种巨大的反差实在令人难以忍受。

所以，我对光特别重视，重新将神圣之光引入中国大地。我再补充一句，为什么对神学、美学要致力研究？因为恰恰是信仰，以及相关的神学、美学，把东西方文明最好的精华贯通起来。第一个千年在东方，第二个千年在西方；第三个千年，我希望是在中国，能有一种历史性的伟大回应。因此，我们必须打造一种融通东西方普遍历史精神经验的理论构架。如果能把这些解释清楚的话，中国的文艺复兴时代就真正到来了，而以往时代的历次复兴运动，无论是先秦诸子百家的思想复兴运动、唐宋的古文运动、宋明理学复兴运动，还是清末民初的中华复兴运动，都会相形见绌。在这里没有什么文化"横向移植"的问题，原来是你的就是你的，过去看不见只是你不识得。这个时候还要澄清另外一个概念，即"东方"的概念。中国要代表东方，但她只是东方的一部分，尽管是最主要的一个部分，所以能否做到这一点，还要看东方的其他大国——印度、日本、韩国、阿拉伯国家（包括土耳其）同意不同意，它们都各自怀抱雄心大略。由于过去中国学术界视野狭窄，往往把中国等同于东方，所以会把真正的东方——古代地中海世界以及广袤的西亚、中亚大地一概视为西方，甚至有人认为中国之外就是西方。这个观念太简单了，尤其是当前"一带一路"倡议提到一定高度时，就会痛感到新的启蒙是十分必要的。

　　上面所说的"三个千年"的概念，并非准确的时间概念，我们应该回溯至卡尔·雅斯贝斯的"轴心时代"体系。那时的人类五大思想文化高峰——中国、印度、波斯、希腊、希伯来，达到了涵盖整个人类文明智慧的高度，即使这样，文明也不是从摩西、以赛亚、苏格拉底、柏拉图、释迦牟尼、大雄、索罗亚斯德、阿维斯塔、孔孟老庄方才开始的。实际上，在雅利安人入侵地中海、北欧、印度次大陆之前，公元前3000年，闪米特人在地中海沿岸就已经建立了伟大的两河流域文明、尼罗河文明，同时期还有印度河文明、黄河文明的雏形，历史真的很复杂。

　　主持人：其实丁老师在提示大家一点，在他眼里，艺术需要一种神性的存在，而且这种神性是跨越东西方的一种普遍的历史存在，这种神性我们也可以理解为一种人类的共通价值的基本存在。作为艺术，我们在追求人类的共通价值时，可能会有多种途径。利用神学或者一种神圣性在规划当中的存在，也是一个不错的途径。这种途径也符合现在所寻求的绘画创作。因为我们现在追求的是一种写意精神，这种"意"的精神在一定程度上与我们所说的神性是相通的。在形而上的层面来探讨，"神性"也好，"写意性"也好，都是我们在面对精神领域不断提升我们的操作性时所采用的一种途径或者是一种方法，可以这样说吗？

丁方：可以。我还要补充一点，因为世界各国、各民族、各文化域存在着诸多截然不同的文化背景，令人类未来的发展充满机遇和危机，但后者要大于前者。我在前不久看过一篇德国著名社会学家写的文章，他很担心——也是目前国际社会普遍的担心，中国在崛起过程中十有八九要走民族主义的道路，什么意思？这里面有很深的内涵。对一般人来说，"民族"不是挺好吗？比如"民族自豪感""民族独立""民族解放"，等等。但这位学者讲的是不好的民族主义，他是指中国学术界存在的问题，因为中国学术界从来没有就"人类命运共同体"发表过任何研究成果、学术观点或者文化艺术的探索。我们讲的"民族"这个概念已不是一个地理概念，而是一个文化概念，甚至一个地球村的概念，德国可作为一个样板。什么是"德意志人"？好好读一下德意志的历史，他们为了站在世界文明的高点曾经付出多少努力，其艰辛程度非常巨大，远远超出我们的想象，所以才有后来18世纪德意志文艺复兴的高峰。德意志精神文化属于后起的文明，原先也是一盘散沙，经过充分努力之后方才获得一种世界主义的视野，站在了人类文明总体经验的高度。我就在反思，中国的艺术家直至学术界，能不能把眼光放远一点，能不能把跳高的标杆定得更高一些，哪怕奋力一跃跳不过去，下次再来。我们一定要站在世界主义的高度、人类文明的高度去审视问题、迎接挑战，就像我们前面提到的那些大学者、大艺术家。如果我们一开始标杆定得很低，将来的发展基本就没什么戏了，中国近现代史的惨痛教训已充分说明了这一点。铭记历史的经验，才能使我们避免重蹈覆辙。

主持人：这也给我们提了一个醒，在我们寻求绘画的民族化、本土化这条路上，一定要警惕陷入狭隘的民族主义，以及自大的民粹主义当中。

丁方：就是。

主持人：我们应该有一个人类的普遍性关怀，或者是有一个基本的架构维度，这个维度是面向所有人的存在，是面向所有艺术形态的存在。谢谢丁方老师，您的钟声也敲响了，我们这次就到这里，谢谢。

丁方：我再次表示感谢你们全班，感谢王老师、感谢主持人。在"写意精神"的旗帜下，我们进行了一番相当有深度的对话。这种"思想风暴"带出许多思考的可能性，将对我们的未来发展有重要影响。我希望这样的交流时有发生，形成一种传统。

文艺复兴之光

现时代艺术的功能和使命

从整个人类文化史的广阔维度来看，现代社会异化的普遍存在已使艺术的功能和使命与过去大不相同了。在价值混淆甚至颠倒的时代，艺术作为一种与"物质进步论"相对立的精神形态，其主要功能是对普遍异化状况的揭露和对人类灵魂的救赎。法兰克福学派大师阿多诺基于社会批判理论的美学思想而提出的表现主义，是一种最能给予异化时代以穿透性批判的艺术形态。它所

图9-4　阿多诺（前右一）及法兰克福学派　　二战后表现主义艺术的理论基础，来自法兰克福学派大师阿多诺基于社会批判理论的美学思想，其最有价值的贡献在于提出"文化救赎"这一时代文化命题，并疏通了行向布洛赫"希望哲学"的理路，为大工业生产社会的文化批判之后的重建、为当代神学的发言给出了预识

紧扣的"绝望"主题，逼真地体现了人在异化状态下所遭受的内在苦难。然而，当阿多诺把"文化救赎"作为一个现时代的文化命题提出来时，一个内在逻辑的困难便出现了：作为对现时代普遍异化状况之揭露和反抗的表现主义艺术形态，究竟怎样与蕴含希望因素的"文化救赎"沟通呢？或者反过来说，沿着反抗的道路走到尽头，将如何步入灵魂拯救之境？若想理清这一问题，就有必要先对当代社会中既有的大多数形式的"反抗"进行一番清理。

我们目前所见到的各种以表现主义形式出现的"反抗"，其生存价值的立足点基本上是落在个人主体之上，与存在主义密切相关。这种反抗虽然对消解意识形态权力话语有积极作用，但其内在本质决定了它终究无法构成一种新的文化形态，而至多只能把它所要消解的对象变成一片废墟。但试问，人能够长久地生活在废墟上吗？废墟绝非人类借以安身立命的居所。所以，在法兰克福学派的社会批判理论与美学思想达到顶峰而不知再如何推进之际，信仰界开始发言了，它以当代神学为标志，疏通了一条原先很难通达的道路——从绝望到希望。虽然法兰克福学派的代表人物之一布洛赫也曾著有《希望原理》与《希望哲学》，并对希望的内涵与外延做了深入的探讨，但仍然是一个基于社会乌托邦来谈论希望的理论体系。由于它未能摆脱以现世理想来偷换终极超验信仰的羁绊，因而不能成为一种彻底的希望，顶多起到为建立在真正的灵魂拯救意义上的希望出场扫清道路的作用。另一方面，由于现时代的独特境况，即当代神学尚未完整地进入当下历史，大机器工业文明、科技力量仍行进在凯旋大道（尽管是虚假的）上，人的主体意识的普遍觉醒与信仰的普遍沦丧尚未达到临界点，诸多因素使得该问题在眼下还不具备被彻底理清的可能。所以，在当前的思想水平上，艺术的功能和使命还只能被暂时定位在反抗上面。

这种反抗形态在20世纪的表现主义音乐、表现主义绘画以及荒诞派戏剧、诗歌中都有直接的、赤裸裸的和痛快淋漓的呈现。它们如同手术刀一般把现代社会的内在痼疾、病瘤都毫不留情地切开，但稍感遗憾的是这种解剖和切割并未使我们看到任何完整的新的希望。也就是说，在以往的伟大时代——圣经艺术、文艺复兴及古典艺术的精神艺术时代，确曾呈现过将罪恶、不幸、苦难、忏悔、怜悯、恳求、祈告、超越、升华、救赎、希望、荣光整合于一体的全方位精神性艺术景观，而在现时代却从未出现，至多以割裂的形态局部呈现。那么我们所要问的是：这种整体性的、使人既深切感到绝望又仰首瞻瞩到希望的精神性艺术，在现时代究竟有无重新出现的可能？值得宽慰的是，当代神学已为这一精神性艺术的出场铺垫了基础。无论是"上帝就是上帝"那种断绝以现世乌托邦偷换终极信仰的思想，还是巴尔塔萨"荣耀之美"的神学美学体系，都为在这个文化工业产品恣意流行的现时代中，艺术重新作为生存论意义上的荣耀之美形态的出场开辟了道路。

生存论意义上的艺术

我们首先要弄清，为何要在生存论的意义上来讨论艺术形态。这是因为艺术不同于科技文明或一般的物质力量，尽管它是由物质媒材构成的。艺术的具体表现手法与呈现形态，如绘画的笔触、色彩，音乐的旋律、音色，戏剧的结构、表演，建筑的内外空间、造型，等等，都是与生命存在的独特境况、与生灵作为生灵的固有情感、与生命的有限性以及生命对永恒的渴望、与对未来之境的憧憬和企盼密切相关的。它绝非物质进步论所宣扬的技术革命，如电脑产品一代换一代、工业产品某型号取代某型号那样不断地改进与变换，因为无论科技再怎样进步、革新，也无法改变生命终有一死这个事实，无法改变人类生存的悲剧基质。可以想象，即使在电脑、机器人取代了人生存中的一切辛苦劳作之后，人也仍然需要有一种灵魂的希望和期盼，这是任何东西都永远代替不了的。除非有朝一日，人类"进化"到能用生物技术从根本上重造人类，使人能够极大地延长生命，甚至使人长生不死，并以此来相对地消解生存的重负、苦难、死亡之悲剧性质（这里暂且不论真的如此实现之后将要出现的新问题）。

若从上述视角来进行审视的话，在当代复兴精神艺术实际上是一个艺术对灵魂施行拯救的命题，它与重建当代人的信仰是同步进行的。要知道，这种事情在过去普遍持有信仰的伟大时代中确曾同步进行过。如果从这一基点来对法兰克福学派的社会批判理论进行审视，就会看出其所举出的艺术实例在生存价值根本点上的暂时性与阶段性。阿多诺借以印证其美学理论的艺术典例，主要是表现主义音乐，比如勋伯格的无调性音乐，在新的十二音技术上发展起来的韦伯和柏格的音乐，以及巴托克、斯特拉文斯基的某些被不协调的刺耳旋律音声贯穿起来的甚至被肢解为并置的音块，但又富于极端的个人表现性的音乐。尽管这类音乐以其独创的形式和内涵把"音乐革命"推到一个前所未见的阶段，并将时代的弊病予以痛快地解剖，但从终极意义上来讲，这类"音乐的废墟"并未使人们真正看到灵魂

图 9-5 洛尔施福音书中的装饰与插画跨越了几个世纪，从希腊教父时期风格、蛮族哥特式风格移到晚期罗马艺术风格，显示出一种基于上千年积淀的传承的脉络，使习惯于当代艺术个人气味的眼光无从判断，或者只能将其进行简单的风格样式归类，其中明显的文化断裂正是我们如今强调"复兴"的缘由

的出路与希望。当这一先锋派的音乐革命驱迫着音与声步入噪声领域，并全面轮回到纯粹个体性的自我咀嚼之中时，音乐作为"灵魂的歌唱"的价值身位已被基本摧毁。

所幸的是，整个 20 世纪的艺术，当它自身还未走到绝路的尽头时，其摆脱困境的可能性亦在一个超验视域中向我们昭示：那就是在社会批判理论的基础上经由布洛赫的"希望哲学"，进而通过莫尔特曼的"希望神学"之道，最终步入巴尔塔萨"神学美学"的荣耀之美的境界。当然，这是一个尚在未然之境中向我们隐现的理想，我们还无法断言它必将到来，因为历史上人拒绝神圣之恩的事是经

常发生的。

"启示"，使我们接通了横亘在冥顽中的那根线索，它一端连接人性，一端维系神性。向神性看齐，使人在获得内在的尊荣与高贵感的同时能更为完满地实现人性，这便是所谓"伟大时代"的标志。在这样的时代中，信仰并非一个形式的躯壳，而是呈现为涵盖普遍生灵存在的各个方面的整体形态。无论在神学中、在祈祷中，还是在建筑、音乐、绘画、雕塑、戏剧等各个艺术门类中，它均是一种整体而有机性的彰显。就像罗马诺·瓜尔蒂尼为中世纪艺术所进行的正名——我们只要看看《乌得勒支诗篇》那无比生动的图像手笔，巴塞尔主教堂祭坛帷饰那清澈优雅的造型，主教贝恩瓦尔德青铜门那精湛美妙的"失蜡"铸造技术，圣潘泰莱蒙教堂《哀悼基督》壁画中那具有巨大情感张力的场景，《巴黎诗篇》《约书亚长卷》中那体现了伟大的新鲜感和独创性的形象，《洛尔施福音书》封皮那整合了晚期古典艺术与哥特艺术风格的人物形象，等等——只要整体领略一下那凝聚形、声、光、色（雕塑、音乐、绘画）于一体的精神殿堂式的艺术形态，甚至我们只要看一看作为历史见证的那个时代的一流文化艺术作品，便不得不承认，无论现代建筑理论如何多样、建筑技术怎样发达，却未能真正超过甚至基本达到古代的水准。尽管今天的楼能建到五六百米高，但是仍无法与尺度远不及它的精神性建筑（教堂）相比。这其中的奥秘在于：对生灵来说，单纯数量（或质量）上的增长并非与其对灵魂的震撼力的大小成正比，而恰恰是形、声、光、色的整体性效应方才构成对生灵的持久感染。因此，我们只要仔细研究一下就会发现，在任何具有伟大精神信仰的时代，其艺术形态都是整体性的。既不存在脱离建筑造型的雕像，也不存在脱离教堂空间的音乐，更不存在单纯露天下放置的雕像与绘画。所以，当现时代人——那些被社会分工割裂的单面人再去聆听帕莱斯特里那、加布里埃利、拉苏斯或巴赫的音乐时，是无法完整领受到那种超凡入圣的精神力量的。这绝不仅仅是个历史时空的差异问题，而是一个内在想象力与灵魂经验的差异问题。

当然，这并非说今一定不如昔，而是要指出在今天物质进步与科技力量已极大开发了人们的经验领域并已相对减轻了人类的生存重负时，人类理应能创造出更为丰富深刻、更为宏伟整体的艺术形态，而绝不应像现时代这样，反倒滑向流行庸俗和自我迷狂的深渊。另一方面，我们毕竟生活在现时代，不必要也不可能把过去的教堂、过去的音乐及过去的雕塑、绘画复制一遍，并以此来作为我们对灵魂希望的追求，因为这并非真正的"希望"姿态。历史要求我们根据当代人类的生存景观，建立起一种具有当代文化针对性的崭新的精神艺术形态。在这种精神艺术形态中，不但要有对当代人灵魂遭受异化的痛苦之表现，更要有一种在这种境况下开启出灵魂希望的表现。所谓"出路"的含义主要是指应对我们的价值观重新定位，这种新的精神艺术就有助于修正现代人的价值观的定位。价值往往与幸福、意义相关，那么何为幸福和有意义呢？难道人活得长久或者是拥有更多的物质财富就是幸福吗？难道人能够上火星、上月球就算是幸福、有意义吗？看一个时代是否真正伟大，只有一个标准，那就是看其人的尊严、人性的完满能够发展到何种程度。正因为人的贬值已成为一个世界范围的历史性事件，所以艺术才会变得无聊、琐屑和苍白无力。那些如同个人梦呓般的自由诗代替了史诗，电视肥皂剧代替了严肃的戏剧，流行乐、摇滚乐代替了圣咏与交响曲，大众艺术、波普艺术代替了真正的精神性艺术……这绝不仅仅是一个艺术形态或艺术自律性变化的结果，更是一个内在实质精神的蜕变。

在以往的伟大时代，那种由音乐的音声、建筑的造型、戏剧的结构、画面的光色所展现出来的精神境界，使我们至今还能感受到某种令人向高贵看齐并唤起人类尊严的感情。但现在许多人则认为信仰时代的艺术只是一种单纯为教会服务的艺术，只是一种艺术听命于神学的形态。这一观点有它一定的正确性，但同时却包含了更大的偏颇性。真实的情况并非如此。关于这一点，我们既在那些持有信仰的艺术大师的作品中得到印证，又在那些纯属教会的工匠性摹制品中得到反证。但有一点可以肯定，在基督教世界的精神历史中，艺术作为人类内在灵魂的显现方式，是与信仰密切相关的。就这一点，克里斯托弗·道森已在其名著《宗教与西方文化的兴起》中予以了透彻阐述。

反过来看，现时代的人以完全的艺术自律形式语言，打着"自我解放"的旗帜所进行的那些"艺术创造"，得到的又是怎样一个结果呢？结果竟然是现时代艺术在貌似千姿百态的外表下的总体滑落！这一判断并非说现时代艺术没有开发出新的审美情趣与审美范畴，但却呈现为总体精神性的滑落，直至沦丧为纯粹个人呓语的流露。如果在此方面还有人硬要睁着眼睛说"不是这样"的话，那就是另外一个问题了。

上述一系列的问题可归结为一个提问：一个人的主体创造力究竟是他自身所固有的一种禀赋才能，还是来自神圣的启示与恩赐？这是一个至关重要的命题，它取决于对耶稣基督神圣受难事件的体认。之所以强调这一点，是因为现时代人那种建立在对一切不信赖的基础上的自我狂妄，已成为现代主义艺术创造的理论基础。紧接着的问题便是为何现代主义艺术创造观的生发与成长会如此顺利和势旺呢？这要部分地归结于信仰界内部的问题。我们必须令人遗憾地指出一点：自从文艺复兴以来，教会忽视了艺术和美在传达上帝神圣的爱的意志方面的巨大功能，是教会放逐了艺术，使其漂泊在荒野之中，以致真正的信仰之光无法借助可视可听的形态穿透现世昏暗的境况。这也正是当代神学兴起以及精神艺术重建时必须予以整饬的。

文艺复兴之光

信仰史中的艺术发生史

　　艺术的发生，实质上是信仰发生史的一个见证。当埃及人于公元前3000年在尼罗河畔的沙漠上建立了第一座金字塔时，这一行为便标志着埃及人信仰体系的发生。它不仅沟通了太阳神瑞和冥神奥西里斯之间的灵魂道路，而且使此世的生灵有了时间的向度与空间的方位。然后，经由最后的审判，通过尼罗河泛舟摆渡到西卢之野的新境界。在这里，冥神奥西里斯是这一早期末世论信仰体系的中心，它的灵魂力量最终体现在埃及造型艺术中的人物那动作硬直的形态里。这些人物由深重硬朗的刻划刀法、博大沉厚的造型感觉和全部趋向那永恒冥界的精神态势构成。相较之下，其他文化就从未生发过类似埃及人那样的末世论信仰体系，因此也就不可能产生以金字塔为标志的造型艺术。

　　中国在大约与埃及同时代时也曾有过某种信仰，但我把它归类为蒙昧的信仰，或者更确切地说是一种与现实功利过分相关的因果观念。因此，中国的造型艺术便没有那种矗立于大地蓝天之间并标示出精神向度与灵魂方位的庄严形态，而是将雕塑品埋入地下（如青铜雕塑品永远标为"某地出土"），甚至那些理应竖立于大地之上的"青铜神树"，也在广汉三星堆被作为祭献品而埋于土中。试想一下，一种是经过烟熏火燎而沉于地下的散乱形态，另一种则是矗立于大地蓝天之间的高达百余米的三角形建筑，这一存在样式的差别就已经表征出截然不同的内涵意义。

　　超验信仰形态的发生学之差异，决定了不同文化各自的造型观

图 9-6 广汉三星堆青铜神树 这是历史留给我们的一个未解之谜,它与流行于古地中海文明的生命之树关联密切,甚至可追溯到上古时期中华民族迁徙的史诗时代,藏羌古族对于生命之谜、对于生命之树与文明智慧的关系有着独特的感悟与表达

念和样式。中国建筑中始终未出现直立向上的因素,最后只发展出像故宫和苏州园林那种"平面展延"的"天花板建筑精神",而这种盘踞在大地上的建筑形态恰恰与民族血气的衰颓和逍遥玩世心态是一脉相承的。

反观希腊文化,其标志性的造型——神庙建筑,得益于埃及第二十六王朝的卢克索神庙和卡尔纳克神庙,但在比例上已趋于合理,整体造型显得悦目和得体,不再像埃及神庙那么沉重压抑。

如果说埃及艺术是由一颗紧张的灵魂衍变出来的话,那么希腊艺术则恰好相反。虽然它也有阿波罗太阳神与狄俄尼索斯酒神的对抗,但由于希腊人的宇宙观是以数学计算为根基的(泰勒斯所发明的几何学原理,奠定了他们的内在之眼、耳的尺规),所以希腊人最懂得和谐与美。在他们的造型世界中,正义的理念等于完满加和谐,并趋向黄金比。结果,无论是在公元前500年左右的维纳斯、阿波罗雕像中,还是在公元2世纪希腊化时期的拉

九 倾谈录

259

奥孔及天神大战巨人的雕像中，均有无处不在的黄金比，这是希腊人的宇宙观在艺术形态中的转换与显现。

希伯来文明实际上是与埃及文明密切相关的，其联结点就是末世论的信仰体系。以色列人被迫逃亡的处所——埃及，实际上是它赖以发轫成长的精神母土。埋藏于斯芬克司坐像下的古老信仰，与希伯来人的被逐苦难逐渐融为一体，并在无辜者的血泊上建立了早期的基督教会。当罗马人征服了整个泛希腊化社会时，历史上最不可思议的事情发生了：征服者反而为被征服者所信仰的精神征服了。所以，罗马贵族对希腊艺术的虔敬，不单单体现在重金聘请希腊艺术家为他们的宅邸进行美化与装饰，更重要的是他们逐渐接受了一个原本属于穷人的宗教。圣保罗于公元38年起在罗马的传教活动，一直到公元313年米兰敕令的颁布，标志了整个欧洲文明史的决定性转折。这一历史过程还说明了：拉丁民族从一开始就秉承某种接受更高级文明种子的素质，这方才造成了征服者竟然历史性地成了真正的皈依者与承传者。罗马人的改宗基督教，为日后北欧各民族——汪达尔人、维京人、西哥特人、日耳曼人等皈依基督教开了先河，这是人类历史上绝无仅有的野蛮文化向高级文化皈依的一个典例。

在公元4世纪前后的欧洲大陆上，不仅基督教帝国被蛮族四处攻打、岌岌可危，即使是蛮族控制的地区，也是到处征战厮杀、血流成河。而那时中国正值强盛的汉帝国时期，一派康泰平安景象，但内在危机却早已潜伏。相反，欧洲表面上的分裂与征战，却酝酿着未来新的崛起与繁荣。

十

文化地理与精神艺术

"痛感文化"及其基础

中国在公元前5世纪左右曾诞生了以孔子、孟子、老子、庄子等人物为代表的先秦诸子思想家,他们与希腊的毕达哥拉斯、苏格拉底、柏拉图、亚里士多德,印度的释迦牟尼、大雄,波斯的索罗亚斯德以及犹太的先知们,共同构成了德国思想家雅斯贝斯所说的人类文明史上的"第一轴心时代"。雅斯贝斯指出:"人类一直靠轴心时代所产生的思考和创造的一切而生存,每一次新的飞跃都回顾这一时期,并被它重燃火焰,自那以后,情况就是这样,轴心期潜力的苏醒和对轴心期潜力的回归,或者说复兴,总是提供了精神的动力。"① 就思想史的意义而言,人类至今未能超越第一轴心时代所关注的命题,它们的光辉一直映耀到现时代,并为人类如何走出时代困境提供了启示。

回顾当前中国的文化艺术领域,虽然也结出了丰硕果实,但以千年的历史尺度来看,中国艺术的形态与其所拥有的自然地理之崇伟广袤并不相配。若从材质的发展衍变史的角度来反思,也是一个日渐弱化的过程,与中华地理之雄浑厚重大相径庭。如果我们对世界人类各大文明的艺术形态进行一番仔细的巡视,就会觉得这已成为一个绕不过去的问题——如果中国艺术想要真正地立于世界民族之林的话。

我认为,上述问题的核心点,是国人没有将大地给予中华民族

---

① [德]雅斯贝斯:《历史的起源与目标》,魏楚雄、俞新天译,华夏出版社1989年版,第43页。

的馈赠——"痛感文化"的精髓留住，它早已离我们而去。

这里所说的"痛感文化"概念，其存在与生发的第一性基础来自华夏大地独特的地理和地形。"地理"与"地形"这两个地理学名词，在哲学生存论的层面上可释读为"大地"。历史向我们昭示：自古以来，生存于大地上的人类，以其种族特征、意志品质、适应能力和创造天赋作为押注，来决定自身文化的命运。

地理的历史，是大地历史之象征，是生命历史的预言。

大约四千万年前，印度板块与亚洲大陆的碰撞与挤压，形成了世界第三极——青藏高原。辽阔的青藏高原在中纬度的崛起，极大地破坏了中国地理环境的南北过渡性和沿纬度分布的地带性特征，因而具有鲜明突出的非地带性。甘、青黄土高原和晋、陕黄土高原作为青藏高原的延续，将上述地理地形的特征传递给了中原大地，同时决定了这块土地上的人的生存境况——山脉高远险峻、水系落差巨大、气候寒暑严明、北方陆地贫瘠、草原横跨欧亚、有远洋而无内海。

其中，剧烈起伏的非地带性不仅造成气候的犬牙交错，导致的陆地与江河的紧张关系，也成为栖居于华夏大地上中华民族的生存之痛，或者说，"大地与水"二者始终处于一种充满痛感的巨大张力之中。它给出我们这样一幅生存的图景：在高差巨大、奔腾肆虐的河流周围，是植被浅薄稀少的高原；寒暑严明的气候与凌厉劲吹的风沙，修理出具有铿锵皱折的地形。在大地的隆起部位和迎风挺立的岩壁，遍布裸露的岩石和坚实的黄土，酷似米开朗琪罗雕刻中的人体脊背。因此说"山脉是中国的脊梁"并非优雅的文字比喻，而是确凿的物质见证。

《诗经》中这样吟诵："洪水芒芒，禹敷下土方，外大国是疆。"[①]当我们来到黄河青海段的积石峡——当年大禹治水的起始之处，举

---

① 《诗经·颂·长发》。

目遥望两岸的崇伟绵延的山峰，俯身鸟瞰脚下奔腾激荡的黄河，就会感到这种震撼人心的景象扑面而来，并且以令人意想不到的速度融化到我们的血液之中。

那么这些是为了说明什么呢？我认为这一切都是为了说明一个精神指向：在民族血质的深处肯定中国文化本应具有的重要特征——痛感。此处所说的"痛感"，是指一种生存论意义上的痛苦。这种与生俱来的先验的痛苦，它的神秘性在于：既可以成就一个文明，也可以耽误一个文明。

中国文化的历史之歌

中国文化的历史歌声，源于人类与大地的关系，而河流之于大地，如同血脉之于肉体。因此，对于前面所说的"痛感"，中华民族首先在歌咏中予以了表达。

夏代国君启的大型乐舞《九辩》《九歌》，是从天上得来的华美靡盛之乐。而屈原秉持"追先代遗风"的初衷与"得此中正"的审美理想，创制出仿夏启的《九歌》《九章》，它们则来自荆楚大地的民间祭歌之吟哦咏叹，聚合呈现了华夏大地之痛与先民心灵之痛，伴随的是孤傲心魂从痛苦中升华而出的美质。

这种根植于古代朴素的"天、地、人、神"四维空间的歌咏传统，随着汉代乐府的"歌舞大曲"的兴起而隐退，只留下了厚重的"号子"仍然流传于民间。它仿佛是第一轴心时代伟大思想的粗粝回音，在大河两岸滚动回荡。

荀子创作的《成相篇》[①]，是中华农耕文明的经典之作，其中所说的"相"，是指一种由舂米或筑地的劳动工具发展而成的打击乐器，用以击节说唱。"成相"，则是指在下层人民中流传的粗犷的歌谣、说唱形式，后来逐渐发展成具有体系的诗歌样式。《成相篇》全篇四句一韵，按固定节奏朗读，无固定的曲调，节奏快速而激昂。

[①] 荀子（约前313—前238年），名况，战国末期赵国（今山西南部）人，先秦著名思想家。《成相篇》是他的音乐代表作，被称为"中国说唱文学之祖"。《成相篇》采用当时民间歌谣形式，普遍运用"四字对偶句"，开辟了诗歌运用对偶之先河。《成相篇》运用长短句形式、对偶手法，影响了后代汉乐府诗歌、宋词、元曲以及民间说唱文学。

它的具体音乐形式虽今天已不可考，但我们仍然能从流传至今的黄河号子[①]中窥见联系两者的隐秘线索。"号子"作为来自长江、黄河沿岸的劳作之歌，既是中国目前尚留存的原始生存之歌，也是"大地、水、人"三者关系的见证。它作为不加修饰的心声抒发与尽兴吆唱，其心灵基础和普遍人性紧密联系在一起，可以追溯得非常遥远。

---

① 黄河自河南开封到山东利津入海口这一段，由于泥沙常年淤积，河床日益增高，形成了名闻天下的悬河，有的地方竟高出地面七米。因此，每年河汛到来之前，常常要组织成千上万的民工进行抢险，主要依靠的工具是石硪和铁夯，而打夯、打硪又必须唱号子。每逢此时，千里黄河大堤上万众齐唱，各类号子此起彼伏，响彻云天，构成一幅壮阔宏大的场景，并汇成震耳欲聋的歌咏海洋。自古以来，年年如此。

黄河夯号的曲调多数以当地民间小调为素材，再由领唱者根据举夯的速度、次数加以即兴编唱，他们经常是见天唱天、见地唱地，或者把他们熟悉的民间传说、历史故事也编入其中。以具有代表性的《嚓号》为例：全曲共有四个领句和四个合句，其中，领句的一、三句完全相同，第二句用了新音调，第四句是一、三句的变化反复；合腔的一、二、三句基本相同，第四句用新音调，为的是总结全曲。领唱歌词的内容为历史人物，合句的歌词则全部是呼喊性的衬词。全首号子气势磅礴，雄壮有力，极富北方音乐的阳刚性格。

返回原初的"思"

在文化艺术方面,中国虽拥有得天独厚的自然地理资源,但却未曾结出与之相称的成果——早期的青铜艺术除外。假若对世界人类各大文明的艺术形态进行一番宏观巡视便可感觉到,中国艺术就整体而言的发展呈现为"意蕴妙味不断增强"和"造型强度不断减弱"的反比进程,由形式体现的意蕴也愈来愈不是以强大的生命力,而是以它的对立方式存在,如残山剩水、病梅瘦石、片荷孤枝之类。即使是对于"神圣"形象——佛像的表现,也是不断地衰退。宋以降的寺院庙庵中的佛教塑像已完全蜕化为民俗文化中的福、禄、寿造型,便是有力的说明。令人惊异的是,这一过程对应着中国艺术在材质层面的日渐弱化:从最初的青铜礼器到石雕像,从画像砖到泥塑彩绘,最终到水墨宣纸。其选取的物质材料越来越轻薄、越来越精妙,但也越来越缺乏力度与分量。

总体来看,中国艺术历经数千年发展衍变的漫长过程,只是在敏感精妙的平面领域——以毛笔、水墨、宣纸为媒材的书画形态中,达到了高妙的境界。例如以二王、智永、怀素、米芾等书家为代表的书法艺术,以徐渭、八大、石涛、髡残等画家为代表的山水花鸟画,曾一度游移至魏晋玄学人格或禅宗境界,但大多数艺术类型还停留在对世俗生活方式的咀嚼和品位的层次上。它们虽然技艺高超、精细微妙,但内在精神已然丧失。其逐渐僵冷的形式躯壳,完全不具备成为精神艺术资源的强度与力度。

如果说什么是中华民族最大的缺憾,我认为是:中华民族经历了如此多的苦难,但却没有产生过真正意义上的痛感文化与悲剧艺术!相反,随着江南丝竹的悠扬婉转和楼台亭阁的浅吟低唱之泛滥,"乐不思蜀"式的苟且心态与"闲适文化"的修身养性,渐渐成了华夏大地的主旋律,尤其是在明、清之际,更是如此。在我看来,它意味着这块土地上的民族背离了上天最初给予他们的馈赠。

欲返回遥远的起点,首先要经过"思"。当一个民族的文化艺术前景遇到迷障时,就必须返回"思"的本原去寻找。这里所说的"思",是哲人海德格尔之思。它是一种诗意之思、一种对本真生存的沉思,而不是科学的逻辑计算之思。当与生存大地相连接时,它体现为一种虔诚的"回忆之思",使我们得以从形而上的科学计算之思返回诗意的回忆之思。这是一种典型的"语言的还原",让存在本身言说。从此出发,海德格尔为我们描绘了在"思"的领域中语言和原在的地形学之间的关系,他指出:"从真理的角度来说,思之诗乃是原在的地形学。原在的地形学在思之诗的本真居所,言说思之诗。"[①]在海德格尔看来,显现出思者的边界,划出思者的地形地貌,并将这些边界、形貌汇集一体,语言才回归它的本真居所。也就是说,语言的真正居所是划界与言说,依照言说内在的波纹推展视域的边界,并在此言说中创造世界。

总之,海德格尔所指的"言说",既是指语言的表达,也是指艺术的创造。只有在语言表达和艺术创造之中,人的本真才能显现。作为一个对中国文化地理进行彻底追究的行走者,我试图以自己的行走经验来对海德格尔的哲学沉思理念进行东方式转换。具体地说,就是将"思的原在地形学"的概念进行逆向还原,即通过生命体验对中国自然地理、文化地理进行不断地探究,把"号子"中的痛感印记还原为绘画语言之表达,目的是创造出"中国式的原在地形学的艺术文本"。

---

① [德]海德格尔:《思的经验》,陈春文译,人民出版社2008年版,第116页。

中国地理与精神艺术

我之所以把某种将要创造出来的绘画形式称为"中国式的原在地形学的艺术文本",是因为它来自中国大地深刻的存在经验,这一经验先验地规定了"言说"的精神指向。

我之所以关注黄河号子,是因为它的形式中带有华夏大地鲜明的"原在地形学"的痕迹,它既是中华大地上原初性的精神索引,同时也是我所想寻觅的通向中华民族心灵之歌的途径。

那么,这种新的绘画形式与黄河号子之间究竟有何关联呢?其一,黄河号子包含的痛感要素,是华夏大地的自然地理与文化地形的表征。我试图通过"思"的转换与"言说"的还原,将"痛感文化"重新植入中华民族的心灵基质。其二,我呼唤在中国大地上再现如黄河号子那样悲怆有力的艺术形式。如果说它的听觉形式在历史中未能达到完美的话,那么就应以视觉形式去弥补,这也是历史赋予其"再生""复兴"的绝佳契机。

从人类整体历史的角度来审视,亚洲不仅面积和人口均居世界之冠,而且有着世界上最辽阔的陆地、最高峻的山脉、最雄伟的高原以及最古老的河流,这使得它拥有产生人类高级文明形态所应具备的一切文化地理资源。中国作为亚洲的中心,她集中了"伟大"这一形容词所对应的一切地理特征:那些横亘于中国西北大地上的山脉、高原与河流,展示了上帝赐给东方世界最丰厚的精神地理景观,它具有的意义远远高于自然地理和文化地理,体现出一种属灵的启示。当我们目睹从帕米尔高原顶点向四处延伸的崇伟山脉,目睹横陈于中亚大陆腹部的浩瀚戈壁,目睹崛起于喜马拉雅山脉上的那些超逾八千米的巅峰;当我们目睹从海拔近七千米的高原腹地发源的长江、澜沧江,尤其是遥看经昆仑山、阿尼玛卿山、巴颜喀拉山、大力架山、积石山、晋陕峡谷贯穿而下的滔滔黄河——这些地方虽不是适合人类栖居之所,但却是哺育伟大精神艺术的摇篮。它们以黄金般的缄默提示人类:在中国的精神地理构架上,理应诞生一种粗犷豪迈的艺术形态,激情充溢的笔触横扫画面,铿锵有力的雕凿点石成金,在错综繁复的织体内部,灵魂的骨骼傲然卓立。

毫不夸张地说,当东方古代文明在对人类文明做出决定性的贡献之后却转入沉默时,当西方文明在借助基督教信仰与科学技术的双翅翱翔了两千年而终于日趋疲缓时,东方历史资源将成为人类再创伟大艺术时代的最后资源。正如历史学家阿诺德·汤因比在20世纪所做的伟大预言:"中国人和东亚各民族合作,在被人们认为是不可缺少和不可避免的人类统一过程中,可能要发挥主导作用。"[①]

我期望,21世纪的中国大地上诞生一种崭新的"精神艺术",从自身雄厚的地理资源和精神沃土中汲取力量,构建一座新的文化高峰。同时,这种精神艺术将超越民族地理界限,历史性地把超验的精神价值传统从西方迎回东方,从走失的母土中重新植回精神之树。它将以其一往无前的精神力量,参与到扭转整体人类文化下滑趋势的伟大努力之中。

---

① [英]汤因比、[日]池田大作:《展望二十一世纪》,荀春生、彩继征、陈国梁译,国际文化出版公司1985年版,第294页。

十一

中华民族的迁徙与玉文化

人类的迁徙历程

在中国人的历史观中有"上下五千年"的说法。这是一种站在文明史的角度来看待历史的概念，但另一方面我们也不应该忽略没有文字记载的历史。现代分子人类学和体质人类学将人类文明之前的历史信息展现出来，打开了一个新视域。甚至可以说，史前阶段的民族记忆更为重要，它奠定了一个民族的根本气质，决定了人种各个类型的成长基因。当前我们提出中华民族伟大复兴的口号时，其落脚点正是"复兴"二字，意思是找到原初的根本才能真正把握住复兴的契机。如果没有追根溯源，这种复兴就是可疑的。我认为，5万年的迁徙史方才是中华民族的完整历史，而不仅仅是5000年。

1987年，美国加州大学伯克利分校的研究人员在《自然》杂志上发表了题目为《线粒体DNA与人类进化》[①]的文章，证明了"人类共同的祖先来自东非"。通过对人类基因裂变图谱的研究，地球上所有的人类都有一个共同"线粒体夏娃母亲"。研究显示，大约在20万年前，人类的祖先从能人发展到智人时代，人类开始从东非大裂谷和地中海沿岸一带向外迁徙。那时候的人种均为地中海贫血型棕色人种，他们的特征是圆脑袋、厚嘴唇，行动比较笨拙，智力不像现代人那么发达。先民们沿着一望无际的海岸线漫无目的地前行，因为海洋性的气候与环境可以使得他们采集更多的贝类，方便捕鱼，保障生命延续，缓解严峻的生存挑战。他们从红海、阿拉伯

---

① Rebeccal L. Cann, Mark Staneking & Alan C. Wilson, "Mitochondrial DNA and Human Evolution," *Nature*, Vol. 325, 1987, pp.31-35.

湾绕到波斯湾、孟加拉湾，然后再扩散至东南亚一带，并在这一地区滞留了很长时间。在这里，发生了一件对东亚各民族都有决定性意义的事件。在大约5万年前，滞留于东南亚的这些先民发生了很多变化，从地中海棕色人种中裂变出来的黄色种群异军突起。其中最富有组织性、吃苦耐劳的一支族群毅然决定北上，当他们行进至喀喇昆仑—喜马拉雅山脉时被挡住了，其中一部分人产生了畏难情绪，沿着缅泰地区进入云南广西一带，然后顺着海岸线向东再向北行去；另一部分人则在喜马拉雅山脉与云贵高原交界处找到了一个缺口，沿着横断山脉纵谷区顽强北上到青海、甘肃的交界地带。沿着这条路线迁徙的是先羌——汉藏民族的祖先，而先羌正是在8000年前在这里分化成汉民族与藏民族的。

日月山与玉石之路

青藏高原可被视为华夏民族迁徙的重要节点。它的自然地理高度决定了一个民族心智的想象力以及精神文化的包容度，但这须在长时段的历史中方能检验出来。

在众多内涵丰富的地上遗存物中，青海的"海西岩画"是一个典例。它们分布于中国西部的深壑大漠与高山脊腰间，可谓无处不在。从东头天峻的卢山岩画到西部格尔木的唐古拉岩画，跨越了数千平方公里的疆域，它们与先民们在迁徙途中的滞留范围相叠合。正是在辗转于青藏高原的数万年期间，中华先民对山脉的体认与崇仰逐步奠定了民族心理与精神气质的深层结构。这时，一个重要的标志——日月山应运而生。它是一座位于青海省湟源西南、海拔逾4000米的山峰，被古代先民从祁连山脉一系列的山峰中拣选出来，作为神圣之山被尊崇。

如今，我们仍能从语言学角度觅得其神圣气息的蛛丝马迹。"日月山"的藏语是"尼玛达瓦"、蒙语是"纳喇萨拉"，均为"神圣之山"的意思。日月山南面山脚下是著名的"倒淌河"，它正是日月山的神奇之处：水流不是由西向东，而是由东向西逆向而行！这仿佛是一个高悬头顶的神秘象征：上万年前藏羌先民们在这里依据上天旨意分化为藏缅语系和华夏语系的子民各奔东西，形成了中华民族如今的格局。

据考古证据显示，日月山就是"昆仑神话"中的昆仑山，而湟源亦是西王母故里。从宗家沟石窟群的"西王母石室"延伸到大华中庄的卡约文化遗址，这里作为西王母国的政治经济中心，构成了新月状地域，其中封存着上古时代中华先民迁徙的密码。

从湟源继续往西可看到德令哈的"怀头他拉岩画"，年代约为北朝至隋唐时期。昆仑山口的石碑上刻有苏轼的《黄河》诗句：

> 活活何人见混茫，昆仑气脉本来黄。
> 浊流若解污清济，惊浪应须动太行。
> 帝假一源神禹迹，世流三患梗尧乡。
> 灵槎果有仙家事，试问青天路短长。

这首诗以宋代人的眼光，将昆仑山的气脉与大禹治水的功业放在一起评说，展示了一种荡气回肠的历史人文情怀。

相比宋代文人所讴歌的大禹治水的功绩，昆仑山还承载着中华民族草创时的历史记忆。在我们的文化中，昆仑山被誉为"华夏第一圣山""万山之祖""龙祖之脉"，其巍峨的身姿见证了中华民族由蒙昧走向文明的进程。起源于此的昆仑创世神话，更是中华民族最早的创世文字记录，对中华民族的形成与发展产生了重大影响。作为人类初祖的伏羲女娲神话，便是昆仑传世神话之一。唐代李冗的《独异志》下卷记载了女娲兄妹因"天下未有人民"而结合、生育后代的故事，这在血缘婚姻逐渐退出人类婚姻发展史，并伴随一定的伦理道德日渐形成之际，发挥了大胆的想象。此外，昆仑神话故事中广为流传的还有女娲炼石补天、西王母与东王公、穆天子西游、共工怒触不周山，以及黄帝制衣冠、创医学，等等。我们通过以上神话可以感受到华夏先民在迁徙的过程中那铿锵有力的沉重步履，也能体会到他们的脆弱肌肤与粗粝大地磨合的声响。而最令人感到惊奇的是，先民们在辗转于昆仑山凄苦环境中时竟发现并格外珍视这个山脉所孕育的玉石。这种对温润质感的热烈追求正是先民们过多承受暴戾自然的反证，也由此孕育出一条玉石之路和独特的中华玉文化。

中华玉文化的形成与发展

古代中国人对玉石的崇拜可追溯到上万年前的昆仑玉文化。在这个基础上衍生出来的新石器玉文化，如红山、龙山、良渚、石家河、齐家等，皆可视为昆仑玉文化的一个分支。如红山文化玉器多用产于岫岩县的透闪石玉、蛇纹石玉，良渚文化玉器多用产于江苏溧阳小梅岭的斜长石玉，其祖源皆来自昆仑山周边的透闪石玉矿脉。

随着考古发掘的深入，我们可以清晰地知道中国历史上的玉石之路由三个大致的走向构成：北玉南调、东玉西传以及西玉东输。北玉南调和东玉西传是作为玉石信仰和器物制作技术的传播路线存在的，西玉东输则是作为玉资源的调配线路存在的。目前，对玉石信仰和器物制作技术的传播之路的重构，相对较为困难，还需等待更多的物证。因此，"西玉东输"是目前玉石之路研究的主要方向。此条路线正是昆仑玉的东输路线，因此"玉石之路"也被称为"昆山玉路"。对这个方面的文脉梳理，我们可以在后世诸多的考古遗迹、文献资料和文学作品中得到印证。

商王朝是玉文化的发达时期，这时中华农耕文明的定居生活渐趋成熟，玉器的等级愈益细分，形成了有序的体系。一个著名的范例就是，1976年河南安阳殷墟"妇好墓"发掘出土的750余件玉器引起了学术界的关注，经鉴定，这些玉器都属于和田玉[①]。这表明早在3000年前，和田玉就已经进入中原地区，但也有学者对此提出异

---

① 和田玉是清代以来的名称，古称昆山之玉，汉代及以后的古文献中也称之为玉或琅、于阗。

议。关于玉石之路的最早产生时间，史学界仍存在争议，但不可否认的是，周朝时昆山玉路已经成为昆仑玉石与中原各地交流的一个重要通道。

有一个史实至关重要，公元前1200年左右，周穆王巡狩天下、广收玉器，并亲自来到青藏高原的西王母国，穆天子与西王母双双携手前往艾克塞湖狩猎并弯弓射大鸟，满载白羽而归。这种洋溢着浪漫主义的故事，可解释为穆天子与西王母对中华共同祖先的生存方式与迁徙来路的民族认同。在《竹书纪年·穆王篇》中详细地记载了周穆王于公元前963年西巡的路线，该路线是从王都镐京出发，经河南，过潦沱之阳到犬戎之地，西行至黄河，再沿黄河而上，经宁夏到甘肃，过青海入新疆，经昆仑瑶池之会，越葱岭到中亚、西亚，然后逆向返回都城。其结果是留下了一部历史典籍《穆天子传》，其中下面这段文字的描述至为重要："至昆仑之西，东还时至于群玉之山，取玉三乘，玉器服物，于是载玉万只。"[1] 从解神话学角度，这段话蕴含了一个强烈的冀望，并通过对玉器的寄托而予以表达。这一重要历史节点开启了中华文化材质精神史的言说，也证明了周穆王西巡线路与古代的玉石之路是相吻合的，先秦时期的玉石也由此被赋予了更多的崇高性。

两周时代，人们推崇"禺氏玉""汉江珠"，这是对玉的高级品赏阶段，为春秋战国时代贤哲们构建玉材性质与人格品德的喻释体系奠定了基础。孔子对玉质这样评论道："温润而泽，仁也；缜密以栗，知也；廉而不刿，义也；垂之如队，礼也；叩之其声清越以长，其终诎然，乐也；瑕不掩瑜，瑜不掩瑕，忠也；孚尹旁达，信也；气如白虹，天也；精神见于山川，地也；圭璋特达，德也；天下莫不贵者，道也。"[2]

---

[1] ［南朝］沈约:《竹书纪年·穆王篇》，商务印书馆1937年版，第43页。
[2] 《礼记·聘义》。

以上论述中的"温润而泽",指玉材表面湿润,实际上是评价它的光泽及透光性;"缜密以栗"是指质地的细腻致密,"廉而不刿"是指硬度,"瑕不掩瑜"是指纹理;而对天地精神的彻底参透,便是神圣之道,犹如最珍贵的美玉。那么,君子与玉之间究竟是何种关系呢?诗云:"言念君子,温其如玉,故君子贵之也。"① 这一句的意思是自《诗经》时代起,只要说到君子,就会比喻其性情温厚如昆仑玉,皆因为它的贵重品质啊!或者也可以这么说,所谓君子就是悟透天地之道、性情温厚如玉者,三位一体也。

在玉的质地的价值判断方面,透闪石玉料即昆仑玉,自古以来始终居于正宗,地位在其他玉料之上。究其渊源,皆因昆仑山系是中华先民艰难迁徙历程的必经之途。昆仑神话是中华民族的创世神话,其宗祖的地位无可挑战。因此,战国时代著名的"和氏璧"便出自昆仑美玉,它一经确认便被钦定为传国玉玺的质料。

古籍中对于昆仑玉的记载更是俯拾皆是,如"登昆仑兮食玉英,吾与天地兮比寿,与日月兮齐光"②;"今陛下致昆山之玉,有随和之宝"③。中华玉文化经两周、先秦、两汉至魏晋时代达到高峰,《世说新语》中"君子以玉比德"的相关论述,将昆仑神话起始的"玉石—人格—道德"系统,赋予时代的新解释,同时它也是魏晋人格精神与物质对应的主要基础。

然而,在经历玉石滥觞时期的夏商周三代以及秉性刚强的秦汉时代之后,玉文化中所蕴含的昂扬向上的精神气息已经逐步被消磨。这个现象可理解为早期中华文明中的精神资源多来自民族迁徙的史诗情愫,其"如火烈烈"的血质仍然被有序承传直到秦汉时期。但在中华文明彻底完成了向农耕文化的转型时,稳定、保守、可预知的生活方式使得人们安逸于现世享乐,从此玉文化也蜕变至愉悦审

---

① 《诗经·秦风·小戎》。
② [先秦]屈原:《楚辞·九章·涉江》。
③ [汉]司马迁:《史记·李斯列传》。

美的层面。

  一个例证是,明代曹昭所著的《格古要论》中记载:"玉出西域于阗国,有五色,利刀刮不动,温润而泽,摸之灵泉,应手而生。"[1]可以见得,人们已不再关注玉石中所具有的精神品性,而是着迷于质感、色泽的方面了。当人们对玉的感受蜕变至"把玩"层面时,便意味着玉文化中所蕴含的那种深邃的灵魂意义已丧失殆尽。

---

[1] 《格古要论·珍宝论》。

"神圣山水"：回归玉文化的精神实质

通过以上梳理，我们可粗略了解到中华民族迁徙之路和玉文化产生、发展之间的相互作用。但值得注意的是，西汉武帝派张骞凿通西域之后，中原取玉所开掘的玉石之路便被人淡忘了，取而代之的是更为著名的丝绸之路。人们如今在深度挖掘中华民族伟大复兴源头的过程中，将这条曾经辉煌的玉石之路从历史的铁灰中再次剥离出来，具有非常重要的当代意义。

可以说，正是昆仑神话和昆仑玉，使昆仑山变成一座神圣的山脉。这座山成为中华民族的象征，它是中华民族的"文化坐标"，承载着华夏先祖的原始崇拜，演绎成中国人共有的精神家园。千百年来，"昆仑山"作为中国群山的象征屹立在中国西北部高原上，并以万壑纵横之态、奇幻神秘之姿，向世人展示着辉煌灿烂的风采。人们常用"巍巍昆仑"四字来形容中华民族的人文性格和文化内涵，"赫赫我祖，来自昆仑"的语句也揭示了早期华夏民族的迁徙历程。正是在这艰难的迁徙中所产生的"痛感记忆"和险峻的高山大水使得先民们更加珍视舒适的生活，这温润玉石正好寄托着他们对美好生活的希望。同时，也将长途跋涉沉淀的坚忍与大地的雄伟崇高灌注其中，升华为更具人格化的玉石文化。

因此，在新时代，古老的中华玉文化面临着一个"意义再阐释"的历史性机遇，我们应借助对玉文化的研究返回中华民族迁徙的本源，追溯至昆仑神话和玉石之路的探究之中。这样方能为复兴"中华玉文化"、重新拾回失落的价值意义，并使之成为当代中国文化建设的思想资源奠定基础。

  关于回归与复兴的路径，只进行历史文本研究是远远不够的，必须加上生命体验与艺术创作，其道理不言自明。因此，我们推出以"东方文艺复兴"理念为引领的"神圣山水"的系列创作，寻回中华民族在摆脱了迁徙命运转向农耕的定居生活过程中失落的神圣价值。这里所说的"神圣山水"创作是指通过对中华先民迁徙路程的回溯来描绘中国西北大地的壮丽风光并寄托神思。在历史文化层面，对轴心时代各大文明的精神资源进行研究，结合并淬炼出中华民族迁徙途中所孕育出的神圣价值，并将其呈现在作品中。在物质材料层面，可寻取西北大地上与昆仑玉相似的矿物质材料进行研磨，做成颜料并运用在作品里。这样，在形而上和形而下的两个层面上，我们都能回归中华民族迁徙和玉文化的本质，进而完成向原初精神的回归。以一个更为长远的历史眼光来看，这种对暗藏在东方时空隧道深处神圣精神的复兴，必然会促成欧亚大陆板块上东方文明的全面觉醒。

十二

中国山水文化解读

什么是"山"

从航拍的昆仑山鸟瞰图可看出,这里寸草不生,遍野荒芜,不像其他地区那样郁郁葱葱,为什么?因为它是造物主在青藏高原崛起之后,特意为亚洲大陆设计的一个生存的拷问。在这种不适合人类生存的恶劣环境里,竟然有一支族群要穿越它去寻找理想的生存之地!这是一个违背当时人类感知能力的重大决定,因为极可能要冒着亡族灭种的危险。现在我们所公认的理想生存之地都是丘陵平

图12-1 帕米尔高原之所以被称为"世界山结之地",是因为地球上最伟大的山脉的源头都在这里汇聚,喜马拉雅山脉、昆仑山脉、喀喇昆仑山脉、天山山脉、兴都库什山脉,它们耸立云天的雄姿标示着东方的绝对高度,也象征着"中华民族伟大复兴"应达到的精神高度

原或水泽之乡，但是中华先民从西至东、自南向北艰辛迁徙而来的时候却不是这样。在远古民族迁徙途中，我们会看到如同上图中的山峰，这正是亚洲标志性的山脉形态。

世界上最伟大的山脉在帕米尔高原纠结汇聚，它因此被称作"世界山结之地"。从遥感卫星的地形图来看，这里是地球上两条巨大山带：阿尔卑斯—喜马拉雅山带、帕米尔—楚科奇山带在帕米尔高原形成山结，这一山结同时囊括了亚洲大陆南部和中部地区五大山脉——喜马拉雅山脉、喀喇昆仑山脉、昆仑山脉、天山山脉、兴都库什山脉。它们波澜起伏，连绵逶迤，雪峰群立，耸入云天，标示着东方的绝对高度。

帕米尔高原位于青藏高原的西南角，世界上最宏伟的山脉都是从这里起源，并伸展到西域和中原的。东方大地的地形图特别好看，我曾经买过好多地形图挂在墙上，没事就细细端详体会。当然，单纯的观看是没有太大用处的，你必须亲身实地行走，用生命的体验来见证观察，如此才能领悟其中的奥秘。

"世界山结之地"，这六个字对我们解读民族迁徙史来说非常重要，这里是世界上绝无仅有的地形。在中国古籍中，帕米尔高原被称为"葱岭"，在昆仑神话中则被称为"不周山"，意思是说它不是一般的四平八稳的山，而是突兀崛起的高山绝顶。葱岭的主段海拔通常都在5000米以上，历史上从来没有一支成建制的队伍能够越过。除了唐朝的高仙芝率军从葱岭的南麓翻越成功以外，无论是亚历山大的远征军、成吉思汗的蒙古骑兵，还是那些藐视死亡的部族都未能越过。从这一点就充分说明了，史前民族迁徙之艰难超出我们的想象。我们现在讲到"险"和"难"，都是为下面铺垫的，为什么中国古人会发明出这些掷地有声的字句，比如"高山仰止""高山流水""仁者乐山，智者乐水"？为什么始终把山和水放在无比尊崇的地位？其原始的基因究竟是什么？现在知道原来是从中华民族迁徙5万年的积累中而来！5万年把5000年比下去了，这种迁徙的记忆烙在民族血液之中，沉淀在我们的祖先的血管里。在此，历史的语言是不断雕琢我们想象力的一把锐利的凿刻刀。

在久远的年代，历史生命之书刚刚开始撰写的黎明时分，我们的先民长途跋涉至此，看到的就是这样的景观——宏伟的山脉、湍急的河流。那是怎样的一种精神在激励他们前进！你看，这种直上直下的山峰，使人立刻联想到中国古代的青铜器。那些寒光闪闪的宝剑，体现了中国古代上乘的金属制造水平。春秋战国时期著名的"五代越王"宝剑，其造型应是从此而来，这当然是一个工具美学上的联想。对古人来说，什么样的石头能剥皮、刺兽、搏斗与自卫，是一眼就能看清楚的。这些对石头的具体造型、角度、锐度以及整体的感觉是从哪里来的？那时既没有图纸，也没有前人留下的模本，只能从自然中来。也就是说，古人对于西部的崇山峻岭、大山大河早已悟透，已经印在脑海里、融化在血液中，当现实生活中需要时，随便一比画就有，即所谓的"信手拈来"。

我们再来看看中国的"山"与"水"之间的关系。昆仑山脉是帕米尔高原贯通青藏高原的一条最主要的山脉，分西段和东段。中华先民生活的地区一般属于东段，但西段更加宏大，它就是我们常说的"喀喇昆仑山"。要从新疆到西藏，就必须越过平均海拔接近6000米的喀喇昆仑山地段。昆仑山在青藏高原盘桓延绵不仅形成一系列著名山峰，而且散布出许多支脉，比如祁漫塔格山、唐松乌拉山、布尔汗布达山、唐哥乌拉山、阿尔格山、布青山、阿尼玛卿山，等等。黄河于巴颜喀拉山脉发源，汇集了扎曲、卡日曲、星宿海、约古宗列曲而形成澎湃的水流，在青藏高原东部数次折返，从大山中盘桓穿行而出，并在蒙古高原的河套地区留下了优美的弧形，缓缓进入著名的九曲十八弯。黄河在这一平静的地段蓄积了巨大能量，以奔腾咆哮的雄姿穿越晋陕峡谷，最后在峡谷的末端风陵渡平缓下来，以无比巨大的流量滋润沿岸人民。我当时的行走笔记曾大段描绘了对黄河仰视俯察、亲身体验之后引发的心灵震撼，它让我深刻地感觉到黄河——母亲河在中国的身体上是怎样流淌的。这种血脉的流向充满了跌宕起伏，可不像欧洲的三大河流——莱茵河、多瑙河、塞纳河，它们虽优美却过于平淡。黄河通常展现出一种惊天动地的汹涌波涛，它构成了中国"水"的主要形态。因此，中国的山水——山是高山大岭，水是洪水激流。从《山海经》《昆仑神话》以来，山水留给中华民族的生存经验，基本都是壮阔浩渺、壮烈悲痛的记忆。

日常的生命经验在某个关键节点上会突然升华，会与平时熟读但并未深刻认识的哲学大师的理论相遇，从而使自我生命获得巨大提升。我不由得回想起20世纪末的最后一年，整个夏天我都奋力行走在怒江峡谷。怒江是长江三大支流之一，属于横断山脉纵谷区，沿江两边是大雪山——碧罗雪山与高黎贡山，陡峭的岩壁与湍急的水流构成了地球上最大的垂直落差。数万年前中华民族先民在迁徙途中曾经路过这里，谱写了灵魂与大地碰撞的生命交响曲。沿着怒江一直往北行走，自然地理景观实在是太壮观了。尽管都是老少边穷地区，它却是中国精神的资源富地。德国哲学家马丁·海德格尔在语言学领域为我们提供了一种极具价值的词——原在地形学。真正的诗人必须追溯语言的源头，去寻觅语言学意义上的"原在地形学"。若从形象的角度来讲，真正的艺术家一定要去中华民族精神最初诞生的地方体验，一旦将它研究清楚，便迎来民族史诗的诞生。那时，精神艺术国度的疆界便悄然划定并逐步明朗。

纤夫与号子

中国山系、水系的巨大垂直高差，造成了人与山、水之间的紧张关系，它贯穿在中华先民迁徙的历程之中。人与山水的关系在很长的时段内是紧张的，这种紧张关系在中国的上古创世神话——昆仑神话里集中呈现出来，它刺激中华文明发展趋向两极的人文情怀：一种是永不屈服的抗争精神，以夸父、后羿、共工、大禹等一系列战天斗地、肝脑涂地的领袖人物为代表；另一种则是对天地自然顺应包容的精神，它为先秦诸子百家"天人合一"思想的产生奠定了基础。"采菊东篱下，悠然见南山"是中华先民通过不懈的艰苦劳作而营造的理想家园模式。可以推想，中华民族长期在一个非常严酷的客观环境中生存，必须发展出与天地自然协调的思想体系。当萨满教、占卜术渐渐淡去时，中国大地的地平线上便出现了另一番图景，老庄道家所强调的"与天地自然有机协调"的智慧应运而生。

这就形成一个很有趣的现象，一方面是洪荒时代人与自然的张力关系，另一方面则是在现实生活中发展出一种对于自然的顺应姿态，或者是一种解读的智慧。无论是伏羲创八卦、文王制周易，还是神农尝百草、二十四节气，这些都是以农耕文明为标志的创造性体现。中国的农耕文明之所以早熟，是因为他们比别的民族更迫切地要求要有一个安居乐业的环境，更需要打造出一个以合理灌溉与定期收获为标志的定居文化。

《山海经》及"昆仑神话体系"中体现的中华民族先民和自然的紧张关系，如夸父逐日、后羿射日、共工怒触不周山、女娲补天、

文艺复兴之光

大禹治水、愚公移山等惊天地、泣鬼神的故事，向我们传达了一个隐喻：中华民族英雄具有率领部族勇敢挑战自然、战胜恶劣环境的非凡勇气，以及为自己的民族造福的理想愿景。如果顺着这个思路将心比心，解神话是相当容易的。其实创造神话的人也和现代人同属人类，只是比我们早活了上万年，但基本心态与情感都是一样的。

历时上万年的治水过程，从共工、颛顼到鲧、大禹，一直到后来的都江堰李冰治水、西门豹治水，再到汲仁/郭昌征治水、王景治水，等等，都被当作神话来崇拜，它们自身便已构成了一部史诗。数千年的治水过程与另外两个词形成了强烈的对比关系，这两个词就是"纤夫"与"号子"。"纤夫"是逆水而上、行走在尖利岩石岸边的男性苦力；"号子"则是他们在背着纤绳奋力行走时口中吆唱的劳动歌谣，因为铿锵有力像激昂的号角而被叫作"号子"。

图 12-2 丁方《纤夫》　材料为布面油彩，尺寸为 108cm×148cm，作于 1983 年。在古代中国，历时上万年的治水过程积淀出两个词语："纤夫""号子"。纤夫是指逆流而上、行走于尖利岩石岸边的男性，号子则是他们在背着纤绳奋力行走时吆喝的歌谣，其调铿锵有力，与周围的高山激流同构

我们从精确的地形图中可以看到，中国的河流是从海拔7000米处流到海平面的，这是世界上绝无仅有的地理高差！就我所知，世界各大河流的垂直高差一般在两三千米左右，而中国是7000米。这不仅意味着其源头空气稀薄、人迹罕至，而且昭示着奔腾的水流对大地的强烈切割。水流携带大量的泥沙冲向下游，这种状况造成了水路交通的险阻与不便，自古以来就是如此，小船顺流而下也是危险重重。李白的著名诗句"两岸猿声啼不住，轻舟已过万重山"，看起来非常轻松惬意，但里面却包含了多少艰难与危险！有经验的人知道，轻舟顺流而下与船舸逆流而上，在物质量方面是完全对等的，一分一毫都不会少。它意味着纤夫们每日十几小时的繁重劳累，几千年来都是如此，代代相传。我做过实地调研，当他们拉纤的时候，船是完全看不见的，大概在数公里以外，要用很长的绳子才行，这是拉纤力学的需要。这种情况如果和"伏尔加河上的纤夫"相比，后者就很舒服了，就像是散步，还可以不断抬头看看两边风景——如同画中那个正在张望的孩子形象。真正的拉纤是怎样的？大头冲下，身体与地面几乎平行，就像一张横在地面上的弓；更令人震惊的是，他们通常是一丝不挂。之所以不穿衣服，是因为汗水流得太多，一会儿就湿透了，还不如裸体痛快。

20世纪80年代初我去黄土高原写生时，曾经遇到很多拉纤的船夫，到了90年代就没有了。拉纤的现场非常惨烈，我从中似乎看到了远古时代的图景，这是典型的"置身于现实中却在看历史"——看山水与人心的撞击形成怎样的关系，回溯中国人对母土的认识是怎样形成的，体味诞生《昆仑神话》的现实根据与形上基础。由此我明白了为何中国神话中的英雄都是肝脑涂地，以一种壮烈的行为方式赴死。毛泽东对中国历史有独到见解，他很欣赏"共工怒触不周山"的精神，并把这种精神应用到政治学中来，这也是一个例证。

我认为，这种历史英雄神话，是中国古代先民被大地塑造出来的一种固有气质——坚忍、刚烈、不屈。这种气质强烈影响了先秦时代的那些志士仁人,如聂政杀侠累——"滴水之恩当涌泉相报",决心赴死而拒绝苟且;又如荆轲刺秦王——"风萧萧兮易水寒,壮士一去兮不复还"之壮士精神。这种东西不是天上掉下来的,它一定有更古老的渊源,而这种渊源恰恰与中国的山水有关,更准确地说应该是与中国的地形高差、山脉江河有关。

"纤夫"与"号子",是中国"水"的特殊性质之印证。这"水"属于"大河激流"而非"小桥流水",它可以审美观看但并不亲切实用。举个例子,澜沧江的水流整个都是红褐色的,就像一个壮士血流偾张的脉管,里面充满了漩涡与怒涛;金沙江是这样,怒江是这样,黄河也是这样。为什么在大江大河两岸居住的人们总是说人要"出山""去远处"?一个重要的原因就是这里的水不好,有水不能喝。我曾经在西北高原村民家里过夜,了解到他们从几岁就开始跟随着大人去很远的地方打水,每一天的头等大事就是走几十里路挑水,把一家人能用、能喝的水弄过来,这是全家最重要的任务。城里人没有这个概念,水对我们来说无非就是拧开水龙头的事情,哪有成天挑水的事!上面所说的这种艰难生活状态延续了多少年?几千年来如此,上万年来也是如此。沿着大山大水迁徙的民族,只要没有摆脱这个区域就是这样的生活状态。所以中华先民一直渴望找到理想的栖居之地,中国成语"青山绿水,炊烟袅袅""屋前屋后,种瓜种豆",或者"采菊东篱下,悠然见南山",说的就是这个意思。

从人类学的分类上来讲,中华民族的先民可统称为"先羌"。它包含两个部分,一支是秦人,或者叫羌族。像四川的茂县有很多羌族,他们与汉族人比较靠近,较远的一支则是藏族。藏族是先羌的一支,他们在八千年至一万年前在横断山脉纵谷区分道扬镳,先羌中有一支继续返回高原生活,他们就是现在的藏族;还有一支继续迁徙,沿着崇山峻岭向北,一直到达长江的一个重要支流——岷江的上游,然后折向东方到达河套地区,这就是羌人的另一支秦人。在鄂尔多斯草原和陕北高原接合部有许多先民遗址,由于这里有一条撒拉乌苏河,因此被称为"撒拉乌苏遗址"。大概九千年前,先羌部落来到这里,在河谷凹地开始掘洞而居,这就是窑洞的最初形态。窑洞有很深的含义,它是中华先民对大自然长期深刻观察的结果。在远古时代,开采石头很难,伐树砍枝也不易,盖房子不如挖洞,后者最为经济,冬暖夏凉,一目了然。黄土高原本来是亚洲大地气候变化的一个特殊结果,但却意外地成了为中华先民准备的特殊栖居之地。

天人合一与骨法用笔

两宋之后的中国传统山水画，着重抒发人与自然和谐相处的精神，以一种与世无争、悠然自得的姿态，呈现出与我们前面所说的完全相反的景象，这是为什么呢？实际上不难理解，它恰恰是对中华民族迁徙史之艰难困苦的一个反题表现，也是农耕文明在中国成熟之后的静态呈现。正因为中华民族祖先们的生存记忆过于惨淡灰暗，他们的后代才渴求生命的狂欢与鲜艳的色彩；正因为古人与山水的强烈紧张关系，后人方才凭借智慧去开山造田、治理水患，全心打造一个"采菊东篱下，悠然见南山"的理想的田园诗生活环境。从文明的挑战与应战的大历史观来透视历史，我们可以看到许多这样的例证。越是绝对的荒芜，从中成长起来的成熟文明就越是要向相反的方向摆动。

中国传统山水画主要指向"天人合一"的理想旨归，这是一种宁静致远、幽秘盎然的境界，自然呈现为一派惬意景象，风似乎也懒得吹了，天上只有闲云野鹤。但实际中的现象界恰恰相反，西北黄土高原与西域戈壁大漠经常风沙大作，遮天蔽日。对在那里生活的人来说，上述那些在画中的情景是虚幻的、不真实的。千万不要以为西北刮大风是近现代生态被破坏的结果，其实自古以来就是如此。毛乌素沙漠、腾格里沙漠、阿拉善沙漠，以及延伸至新疆的戈壁与荒漠，早在上古时代就控制了中亚的气候，甚至在青藏高原崛起之后就承担了上帝警示人类的冷酷角色。汉代史书中就有明确的"大漠以北，匈奴王庭"的概念，他们早就知道匈奴王的大帐一定建

图12-3 霍去病墓前石雕群像中，以"马踏匈奴"最为酣畅淋漓，是典型的东方表现主义的产物，一方面展示了汉代军人气吞万里如虎的气势，另一方面则体现了天人合一的理念，这是后人极力推崇此种艺术风格的根本原因

立在大漠的北面；而匈奴人也认为中原王朝军队是穿越不了沙漠的，所以大帐通常不设防，因此才有大汉骠骑将军霍去病亲率轻骑兵直捣匈奴王庭、燕然山勒石记功的。我举出这个例子是要说明，传统山水画中反映的天人合一的和谐景观，并非中国最古老悠久的传统，而只是中国文明发展的某个时期，它可能是两宋以来的典型传统，这个传统距今大概一千年左右。但问题是，我们现在要回顾更为完整的传统，至少是五千年的传统，甚至还要加一个"零"——五万年的传统。

随着农耕农业的发展与成熟，"天人合一"逐步成为中华民族宇宙观的主流。但许多人忽略了这里面有一个重要的区别，上古时代的天人合一是一种壮怀激烈的英雄主义，它与后来道释合流之后的"禅宗化"水墨画的天人合一境界，是完全不同的两个事物。因此，这两种"天人合一"的思想在中国传统艺术中表现为强烈对立的形态,壮怀激烈的英雄主义的载体是摩崖石刻、甲骨石雕、石窟壁画等,而道释合流的禅宗艺术的载体是绢帛重彩、纸本水墨、玉瓷器物等。它们都体现为一种东方独有的写意风格,我称之为"东方表现主义"。总体来看,东方表现主义与中国大地的山水景观密切相关,在中国古代绘画的名句格言中早有启示,那就是"师法自然"。中国的语言很有意思,它一般都比较简单,就是一句格言,没有太多理论框架性的铺陈,所以在国际学术界就有"中国有历史但没有史学,有哲思但是没有哲学"这种说法。老子的《道德经》就五千字,基本是一番教训的语言,或者是圣人的感悟心得,言简意赅,给后人留下无限宽广的解释余地和想象空间。

"师法自然"虽然只有四个字,却意味深远,它直接与另一句格言"气韵生动"贯通。古人是要通过这两句格言告诉我们,自然中最重要的东西是"气",这个"气"无所不包,无处不在,上达天宇,下至个人,一旦你真正领悟个中奥妙并将其纳入胸中,就把握了整个世界,也就达到了"天人合一"的境界。夸父逐日,依仗的是这一股"气",若不是有一口气顶着,他怎能喝干一湖水之后仍然紧追太阳不舍呢?同样,共工怒触不周山、女娲补天、后羿射日、大禹治水等,都是靠这一种气——胆气、豪气、英雄之气,它撑起了中华民族精神的英雄史诗骨架,就像大西北那些山脊分明、筋骨赤裸的山脉。但是这种英雄豪气在隋、唐、五代之后一下子就没了,就像大风把云吹散似的,消逝得无影无踪。在两宋时期,聪明人多得是,但整个民族却展现出犬儒主义的姿态,只剩下挨打的份儿,为什么?因为精、气、神没了。我们不要以为耍小聪明的可以叫"气韵",只有真正的大气,那种与中国大山大水相匹配的博大气息,方才称得上"气韵"。在这个意义上,"师法自然"这四个字也不是很容易理解的,需要考验你究竟看了多少自然。我认为至少把中国的大山大水全看在眼里,才算是懂得了"自然"两个字,而且应该立足于中国,把东方世界、亚洲版图都览于胸中才真正算是懂得。再往东是外海，那边是日本，可以不看；然后往西一直看到地中海，从地中海地区的撒哈拉沙漠西部一直延展过来，越过帕米尔高原与青藏高原，掠过中亚草原和西域大地，直到中国的三山五岳，要弄清楚三山五岳与青藏高原崛起之间的深刻关联，要把这些全都看在眼里。我们尤其要看地形的变化，看山峰与山脉的关系、山峰与山脉之不同。所谓山脉是指一个体系，既有山脊脉络又有风水走向，正是雄劲而复杂的走向方才构成山脉。你看泰山就不叫山脉，恒山、嵩山、衡山和华山也都不是，因为它们有山而无脉。

我认为称得上"山脉"者，一定要与"雄浑博大"这个词匹配才行。换句话说，一定要有脉络、有沟壑，有很多拱卫群峰构成的一种空间的纵深，这才称得上雄浑。雄浑不是指单个的体量与具体的转折角度，而是指空间、时间超出想象的跨度。昆仑山就是雄浑山脉的典范，它的体量是那样巨大。1983年夏天，我沿着青藏公路穿越昆仑山，从格尔木到纳赤台再到烽火山，仅仅是昆仑山的截面就超过120公里，那还是最窄的一段，宽的地方竟然有上千公里。在这类生命体验中，拍照片是没有太大用处的。我们都有乘飞机的经验，靠椅背的袋子中能看到航空杂志，里面一定会有很多山脉雪峰的照片，你会按照那些照片画画吗？肯定不会，因为你没有来自生命体验的感动，一点感觉都没有，那就像一个虚拟布景似的。相机有很大的方便之处，但也有负面作用，不利之处就在于会误导一些人，认为相机的即时性和瞬间性就等于艺术的当下性，这也是"当代艺术"的部分理论基础。尽管相机也是体验的必要记录，但相机的成像毕竟是静态扁平的东西，相机中的雪山美景怎么能直接成为你绘画的灵感来源呢？不可以的。对真正的画家来说，他如果想要画山，就必须从亲身体验出发，从上述过程中逐步推演出灵魂血脉的经验。这个过程当然比较艰难，所以柏拉图说"美，是难的"。换言之，绘画如果要表现美，也是难的，其过程用中国古话来说就是如"春蚕吐丝"般艰难。

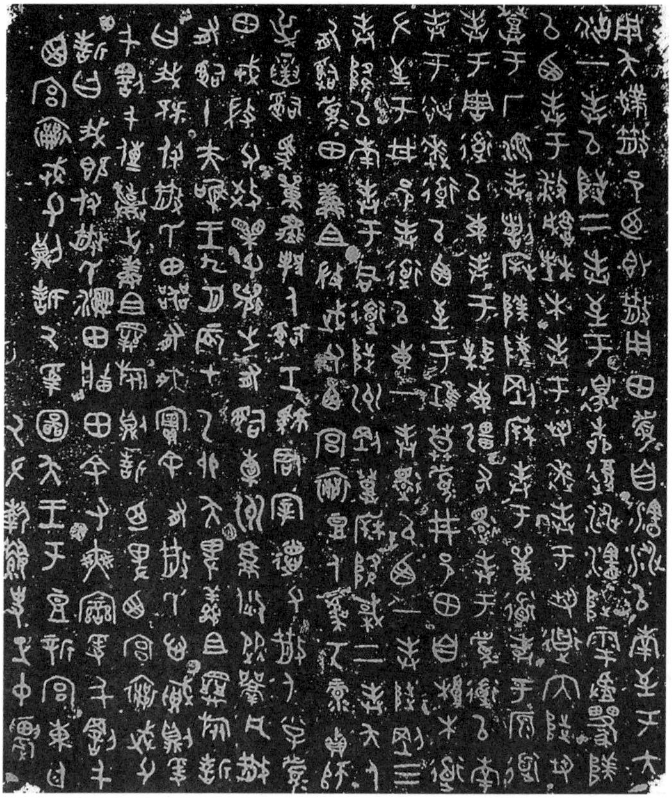

图 12-4 毛公鼎金文体现出一种唯有东方大地才有的金石语言，与甲骨文传统密切相关。具体来说，它的刻划轨迹具有丰富的内涵，一方面是指从"骨头"材质获得的摩擦系数之经验，另一方面是指篆刻者将书写的精神意向内化为"筋骨血脉"的身体记忆，最后定型为线条的审美范式

下面，我们来进一步解析一下"东方表现主义"。讨论东方表现主义必须落实在一个具体的点上，"表现主义"的前面之所以加上了"东方"两个字，是要说明其学理的立足点一定要在东方审美经验上落地，而不是拿西方表现主义来套用，不只是换一个名词而已。我认为，东方表现主义首先体现为"骨法用笔"。"骨法用笔"特指书法用笔的线条，比如以《毛公鼎》的金文为例，它的刻画体现出强烈的金石语言，一种在东方大地上才有的、由甲骨文篆刻摩擦系数演变而来的书写形态。所以此处的"骨"字具有多重含义，一方

面是指从"骨头"这种材质获得摩擦系数的经验，另一方面是指篆刻者如何将书写的精神意象内化为"筋骨血脉"的身体记忆，最后成为线条的审美范式。我们通常所列举的线性范式，包括顾恺之的"春蚕吐丝"、陆探微的"高古游丝"、曹仲达的"曹衣出水"、尉迟父子的"屈铁盘丝"、吴道子的"吴带当风"，等等。在敦煌壁画中，元代所绘制的千手观音边上的胁持菩萨，衣服下摆的皱褶就是典型的吴道子风格。它并不是吴道子本人的真迹，这些画工很可能是吴门画派的民间高徒，他们都模仿吴道子创造的风驰电掣般的风格。其特点是运笔快速有力、提按节奏鲜明，就像大唐时期的剑道舞姿。据研究考证，这种风格来自当时风行的"剑器舞"，裴旻将军、公孙大娘是代表性人物，前者代表官方正统派，后者代表民间野逸派。我们从杜甫的著名诗作《观公孙大娘弟子舞剑器行》中可看到，那些鬼斧神工的字句既可以用在描写剑器舞上，也可以用于形容敦煌壁画。以上案例皆可纳入"东方表现"与"写意精神"的语义系统之中，是"骨法用笔"在不同历史时段的个性化体现。每个人、每个时代都有其鲜明的个性，有的人来自中原，有的来自北方或南方，有的画工来自少数民族地区，有的甚至来自遥远的异邦，他们的血脉、气质完全不一样，正好完成了多民族的文化融合。如果说自然是第一传统的话，那么古代的金石书画就是第二传统，它是人们通过对大自然长期的深刻体悟而创化出来的，千万不要认为是一拍脑袋就想出来的。

艺术史贯穿着一个关键词——观看，从自然之眼、心灵之眼出发去"观看"。比如古人写庐山的诗句"横看成岭侧成峰"，就是告诉我们，对大自然要横看、竖看、左看、右看。像王羲之的《兰亭序》里，就充满着"观看"的意向，所谓"仰观宇宙之大，俯察品类之盛，所以游目骋怀，足以极视听之娱"等字句，都是形容"观看"的动作，表示主体的"观看"角度在不断地移动，在不断地时空换位。所谓"体察"，就是流水须用手沾湿一下，石头得用脚踩踏一下，这里面充分体现了中国文化的体验性。"表现主义"的本来意义来自对于第一自然的深刻理解，这种理解建立在中华先民上古时代的迁徙过程之中。在迷茫的途中到底往哪里走，是否决定宿营，这都要仰仗深度的生命体验。即使一个庞大部落的领袖，也无法对路途中的每一个坑、每一个坡了如指掌，所有的预感都建立在以往经验的积累之上。我们可以联想，那些碎片般的记忆就像闪电一样在脑海中掠过，瞬间就要做出正确的决定，否则可能就是灾难。这是一条贯穿在中华民族几万年生存时空中的铁律，它变为一种根深蒂固的血脉气质，换句话说就是"中国精神"。如果说我们现在的生活方式使这个传统丢失了，就须赶紧把它找回来，因为这是我们这个民族继续前行的珍贵宝物。

中国人对宇宙天地的感受表达方式是浑然天成的，含蕴于天地之间的气息中，我们从中国的诗一般的文字中可以体会到那种"伏羲制八卦"的气息。虽然国际学者有评论说中国的文字不是一种严谨治学的文字，但它绝对是诗意的文字，是为文学创作而准备的优美文字，寥寥数语便能把一种诗意气象与精神氛围举托出来！《孟子》中描绘青铜器皿有这样的词语："其为气也，至大至刚，以直养而无害，则塞于天地之间。"[1] 这是在形容像司母戊鼎之类的青铜器。它解释造型并没有像西方的语言那样讲是多大尺寸、弧度是多少这些具体的内容，而是进行一种意象的勾勒——至大至刚。这确实是一种务虚的形容，但只有这样的形容才能使精神塞于天地之间，因为它吸纳了天地的精华之气！这种从实到虚、由虚到实的意象，是中国文化的高明之处，对于不可见事物的描述总是充满各种转喻和升华的契机。

更为重要的是，这种诗意和比喻来自古人看大山大水的经验，这一点很少有人注意到。一般人能够想到前面提过的诗意与比喻，

---

[1] 《孟子·公孙丑上》。

但人们也许没有认真思考过这种诗意与比喻究竟是与什么样的生存经验挂钩的。青铜器铸造语言来自先民的迁徙经验，"大山大水"全装在首领——伏羲、仓颉、炎帝、黄帝、尧、舜、禹的心中，他们知道天地是什么样的，闭着眼睛就知道某座山的形状、高度、气候，以及它的地理、地质、植被、道路等情况，比如昆仑山、玉珠峰、日月山。

现在考古的最新成果发现，西王母国的政治中心就在青海省湟源县，距离西宁90公里。日月山就是狭义的昆仑山，我们祖先所讲的昆仑山也是指它。先民们虽然走过昆仑山的重要地带，但最后却把日月山当作昆仑山的象征。这里还有一个传奇故事，为什么周穆王在国力最昌盛的时候要去寻访西王母国？他驾着八骏之乘、带领七萃之士去遥遥昆仑寻找本民族的来路，广收玉器以为见证。"玉文化"从此上升到美文歌颂的地位，不仅成为先民迁徙经验的物证，而且成为中华民族精神的人格象征。从湟源到德令哈数千平方公里的范围内，遗存多处摩崖石刻的遗址，它们应该是先民举行祭祀礼仪的地方。那可不是毛笔和宣纸，而是金属和岩石相互的碰撞，更硬的铜合金与青铜之间的磨砺，铿锵淬火的刻画形成了斑驳古拙的印记。这种硬碰硬的交锋而形成的轨迹，是典型的昆仑经验，因为人们千百年来看的全是峻拔的山峰、硬朗浑厚的物质。这也是魏晋时代书圣王羲之借白云先生的口吻所说的"一点如高峰坠石、一横如千里阵云"[①]，也就是认为作书犹如从昆仑山的峰顶上向万仞之渊扔下一块石头。在东方意象思维中将瞬间自由落体的质量速度转换为心中用笔的起落力度，这种比喻太不可思议了！其中附带着某种妙不可言的想象——白云化为一老者在天空俯瞰大地，发出高远的至理名言，这与古人比喻青铜器"至大至刚"是一个道理。

对没有登山经验的人来说，可能会认为"如高峰坠石"就像是

---

① 转引自海天（编著）：《艺术概论》，上海人民美术出版社2005年版，第125页。

从香山顶上往下扔一个石子，这里完全不是这个概念。没有去过真正伟大山脉的人很难找到"高峰"的感觉，要获得这种感觉一定要去梅里雪山，体验主峰博格达峰那种直上直下的形态，简直难以相信那是地球上的事物！我去玉龙雪山也有类似的感觉，人们难以靠近博格达峰自不必说，但玉龙雪山可以攀登到"牦牛坪"——比较接近主峰，不过管理人员绝对不让游客扔石头，因为会引发雪崩！所谓"高峰坠石"就是如此厉害。这种生命的体验是不可替代的，看书也得不出来。看了一百篇描绘梅里雪山的文章，也抵不上亲自去一趟，这是常识。但现代人却把这个常识忘了，这或许是现代影视艺术过于发达带来的负面作用。

金石味道与摩擦系数

"骨法用笔"主导的东方线性发展出许多经典范式，而这些线性范式都有一个共同的基础，就是通过材质、肌理而传达出的表面效果，它通常被称为"金石味道"。有趣的是，古人对金石味道的理解，是从对于自然、生命的普遍观察中总结而来的。比如"锥画沙"——就像铁杵在黄沙战场上划线那样平正中锋；"折钗股"——如同妇女头上的金属钗股那样柔韧弹力；"屋漏痕"——如同雨水在石屋壁上冲刷的斑驳痕迹；"虫蚀木"——就像蛀虫啃噬千年老木那样古拙苍茫；"印印泥"——如同印章封泥般虚实相宜。凡此种种，皆是古人通过长期对自然观察而得出的审美感悟，后来被总结成朗朗上口的格言，并作为艺术创作审美标准的参照。

"金石味道"在中国传统审美经验中非常重要，它不仅体现在上述质地方面，而且表现在造型方面，比如"内圆外方"。此处所说的内圆外方包含两个层面，一个层面是指外在形式，如魏碑书法的字形；另一个层面是指外柔内刚，在字形中体现为一种内在气质的横移。如何理解"内在气质的横移"？它是指一种力度在刚柔之间的合理运用的辩证关系，属于一种高级体悟。具体来说，在绘画过程中不仅要强调外在形式，更重要的是把握住"收"或"放"的力度，即所谓"收放自如"，这是东方表现主义的一个要素。东方表现主义与西方不一样，西方的"表现"不强调控制，主张单纯的冲动与发泄，弄出去算完，痛快了事；而东方的"表现"是扔出去还能够收住，砸出去还能留住，就像太极拳，始终强调一种内在的把控力。

我认为，如果把东方表现主义的历史精髓吸收之后再加以发扬光大，就可以与西方抗衡，甚至令他们折服。如果你跟他们比拼外在的力道，肯定不行；如果完全学西方而迷失了自己的民族之本，则是彻底错误。

"金文定型"特指金属与石材相互磨砺之后的刻划轨迹，及其有机崩裂后形成的斑驳效果。书法的中锋用笔便是从这里延伸出来的。中国的山脉岩石多，裸露的也多，最有条件发展这方面的才华与智慧。在长期的生活磨砺和击打岩石的实践中，逐步形成金石刻划轨迹的各种审美品位，并将其归纳出各种诗意比拟的阐释，这是中国对人类文化艺术的一大贡献。

吴昌硕要从清代四王的萎靡不振中杀出一条血路，因此在书画作品中始终以强悍的笔法来强调"金石味"，代表了近代中国水墨画返古开新的努力。吴昌硕对齐白石影响很大，齐白石在一首自嘲诗中写到，愿意一生都在老缶（吴昌硕的名号）门下做走狗，表示自己的毕生追求都在这个范畴之内。东方表现主义的历史资源怎样在绘画作品中完成时代的转换？这是一个有趣的命题。金石篆刻是一条显而易见的途径。先民迁徙时期的摩崖石刻、甲骨文与甲骨器、陶器皿上的刻画，后来演变为先秦的钟鼎文。西周时期把大小篆铭文铸于铜鼎之上，体现了一种非常质朴的感觉。每个字的结体掷地有声而又丰富多姿，既有金属铸造的凝重又有凿刻痕迹的变化，美不胜收。

这里并不是说一定要让每个人都去写金文，当然能够亲自实践一下最好。我们在此强调的是要能更深刻体会金文书法的味道，将这种品位化为精神意象融入自身血液之中，在创作的时候呼之欲出、信手拈来，这就接近成功了。有的人认为我描述的体系只有通过看书、看文字才能读懂，这是不对的。上述的东方表现主义精华是由体验得来的，书籍、文字只是把你导向深层的一个台阶，千万不要把台阶当作目的地。实际上，在阅读印痕、轨迹、材质等方面具备专家级的识别水平，对于鉴别艺术品是有很大帮助的。

东方表现主义在质感方面有一个很重要的因素是"斑驳古拙"。古人之所以把这个因素一再提出，是有着很深的底蕴的，它与我们前面大篇幅谈到的中华民族迁徙史密切相关。它不仅是画家追求艺术语言品位的一个原则，同时也成为我们鉴赏书画作品时的重要依据。换句话说，一幅画的好坏，就看有没有古风，或者是有没有味道，在痕迹学方面是否体现出力量，用笔是不是到位。"斑驳古拙"从物理学的角度来讲是指摩擦系数。中国人对摩擦感体会最深，刚才实际上已经把答案提前告诉大家了，中华先民的迁徙经验，一路上看到的大山水，以及由这些大山水打造出来的人都是充满摩擦系数的。你看高原上的人，质感（摩擦感）是多么强烈，比如一个牧羊少年脸上的皱纹、皮肤的质地，太好看了。中国人对于任何物件的鉴赏标准，特别是对材质的品位，都从西北大地的风蚀地貌与山脉裸露筋脉中获得过启发。这种原创性的启发随后转化为古代金石篆刻轨迹，演变为斑驳古拙的鉴赏趣味。五代北宋之交的北派山水画家，把对故国家园的眷念以及对自然山川的理解，化为高山坠石的重量感、斑驳古拙的阻滞感，集摩擦系数与人文情怀于一体，最后形成了中国独特的审美趣味。

"斑驳古拙"是古人从生存体验出发，升华为审美经验的一个绝妙的词，经由书法载体而得到痕迹学的外显。在这个阶段用书法体现出来，就是一种发自心灵的力量与特定的材质接触以后而形成的审美痕迹，我们要善于把它从方块字的形式中挖掘出来，化为内心的滋养，构成艺术的品位。这种"痕迹学"的鉴别方法可以延伸到我们的观看方式之中，比如说我们去观摩国外博物馆的藏画，你仔细观察之后没有从中看到这种味道，就说明它的价值不高，反之亦然。这已经成为一个常识，如果没有这种味道，就会给人以胡乱瞎画的感觉。这种味道来源于高度的控制，是眼手一致、有效控制的结果。控制的典例是唐代大书法家欧阳询，史称他的楷书结体高雅而险峻。在《九成宫》碑帖里我们可看到，左部首与右偏旁之间的搭配关系，笔画走向或横直或倾斜，整体构成了左顾右盼中又不失均衡的态势，无一字不是殚精竭虑、苦心经营的结晶。

我们的生命系统都藏有这个姿态，当想象力达到时，这个字就站起来了，如同一个鲜活的生命体。你一定要有这样的想象力。这种形式美的因素渗透在每一个局部之中，不管整体的形式构成能不能找到这个点位。当然这是有很大难度的一件事，但另一方面，"求其上得其中也"，如果"求中"则只能得其下，若是"求下"，那就什么都得不到了。古人的这些说法，是教导我们一定要知道好东西是怎样搏来的。

从小习字的人都知道，写横笔的时候要先回头去找阻力，所谓"欲右先左""欲下先上"，就是这个道理。现在我们要问，这个道理的源头究竟从哪里来的？东方世界对于人类的伟大贡献，就在于"摩擦系数"，这是上帝赐予东方大地的宝物，尽管它是以苦难的形式出现的。古代的艺术为什么好，就是这个道理。现在电视中受大众追捧的《鉴宝》栏目，一些业内权威专家鉴定古玩艺术品，让百姓们一会儿感觉上天、一会儿仿佛入地，靠的就是这种对质地包浆的判断，品赏古玩离开它就啥也没有了。不过，我们现在要讨论的不是《鉴宝》栏目的林林总总，而是要追溯"摩擦感"最深厚的人文基础是什么，它的历史成因是什么。实际上这个问题的答案早已经有了，这就是中国大地，或者"中国的风景"。它由中华先民迁徙史奠定，流淌在民族的血脉之中，不仅是中华文化质地之所在，而且是有形的与无形的中华文化遗产之总和。毫不夸张地说，我们今天已丢失多半。当代都市社会中到处充斥了一种大机器生产与工业文明的痕迹，浮光掠影、平滑锃亮。一方面是汽车、电器、手机的表面肌理，另一方面是霓虹灯广告与大众传媒的荧屏，都市社会中所有的一切都是削减中华传统质感文化的。现在大众对此没有深刻的感觉，但当我们走向世界、与发达文化进行交流时，以往被忽视的东西就会发挥作用，就会产生一种意想不到的力量。

我曾在伦敦参观大卫·霍克尼的新作展，不由得产生了一种文化批判的思绪。他的作品既新潮又花哨，一方面利用电脑、荧屏技术追逐当下的时代，另一方面绘画艺术表现则日趋肤浅，像青少年的麦克笔涂鸦靠拢。这种与现代社会同步的新媒体语言将艺术的本质要素弃置不顾，是我不能认同的。这种艺术导向非常暧昧，把许多人绕进去了，甚至还有一些美术界专业人士。不过，大卫·霍克尼的新媒体艺术也有一个作用，它引发我们从一个反向维度去思考：究竟何为艺术本质语言？艺术的发展一定是与时俱进的吗？它有没有一个恒定不变的事物，就像人性的稳定那样？正由于存在这些绕不过去的问题，方才有"复兴"的主题，提示人类由于在长期的发展衍变中往往会迷失本性、偏离方向，因此必须通过复兴将本质的、优秀的、精华的东西重新拾回。在我看来，要谈论中国文化复兴的主题，一定要追溯到中华先民艰难迁徙的上古时代，追溯到大地洪荒、英雄治水的尧舜禹时代。在那些时代，古人对中华大地的本质特征有无比深刻的认识。因此，在思想与艺术中还原出中华大地的本质特征是中华复兴的必经之途，亦是判断中国文化质感品位的关键所在。

中国古代画家倪瓒（倪云林）所创造的"渴骥奔泉"笔法，就有追溯中华大地本质的情怀。"渴骥奔泉"中的一个"渴"字就概括出了西北大地风蚀地貌的属性，而"泉"字与"渴"对应，由"骥"——奔跑的骏马将与以上两个字对应的古代东方二元论原初意象联系起来，这种形象而又高深的理解既是哲学的也是艺术的。倪云林作为元代的画家，虽然他可能并不知道中华先民迁徙史，但是他通过对大地、自然的观察而听到了一种声音，一种流淌在血管中的古老声音，告诉他这种干渴的画法来自远古的经验，是道家思想产生的原初地。恰恰由于反映出中国大地的本质，倪云林的画似乎是一个"无人世界"，但实际上他表现的并非一个单纯的隐秘逍遥、道家潇洒的境界，而是借助笔墨语言反映出画家独自一人看到的中

文艺复兴之光

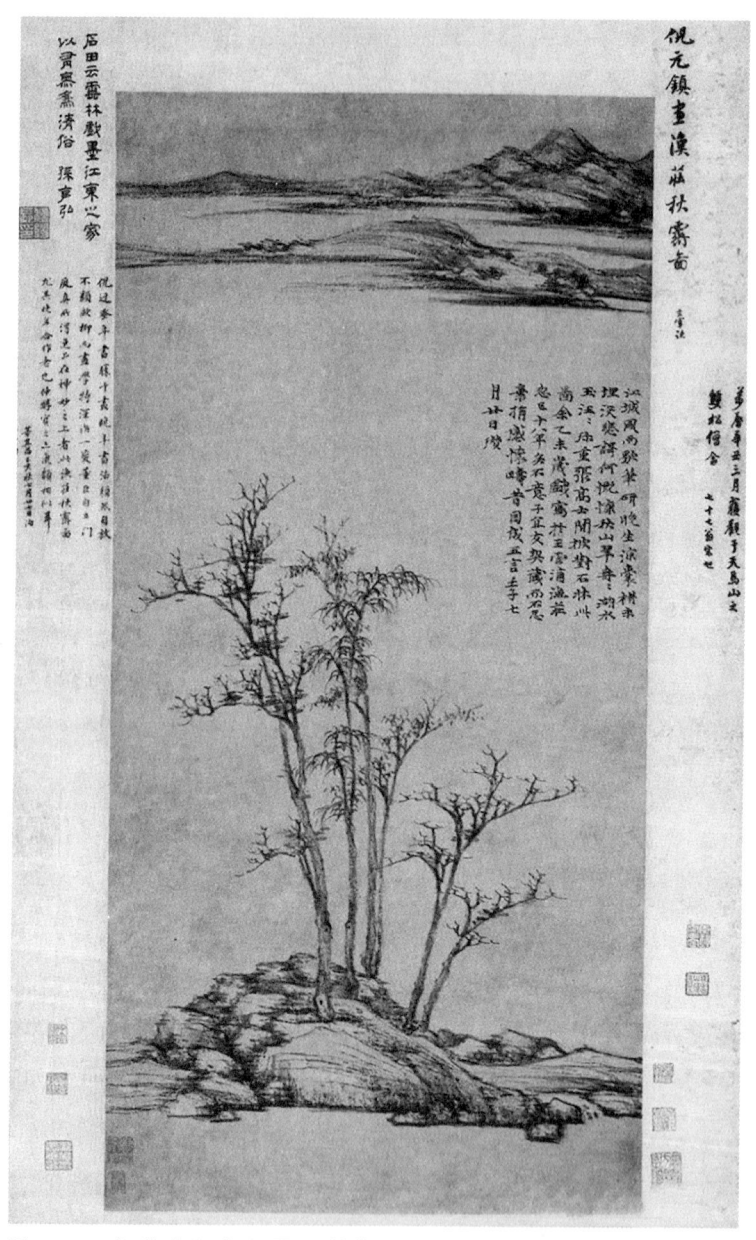

图 12-5　倪瓒《渔庄秋霁图轴》　现藏于上海博物馆，尺寸为 96.1cm×46.1cm。倪瓒所创造的独特笔法 / 皴法"渴骥奔泉"，具有溯源中华大地本质的情怀。一个"渴"字概括出西北风蚀地貌的基本属性，而"泉"字与"渴"字对应，由"骥"——奔跑的骏马将两者串联起来，暗合古代东方二元论之原初意象，妙不可言

国大地本质。

倪瓒用渴笔焦墨在宣纸上反复皴擦的背后，不单纯是为了探寻某种表现技法。他在皴擦之后还有湿笔的滋润，将整个画面控制在一种微妙的二元论的宇宙感之中，最后形成一种浑厚华滋的视觉效果。所谓"厚"，是以一种渴笔的摩擦作为基础，然后再补充一些水分，干湿有机交融，气息随之畅通。这与前面所说的范宽的《溪山行旅图》很像，斧劈皴的长线条体现出"高峰坠石"般的重量感，就是说这个线条是有重量的，它不仅仅是指用笔的力度，以及笔锋对纸的压力、行进的速度，而且意味着将心灵带入一种很重的往下坠的感觉，同样也体现出"斑驳古拙""万岁枯藤"的韵味。

无论是"高峰坠石"还是"斑驳古拙"，都还原出了中华先民的迁徙经验。我们可以设想一下，一群人在高山大岭中漫无目的地走啊走，已经疲惫不堪了；当他们拐过一个弯，蓦见当头一座山，心里一定非常震撼，这时各个民族开始分道扬镳了，选对路的就活下来了，选错路的就消失了。那是一个没有地图和指南针的时代，道路选择的对与错全在部落首领的一念之间。我认为世界各个民族都经历过这样严酷的生存考验，因此，早期先民迁徙会不约而同地产生萨满教，这是祈求神灵护佑自己部族的一种通灵行为。我们在广汉三星堆古遗址的青铜面具、青铜神树以及面具之中可以看到，萨满教、占卜术的发达与否对应着迁徙路途之艰难程度。那时候迁徙队列中通常有一位老年妇女——通灵者，应首领的要求而占卜、跳神，是为了与神灵沟通而得到启示。萨满教的祈求仪式加上对大地自然的观察与理解，形成了深沉的民族记忆。在仪式的过程中，全部落的人都来看，有大人也有小孩。小孩的印象会刻骨铭心，他长大以后会影响他的儿子，一代又一代地延续下去，哪怕以后仪式失传了、被遗忘了，这种记忆也仍然会传下去。

神圣山水艺术

神圣山水艺术将中国风景中的神圣能量进行了阐发，也可以说是神圣精神的本土表达。一方面，神圣山水艺术的绘画表现语言继承、发扬了"东方表现主义"，即率性的笔意线条和丰富的摩擦感，在光线表现方面运用了东方神学美学的"光的形而上"理念，形成"神圣降临大地，为困难带来终极慰藉、为灵魂开启救赎之路"的精神意象，辟出了当代风景画在绘画表现语言方面的新维度。

中国风景中的神圣能量，其本源是中国大地先天存在的粗粝基质与艰难困苦，它本身是对人类的挑战，或者说是给予人类生存的绝对不利。但这一切在公元前5世纪发生逆转，随着轴心时代人类文明曙光的呈现，上述负面要素一举成为启示人类从大地朝向天空追寻神圣的精神动力。问题在于，中国风景虽然是"道化肉身"这一神圣事件最有力的大地见证，甚至具备了所有的"苦难美学"要素，但却未能在历史进程中实现信仰的升华，其神圣能量未能被充分释放。

对于"大美至善"的认识和把握，必须借助信仰，否则人们看不到内在的精神之光，从而使美的表现和审美趣味滞留于世俗层面。中国精神地理的显著特征是垂直向度（山峰）对人的内在精神的提示，它通过光赋予物质以神圣性而达成。光的降临给予苦难的大地基质以高贵之美，人格的提升顿时获得了价值方向。在此，古人所说的"仁者乐山"四个字化为傲然挺立的形象。

"神圣山水艺术"力图打造中国式表现主义话语，以浮雕感肌理为基底，以东方传统金石、书写、皴法为中层，以西方油彩的透明画法为表层，集东西方绘画精华画法之大成。这种绘画语言的表达指向一种"大美"，由崇高、悲壮、凝重、雄浑等审美要素构成。它从苦难的大地深处成长起来，奋力一跃，发出对新型中华民族精神的呼唤。

从大历史的视角来看，"神圣山水艺术"的关键价值在于画面中蕴含的立场——从精神史、思想史的高度去阅读人类文明，从而提炼出一个重要的思想：中国的伟大风景只有在信仰的神圣光照中方才获得价值意义，这一价值意义指向"人性最大限度、最高水平的发展"，"趋向神圣而获得灵魂升华"这一精神维度，这是中国文明完整回归人类命运共同体的通衢。